U0851128

荀子法哲学思想发凡

"皆黄老古说"
抑或"全是申韩"

王进文——著

法律出版社
LAW PRESS · CHINA
——北京——

图书在版编目（CIP）数据

荀子法哲学思想发凡：“皆黄老古说”抑或“全是申韩”／王进文著. -- 北京：法律出版社，2025.

ISBN 978 - 7 - 5244 - 0054 - 7

Ⅰ. B222.65

中国国家版本馆 CIP 数据核字第 20258RP246 号

荀子法哲学思想发凡

——“皆黄老古说”抑或“全是申韩”

XUNZI FAZHEXUE SIXIANG FAFAN

—“JIE HUANG LAOGUSHUO” YI HUO “QUANSHI SHENHAN”

王进文 著

责任编辑 朱颖超 余群化

装帧设计 李 瞻

出版发行 法律出版社

编辑统筹 司法实务出版分社

责任校对 王 皓

责任印制 胡晓雅

经 销 新华书店

开本 A5

印张 9.625 **字数** 240 千

版本 2025 年 4 月第 1 版

印次 2025 年 4 月第 1 次印刷

印刷 北京新生代彩印制版有限公司

地址：北京市丰台区莲花池西里 7 号（100073）

网址：www.lawpress.com.cn

投稿邮箱：info@lawpress.com.cn

举报盗版邮箱：jbwq@lawpress.com.cn

销售电话：010 - 83938349

客服电话：010 - 83938350

咨询电话：010 - 63939796

版权所有 · 侵权必究

书号：ISBN 978 - 7 - 5244 - 0054 - 7

定价：58.00 元

凡购买本社图书，如有印装错误，我社负责退换。电话：010 - 83938349

序　言

昔年陈寅恪先生曾经断言:“儒者在古代本为典章学术所寄托之专家。李斯受荀卿之学,佐成秦治。秦之法制实儒家一派学说之所附系。《中庸》之‘车同轨,书同文,行同伦。’(即太史公所谓‘至始皇乃能并冠带之伦’之‘伦’。)为儒家理想之制度,而于秦始皇之身,而得以实现之也。”①荀子是战国以降具有重要学术影响力的思想家,甚至可以说是我们研究中国古典政制无法绕过的人物。《荀子》文本在先秦诸子中具有罕见的系统性与融贯性,其间蕴含了丰富的关于秩序与法的思考,亦为研治法律思想史者无法回避的人物。

以往对荀子思想之研究,或言“荀卿则全是申韩”,或云“皆黄老古说”。笔者意欲阐明的是,在对诸如伦理、政治、天人与人性等议题的讨论当中,荀子最核心的关注之一便是证明和解释人有决定自己成败的能力,“故明于天人之分,则可谓至人矣。”(《荀子·天论》)这是一种强烈的儒家人文主义的坚持,一种在自然领域寻求规范性渊源的路径。荀子思想中拥有儒家的独特气质,主张人性本恶,强调“定名分,制礼义”、立“重法”。他既接纳与改

---

① 陈寅恪:《冯友兰〈中国哲学史〉下册审查报告》,载陈寅恪:《金明馆丛稿二编》,生活·读书·新知三联书店2001年版,第283页。

造了法家之法的客观性与公正性特征，强调了礼的“法度”标准之功能，又借鉴法家之法的人为性特征，建构起发生学意义上的礼的起源理论，进而把礼从个人规范扩大到治国方法，形成独具特色的“礼治论”。荀子褪去黄老天道格局的神秘性色彩，向人道推移过渡，肯定人与天地并参的主体地位，赋予法以社会教化功能，呈现出政治性与伦理性结合。不同于黄老的因循时变，荀子基于“以时应变”的认知，发展出“明通统类”的见解，彰显与深化了法存在的合理性基础，展现出其身为儒者的时代关怀，呈现出先秦礼法合治的发展方向。

正如研究莎士比亚的政治学者关注的乃是中国现代化转型的问题，笔者对荀子法哲学的研究，亦有一种忍不住的关怀。时间维度的“历史三峡”行将收束，阅读荀子，自有一番思量。齐鲁为礼仪之邦，这可能不是历史的真实，却是史诗的真实。季氏虽乱，亦只限于八佾之舞，较之陈蔡宋卫，费厄泼赖尚属合格，遑论晋楚吴越谲而不正染指问鼎动辄京观。夫子其归乎?! 孟子当梁惠、齐宣之时，尚许“以德行仁者王，王不待大”，甚至积弱如宋，地小如滕，都犹言尧舜，劝师文王。荀子当孟子之后数十年，稷下三为祭酒，游齐出楚赴赵入秦，由“尊王贱霸”逐渐转向“尊王取霸”，已明确将实现政治理想的希望寄托在当时最有实力的大国之上。荀子具有独特的“观国”之法——“观国之治乱臧否，至于疆易而端已见矣。”荀子游秦，针对秦昭王、应侯君臣“儒无益于人之国”的诘问，历数秦之所短，“粹而王，驳而霸”，顺此铺叙出大儒之效与儒家君臣政论衍义，推阐“力术止，义术行”。然而，“明君临之以埶，道之以道，申之以命，章之以论，禁之以刑”之正名言论，无异于发秦火肃杀之先声。诸子之学，由在下者以学术争政治始，而为在上者以政治争学术终，启人深思。

古之学者为己。拙作以荀子之法哲学为研究对象,命之以“发凡”,固然有欲揭示其要旨所在之心志,亦不无志大才疏而欺人惑世之自明。然而,笔者自信,拙作尚具一定限度之“学术增量”,亦聊可自慰也。

王进文

2025年2月20日

目　录

导　　论

20世纪中期以来，随着学界对德性论述兴趣的重启，法学领域造就了美德法理学。它不再局限于对规范的关注，而是进一步重视人的因素，使人不再仅是被动地为规范所规制，进而，如何塑造美德、美德与法律规范之间的关系以及人在法律规范体系中该具备何种美德等问题依次展开。这一研究进路促发了我们对古典文献的探索——我们注意到，先秦儒家的规范理论中蕴含了极为丰富的德性论述，尤其是荀子，延续儒家论述的轴心，关注礼制仪式的社会功能，凸显秩序中人的德性维度，强调人为因素的重要性，其政法理论与思想获得广泛的关注。现今所见《荀子》一书，凡三十二篇，涉及领域极为宽广，举凡宇宙论、人性论、工夫论、名实论、政治论等问题均有所涵盖。从首篇《劝学》到第二十四篇《君子》，大多为论题明确集中、叙述条理清晰、论证逻辑严密、观点首尾连贯的分析论述文章。荀子强调“礼义法度”的作用，使儒学与法政思潮结合，将学术推向了实际的政治运作，特显理智型的凝聚。[①] 不过，囿于对荀子“性恶论”的批判和遵循道统论等传统研究的巨大惯性影响，特别是其礼法主张中人为因素所

---

① 参见黄源盛：《儒法之间：荀子的礼法思想方法再探》，载《东吴法律学报》第3期(2021年)。

具有的重大影响,容易流于专断,以法学作为切入的研究大多认为荀子“天人之分”与知识论的主张必然导向客观理性主义的路线,并进一步将批判法实证主义的方式适用于对其礼法体系所立基的客观秩序的剖析。①

事实上,作为一种兼具普遍性与特殊性的规范形态,法当然存在着内蕴于社会风俗的原始面向,而其人伦精神与道德义涵,也在荀子思想中获得转变与深化。虽然荀子的理论中没有当代法哲学或政治哲学所特别关注的诸如法治、正义、权利乃至尊严等议题,而且古今之间在理论概念的用法上具有相当程度的歧异性甚至不兼容性,但这并不意味着我们不能以当代的视野对古典文献中的思想理论进行探讨。唯需注意者在于,身处当代社会的我们应避免将当下概念的语义内涵代入古典文献的解读当中,亦即必须先行对“讨论如何可能”这一问题进行说明之后,才能将古今议题进行某种程度的区分。在如何建立理想的社会秩序议题上,人为什么需要规范,规范具有哪些种类和类型,规范的基础是

---

① 参见林宏星:《“报应论”抑或“功利论”:荀子刑罚观的哲学根据》,载《台湾东亚文明研究学刊》第1期(2013年);张伟仁:《中国传统法理思想(六)——荀子》,载《台大法学论丛》第2期(1994年)。相较而言,牟宗三对荀子思想体系的理解较为婉转。他认为,荀子之“重群,重分,重礼义,隆礼义而杀诗书,知统类而一制度,皆是客观精神之显示”,而所谓客观精神,即尊重群体之精神与义道,“礼义法度即义道之客观化”。“荀子隆师法,人或以崇拜权威言之。实则彼乃重视客观之真实生命者也。真实生命者人类之精英,价值之所在,涌发理想之源泉也。焉得不遵崇之?”然而,他也指出荀子未能认识先天至美至善的“绝对精神”,“荀子特顺孔子外王礼宪而发展,客观精神彰著矣,而本原又不足。本原不足,则客观精神即提不住而无根”。参见牟宗三:《名家与荀子》,吉林出版集团有限责任公司2010年版,第135页。徐复观则从经验性格角度说明荀子的天人相分、性恶论其实皆本于经验主义的思想立场,但经验主义并非建构纯客观知识,而在于实践道德,因此,荀子在道德和科学两个面向上都无法得到充分发展。参见徐复观:《中国人性论史·先秦篇》,上海三联书店2001年版,第196-197页。

什么,其目的何在,它是如何制定的,制定规范的权威来自何处,人与人特别是个人与社会权威者之间应该有怎样的关系,遵循规范是否意味着服从权威,对于无法接受的规范和权威,人们应如何处理,以及前述问题是否仅为人类才具有,人是否存在与生俱来的"本性",它是否可以改变,人的存在有什么特别的意义,人与万物如何相处,宇宙的存在有何目的与意义,是否有其自然规律,是否可以转化为人间规范,人世生活、人间秩序与宇宙自然规律之间存在怎样的关系,等等,乃是亘古便困扰着我们的基本问题。

可以说,如何建立理想的秩序是古今中外的思想家或哲学家共同关注的问题。对荀子而言,自始至终都以社会性角度看待人与规范、秩序的问题。那么,在理论上应当以什么样的基础来建构秩序所需的规范?——先秦儒学理论体系中作为"规范"的概念,虽然不一定蕴含着当代法律术语的用法,但"伦理道德"却带有权威、责任、义务等特征,就此而言,规范未必依成文法而产生限制——荀子学说中虽然并没有当代意义上的法律概念,但不代表其没有针对某些特殊情境或事例下的道德实践加以申论,并由此衍生出对设立规范的合法性与合理性的反思。

> 力不若牛,走不若马,而牛马为用,何也?曰:人能群,彼不能群也。人何以能群?曰:分。分何以能行?曰:义。(《荀子·王制》)
>
> 道者何也?曰:君道也。君者何也?曰:能群也。能群也者何也?曰:善生养人者也……(《荀子·君道》)

如果我们承认荀子有所谓的"社群共同体"之旨趣与关怀的话,则探究此意义下的理想秩序如何建构问题,便不能忽视其思想理论所蕴含着的丰富思辨张力与伦理实践意义上的"理论智慧"和"实践智慧"的冲突,而这恰恰为我们思考当代社会中的某些相同或类似的议题提供有益的参照。特别是考虑到荀子(以及先秦儒家)思想体系所建构的某种社会秩序的想象,“《中庸》之‘车同轨,书同文,行同伦。’(即太史公所谓‘至始皇乃能并冠带之伦’之‘伦’。)为儒家理想之制度”,[①]近似于查尔斯·泰勒所说的“我们的社会想象……包含了我们对他人的一种正常的相互期待感,是那种可以让我们履行构建社会生活的集体实践共识。这也包含了我们如何与他人协作,从而履行公共实践的某种认识。这种认识具有实在性,又具有规范性”,[②]则这种参照意义便更加明显。

当然,先秦儒学的思想理论不可能包含泰勒所谓的现代社会想象中的经济、公共领域、民主自治的实践以及世界观等因素,不过,如果我们以构建社会生活的集体实践共识作为探索长治久安之道与理想社会秩序的出发点的话,这种社会想象的阐述恰足以引领我们思考规范秩序建构中人、规范和权威的价值与意义,特别是权威,必须在共同生活的社会之中才有被肯定与被需求的可能。本书便是在此问题意识指引下,试图对荀子以理想秩序建构为主旨的法哲学进行探析。

众所周知,荀子思想具有多元化与多面性的色彩。他虽然是先秦诸子中最具体系完整性的思想家,但不见得其思想体系内的每一因子都结合得非常严密,这或可意味着其思想具有一个阶段性发展的历程。[③] 由于史籍阙佚,我们对荀子的详细人生经历了

① 参见陈寅恪:《冯友兰〈中国哲学史〉下册审查报告》,载陈寅恪:《金明馆丛稿二编》,生活·读书·新知三联书店2001年版,第283页。

② 参见[加拿大]查尔斯·泰勒:《现代社会想象》,林曼红译,译林出版社2014年版,第19页。

③ 参见杨儒宾:《儒家身体观》,上海古籍出版社2019年版,第73页。

解不多,但可以肯认的是,他在先秦诸子中具有丰富的人生阅历,特别是难得的实际从政经验。“荀卿,赵人”,这是《史记·孟子荀卿列传》中太史公的简略记载。法出三晋,名法之学亦发源于兹,弃礼义尚首功,以军国为宗,以富强为辞,蔚为彼时国风。荀子久历齐国稷下,“三为祭酒”“最为老师”,与稷下黄老之学渊源极深,并游赵、入秦、适楚,遍观列国形势,对历史社会的发展与转化,具有深刻的理解与掌握。如果站在荀子综合了战国时代的儒家与其他诸子思想的角度进行考察的话,则我们不但需要注意到早期法家思想对荀子“礼”理论建构的影响,①更不应忽视稷下学者尤其是黄老思想对其法政社会理论的影响②——荀子虽具有浓厚的法家倾向,但亦不偏废儒家礼义传统,这样的思想特色,与强调礼法兼重的齐法家最为接近——在百家争鸣的稷下学宫中,黄

---

① 参见[日]菅本大二:《荀子对法家思想的接纳:由“礼”的结构来考察》,佐藤将之、张哲挺、卢彦男合译,载《台湾政治大学哲学学报》第 11 期(2003 年);王进文:《“起礼义,制法度”——从“礼”的结构与功能探讨荀子对法家思想的吸收与改造》,载《孔子研究》2020 年第 4 期。

② 佐藤将之敏锐地观察到,荀子的思想与战国中晚期的稷下学宫“不治而议论”的风气有密切的关联。他认为,荀子将战国前期的“伦理论辩”与战国中晚期的“分析论述”综合,并汲取各家的主张或概念,藉此使儒学内部的传统价值重新获得新的理解与诠释。参见[日]佐藤将之:《参于天地之治:荀子礼治政治思想的起源与构造》,台北,台湾大学出版中心 2016 年版,第 71 - 72 页。

老思想显然是占最大宗。① 虽然自20世纪70年代以来，随着黄老帛书四种的研究浪潮，学界逐步从荀子生平、学术渊源及其于思想史中的脉络，思考其与稷下黄老思想之间的关系。② 但是，由于新的研究资料的缺乏，使得缺少不同历史时期资料的比照，而只能侧重外缘性因素的分析，进而导致出土黄老思想文献和《荀子》的议题被处理的较少，无论是黄老帛书四种出土文献，还是

① 司马迁在《史记·孟子荀卿列传》指出“慎到，赵人。田骈、接子，齐人。环渊，楚人。皆学黄老道德之术，因发明序其指意”，荀子展开其思想学说的因应之道，“推儒、墨、道德之行事兴坏”，从“兴坏”一语可知，“推”在此应理解为究其根本。然而“道德”一语究竟该作何解呢？佐藤将之以司马谈《论六家要旨》中“道家使人精神专一，动合无形，赡足万物”以及《史记·老子韩非列传》中“老子修道德”“韩子引绳墨，切事情，明是非，其极惨礉少恩。皆原于道德之意”，认为《史记》中的“道德”用语本指“道家”，而儒家思想中“迄荀子始有见‘道’与‘德’合称为‘道德’一词之事实”，认为司马迁对荀子学术源流评价一语应理解为“荀子针对儒家思想、墨家思想，以及（老子和庄子所依据的）‘道德’之思想加以分析，并且探讨这些思想所阐述的关于行为和世事之成败道理。”参见［日］佐藤将之：《荀子礼治思想的渊源与战国诸子之研究》，台北，台湾大学出版中心2013年版，第71页。不过若以司马迁当时的学术氛围，以及司马谈对道德之家的定义，“其为术也，因阴阳之大顺，采儒墨之善，撮名法之要，与时迁移，应物变化，立俗施事，无所不宜，指约而易操，事少而功多”，如此的道德家既非道家老子，亦非后学庄子，而是战国中叶兴起的黄老学说，而黄老学说的发源地正是稷下学宫。宋洪兵：《论司马谈之“道家”概念与司马迁之“黄老”概念》，载《国学学刊》2016年第2期。

② 李德永：《道家理论思维对荀子哲学体系的影响》，载《道家文化研究》1992年第1辑；赵吉惠：《论荀子是稷下黄老之学》，载《道家文化研究》1994年第4辑；余明光：《荀子思想与黄老之学》，载《道家文化研究》1995年第6辑；丁原明：《黄老学论纲》，山东大学出版社1997年版，第166－178页；胡家聪：《稷下争鸣与黄老新学》，中国社会科学出版社1998年版，第85－101页；白奚：《稷下学研究：中国古代的思想自由与百家争鸣》，生活·读书·新知三联书店1998年版，第274－295页；Edward J. Machle, *Nature and Heaven in the Xunzi*: *A Study of the Tian Lun*, State University of New York Press, 1993, p. 150－152; Paul R. Goldin, *Rituals of the Way*: *The Philosophy of Xunzi*, Chicago and La Salle, *Illinois*: *Open Court*, 1999, p. 22－31; Aaron D. Stalnaker: *Aspect of Xunzi's Engagement with Early Daoism*, Philosophy East&West, Vol. 53:1, p. 87－129(2003).

《管子》等传世文献，学者通常只是将《荀子》与其相比，并集中在虚、静、心、天、道、气等思想焦点的讨论上。20世纪90年代以后，随着湖北荆门郭店战国楚墓竹简（郭店简）、上海博物馆藏战国楚竹书（上博简）等的相继出现，其中存在不少具有强烈现实政治关怀的早期黄老思想倾向的文献，为我们重新审视战国早中期的道家古佚书对《荀子》政治理论尤其是法思想的伦理关怀与安排提供了契机。以上博简与黄老帛书中的从"天道"到"人事"的思路与荀子进行对照，揭示出先秦社会如何在礼法合治中实现理想治理形态，进而分析荀子法思想的特色，尤其是荀子对黄老的吸收与转化，或许能揭示一些被忽略的向度。

荀子思想具有儒家的独特气质，其主张人性本恶，强调"定名分，制礼义"、立"重法"。李斯、韩非受荀子之学而为法家巨擘，尤其是韩非，因其师说，尚其性恶，并变隆礼而行法术，"昔唐韩愈氏以荀子书为大醇小疵，逮宋攻者益众"。自唐代韩愈指其"大醇而小疵"，荀子开始普遭批判，非荀子之学者益众，所持的意见，主要就荀子倡性恶而推之。二程认为，"荀卿才高学陋，以礼为伪，以性为恶，不见圣贤"，"圣人之道，至卿不传"，其学乃"大驳""极偏驳"，[①]为悖于儒家的异端学说。朱熹亦指出，"不须理会荀卿，且理会孟子性善。渠分明不识道理"，唯孟子为孔学真传，"荀卿则全是申韩"，"然其要，卒归于明法制，执赏罚而已"，[②]已将荀子归入法家的大宗。近人熊十力云："荀卿之学，由道家而归于儒。韩非从荀卿转手，乃原本道家，而参申商之法术，别为霸术之

① （宋）程颢、（宋）程颐撰：《二程遗书》，上海古籍出版社2000年版，第282、316页。

② （宋）黎靖德编，王星贤点校：《朱子语类》，中华书局1986年版，第八册，卷一三七，第3255页。

宗。……韩子援道以入法,虽与其师异,然荀卿言性恶,又专主隆礼。其言礼之原,要在养欲给求。与孔门推本性命之义自别。韩非变隆礼而尚法术、亦其师之教有以启之也。”①固然,荀子之学尤其是其政治哲学颇与法家思想相近,盖礼与法之界限原本就甚为微细,难以划定,而先秦之礼治就其广义来说,是治民行政的制度,事实上即是“法治”之始。但是,荀子的礼,生根于历史文化之中,充盈着悲悯的历史意识,其礼治思想仍立足儒家立场,认为法的械数从属于人的本质,强调为政在人,注重执政者的内在修养与政治道德。而政治社会中,有治人而无治法、有治法而无治人均足以为乱,荀子心目中的理想君主是圣王与哲君。

> 天下者,至重也,非至强莫之能任;至大也,非至辨莫之能分;至众也,非至明莫之能和。此三至者,非圣人莫之能尽。故非圣人莫之能王。圣人备道全美者也,是县天下之权称也。(《荀子·正论》)

荀子一方面期待王者需具有“备道全美”的德行,另一方面要求王者具备至强、至辨、至明的才智,如此才足以担负起至重、至大、至众的事业。故而,荀子与法家在政治问题上思考的不同点,在于荀子不仅没有将关注焦点集中在君主权力,所关怀的反而是重视儒家关注的执政者责任与义务。这是荀子既强调法的客观意义,却又不同于法家思想的地方。

---

① 熊十力:《韩非子评论》,台北,台湾学生书局1978年版,第2页。

第一章　荀子生平与思想形成之历程略考

关于荀子的生平事迹，文献资料虽多，但均不甚详细，且各家说法又有出入。我们也可以看到，《荀子》文本中的某些思想前后对比并不相同，这或许意味着其思想应当有种发展的历程。就目前的研究需要而言，笔者尝试以《史记·孟子荀卿列传》所记载荀子生平事迹、刘向《荀卿新书·叙录》和《荀子》文本为主，经由比较分析，初步了解荀子所处的时代背景与主旨关怀，以便进一步深化对荀子思想的认知。

第一节　荀子生平主要事迹略述

关于荀子生平的较早记载，当推司马迁的《史记》与刘向的《荀卿新书》。《史记》中有关战国史事的部分，主要依据《秦记》而成。太史公言："秦既得意，烧天下《诗》、《书》，诸侯史记尤甚，为其有所刺讥也。《诗》、《书》所以复见者，多藏人家，而史记独藏周室，以故灭。惜哉，惜哉！独有《秦记》，又不载日月，其文略不具。……余于是因《秦记》，踵《春秋》之后，起周元王，表六国时事，讫二世，凡二百七十年，著诸所闻兴坏之端。后有君子，以览观焉。"(《史记·六国年表》)对此，杨宽先生补充道，《史记》中的战国部分,除了根据《秦记》叙述以外,还根据战国纵横家书,就是司马迁所说“战国之权变亦有可颇采者”。[①] 不过,纵横家书难以当作信史,自不待言,而《秦记》散佚已久,在没有可靠的文献作为研究凭证的情况下,无疑会增加研究战国史事的难度,影响我们对荀子生平及相关活动的定位。因此,通过不同文本间的对比分析以判断荀子生平行迹的先后次序,就成为我们掌握其定位时代的较为可行的方法。

一、荀子游齐之学术与政治面向探究

《史记·孟子荀卿列传》对荀子的记载较为简略,具体如下:

> 荀卿,赵人。年五十始来游学于齐。驺衍之术迂大而闳辩;奭也文具难施;淳于髡久与处,时有得善言。故齐人颂曰:“谈天衍,雕龙奭,炙毂过髡。”田骈之属皆已死。齐襄王时,而荀卿最为老师。齐尚修列大夫之缺,而荀卿三为祭酒焉。齐人或谗荀卿,荀卿乃适楚,而春申君以为兰陵令。春申君死而荀卿废,因家兰陵。李斯尝为弟子,已而相秦。荀卿嫉浊世之政,亡国乱君相属,不遂大道而营于巫祝,信机祥,鄙儒小拘,如庄周等又猾稽乱俗,于是推儒、墨、道德之行事兴坏,序列著数万言而卒。因葬兰陵。

刘向《荀卿新书·叙录》较之《史记·孟子荀卿列传》记述稍微详细,但具体事迹相差无几。可以肯认的是,荀子是赵人。根据廖名春先生的考证,荀子本姓为孙氏,应为卫公子惠孙之后,由

① 杨宽:《战国史》,上海人民出版社1955年版,第6页。

卫入赵的卫国人。[1] 而无论赵、卫，皆属三晋文化地域。晋国深入戎狄，戎风最盛。狄人与晋之公室、六卿盟誓、授土、受赂的记录与春秋相始终。“王灵不及，拜戎不暇”（《左传·昭公十五年》），晋人亦不大尊重宗法制度。作为诸姬之长的晋国，曲沃小宗夷灭翼公室，更是宗法体制的逆伦剧变。晋文公“谲而不正”，联姻夷狄、任用异姓公卿。公室寡弱、大臣独断，弃礼义尚首功，以军国为宗，以富强为辞，名法之学发源于这种异端的环境，并非偶然。李悝、商君、韩非一脉相传，“尧幽囚，舜野死”未必实有其事，但颇可折射三晋政治功利主义色彩。

《史记》所载荀子生卒年不详，且《史记》《荀卿新书》与汪中《荀卿子通论》等皆未探讨荀子游学于齐以前的事迹，亦未明载荀子之生卒年。《荀卿新书》“孙卿有秀才，年五十，始来游学”之记载，与《史记》“年五十始来游学于齐”相同，不过，东汉应劭之《风俗通义》则记载荀子“年十五始来游学”。考虑到《史记》中所记载荀子生平唯一清楚的年代，为楚考烈王八年（公元前 255 年），春申君以荀子为兰陵令。“春申君死而荀卿废”，而春申君死于约公元前 238 年，齐威、宣王在位期间大略是公元前 356 年至公元前 301 年，若年五十岁始游齐，荀子的活动时期过长。若不采年五十之说，假定齐威王时荀子即在齐国，则荀子与孟子活动期间便有很大的重叠，势必产生更多矛盾。对此，清人王先谦在《荀子集解》中即整理各家争论荀子生平，不过未敢遽下定论。晚近以来，相关探讨如下：胡适以《史记》为标准，驳斥其他史料，主张“年五十始来游学于齐”可采，但疏于论证。[2] 王叔岷则以《史记》为本，

---

① 参见廖名春：《〈荀子〉新探》，中国人民大学出版社 2014 年版，第 13 - 14 页。

② 参见胡适：《中国古代哲学史》，中国华侨出版社 2013 年版，第 243 页。

认为“始来”二字为复语，“始”犹“已”之意，并从《史记·魏世家》与六朝诗文论证荀子十五岁游学于齐的说法可以成立；[①]王忠林则认为，《风俗通义》记载之年十五尚为可采；[②]廖名春则力持荀子年五十游学于齐之说；[③]佐藤将之认为，在史料记载无法完全可信的情况下，仅能依据一些事件以及不同文本间的记载作出合理的推论而非严谨的考证，他通过引述上述学者以及对古今论述进行统一性的整理，倾向于“年十五”之说。[④]

考虑到目前尚缺乏严谨可靠的史料，相关文本亦存在许多的不确定性，不同学者之间的推论也各有凭据，如同《四库全书总目提要》所云，荀子“总之战国时人尔，其生卒年月已不可确考矣”，笔者暂且依据《史记》之记载，拟采荀子“年五十游齐”之说，将有争议的事迹推测结果与其他史料文本中较无争议的事迹进行综合整理，并结合先秦历史的发展情形，较为简略地勾勒出荀子可能的行谊。荀子当生于孟子后三四十年，于齐湣王时游学于齐。齐湣王末年，荀子离齐赴楚。而于齐襄王继位后返齐，并于齐襄王之世三任祭酒。后又于齐王建时，荀子再次离齐赴楚，随后受春申君之聘，任楚国兰陵令。楚考烈王二十五年（公元前238年）李园杀春申君，荀子被废，“因家兰陵”，著书立说，数年后而卒。

就荀子在齐地的经历而言，“三为祭酒”堪为关键所在。荀子游学稷下，“最为老师”，地位崇高。《史记·田敬仲完世家》记

---

① 参见王叔岷：《史记斠证》，中华书局2007年版，第2325页。

② 参见王忠林注译：《新译荀子读本》，台北，台湾三民书局1978年版，第3－5页。

③ 参见廖名春：《〈荀子〉新探》，中国人民大学出版社2014年版，第14－16页。

④ 参见[日]佐藤将之：《荀学与荀子思想研究：评析·前景·构想》，台北，万卷楼图书有限公司2015年版，第68－70页。

载:"(齐湣王四十年,公元前 284 年)燕将乐毅遂入临淄,尽取齐之宝藏器。湣王出亡……楚使淖齿将兵救齐,因相齐湣王。淖齿遂杀湣王而与燕共分齐之侵地卤器。"这是战国中后期著名的五国伐齐之事。公元前 284 年,燕国、赵国、韩国、魏国、秦国五国联合攻打齐国,短时间内攻下七十余城,直入齐国都城临淄。五国伐齐对战国整体格局影响巨大,齐国从此一蹶不振,秦、齐两强东西对峙的格局也转变为秦、赵两国的争锋。齐襄王五年(公元前 279 年),齐将田单收复失地,迎接齐襄王返临淄。《史记·孟子荀卿列传》提道:"田骈之属皆已死。齐襄王时,而荀卿最为老师。齐尚修列大夫之缺,而荀卿三为祭酒焉。"齐国"修列大夫之缺",应在齐襄王返临淄当年或该年之后。或因儒家重礼仪,在齿德俱尊的情形下,荀子成为祭酒,甚至进而主导着战国中晚期的礼制改革运动,乃至可能影响后来《周礼》的修订。

荀卿"三为祭酒"之事,笔者认为尚需从当时列国的情势加以考虑。从齐襄王五年返回临淄至十四年秦国攻齐,列国先后有燕惠王、魏安釐王、韩桓惠王、燕武成王、赵孝成王等国君先后继任在位。就齐国而言,除与燕国为世仇,三晋是其必须加以笼络结盟的对象。从《史记·六国年表》之记载来看,荀子"三为祭酒",第一任当是前述齐襄王五年返临淄之后至魏安釐王即位前(公元前 276 年)为止;第二任当是由魏返齐至韩桓惠王即位前(公元前 272 年)为止;第三任当是由韩返齐至赵孝成王即位前(公元前 265 年)为止。而赵孝成王元年即齐襄王在位最后一年,荀子在此次出使返齐之后即不再担任祭酒一职。根据《战国策·齐策·孟尝君在薛》中"淳于髡为齐使于荆"的记载,淳于髡曾任稷下先生,出使楚国。故荀子以稷下先生身份出使列国,当是循此稷下故例。由此或可推知,荀子深入参与到当时列国的内政外交当中——这对于荀子思想的形成具有重要意义。荀子之“三为祭酒”，实为代表齐国三次担任使节，分别出使魏、韩、赵三国，庆贺新君继位，展开邦交。由此，荀子游历各国的性质，是不同于之前诸子的。

二、荀子入秦与赴楚的重要关节蠡测

《荀子·儒效》与《荀子·强国》分别记载了荀子与秦昭王和应侯会面的事迹。我们根据《史记·范雎蔡泽列传》的相关记载："秦封范雎以应，号为应侯。当是时，秦昭王四十一年也(公元前266年)。"而《史记·秦本纪》记载，“(秦昭王)四十一年夏，攻魏，取邢丘、怀”。《史记·赵世家》记载，“孝成王元年(公元前265年)，秦伐我，拔三城。赵王新立，太后用事。秦急攻之，赵氏求救于齐。齐曰：‘必以长安君为质，兵乃出。’……于是为长安君约车百乘，质于齐，齐兵乃出”。《史记·秦本纪》与《史记·范雎蔡泽列传》所记载的秦昭王四十二年秦国对赵国出兵，固然是实行远交近攻之策，但其主要目的则在于“秦昭王闻魏齐在平原君所，欲为范雎必报其仇”。因此，遂有齐国以赵长安君为质，促成赵、齐结盟抗秦之举。荀子本赵人，且如前文所述，在齐襄王时奉命出使赵国——公元前266年至公元前265年之际赵惠文王卒，赵孝成王立——在这种情况下，才有《荀子·议兵》之“与临武君议兵于赵孝成王之前”的记录。

根据《史记·秦本纪》“(秦昭王)四十二年，安国君为太子。十月，宣太后薨，葬芷阳郦山”之记载，荀子或又奉命出使秦国吊丧慰问——当然，无论是荀子先见赵孝成王，后见秦昭襄王与应侯，还是先入秦，返程时再与临武君议兵于赵孝成王前，均有存在的可能性。不过，根据《荀子·议兵》文本中，赵孝成王分别就“请问兵要”、“请问王者之兵设何道何行而可”与“请问为将”等议题的发问，考虑到战国之际，虽然游说之事盛行，但游士与国君之间必须在志同道合的情况下，方能遇合——商鞅在魏、秦的不同际遇便足以说明这一问题——临武君与荀子逐次辩论，赵孝成王卒以荀子之说为“善”，此种语境下，其与长平之战时一意孤行地任命赵括为将的专断形象存在明显的差异，则或可推知，“议兵于赵孝成王之前”应发生在《史记·赵世家》所言之“赵王新立，太后用事”的情况下。惠文后卒于赵孝成王二年，结合荀子评论齐国技击之士、魏之武卒、秦之锐士皆“干赏蹈利之兵也，佣徒鬻卖之道也，未有贵上、安制、綦节之理也”的记述，而从史书记载来看，商鞅变法之后，秦厉行农战，“有功者赏，有过者罚”“无功者，虽富不得享”，与齐、魏之军制差异极大，则荀子之说显然无据——如果我们联系到《荀子·强国》中荀子在回答应侯之问时对秦国民情的赞许肯定，便会发现其与《荀子·议兵》对秦国民情所作的分析有着极为明显的落差。似此或可推论荀子入秦，当在与临武君议兵于赵孝成王之后。

荀子晚年赴楚，并有出仕的记录。《史记》中所记载荀子生平唯一清楚是楚考烈王八年（公元前 255 年）——“春申君相楚八年，为楚北伐、灭鲁，以荀卿为兰陵令。”（《史记·春申君列传》）春申君于楚考烈王元年为相，相楚八年。荀子赴楚，受春申君之聘，出为兰陵令。“齐人或谗荀卿。荀卿乃适楚；而春申君以为兰陵令。”荀子适楚，是在齐王建十年（公元前 255 年）的事。“齐人或谗荀卿”之关键，或在于齐国是否出兵救赵的争议。前已述及，秦国侵赵，遂促成齐襄王十九年（赵孝成王元年，公元前 265 年）赵、齐结盟。齐国经历五国联合攻伐，几乎灭国。历劫之后，齐国抱残守缺，偏安一隅。齐王建时期，齐国“诰誓不及五帝，盟诅不及三王,交质子不及五伯”(《荀子·大略》),完全不介入外事。荀子以赵人身份建议齐王建遵守盟约出兵助赵,其立场自易遭人谗毁,故于此时离开齐国适为合理。

赴楚之后,荀子与春申君往来,并开始游说春申君出兵援助赵国,进而有《战国策》“有客说春申君”的情节发生。《孙卿新书》与《战国策·楚策四》皆记载荀子在这期间受讥谗,因而“春申君谢之,孙卿去之赵”,荀子以《成相》讽之。应是当此之后,才有“春申君相楚八年,以荀卿为兰陵令”之事的发生。

第二节　荀子的学术师承与思想传承

荀子一生游齐、入秦、适楚,而迨楚国灭亡鲁国,春申君方以荀子为兰陵令。兰陵为鲁国旧地,在鲁国灭亡前,荀子一生均不曾探访保留周礼最完善之鲁地,则其学术中的儒学因素并非直接来自鲁地。那么,荀子所大力推行的圣王礼义,是否符合鲁地诸生所信奉之周礼,也就有重新检视的必要。

一、稷下学宫与荀子思想体系的形成

根据《史记·儒林列传》《汉书·儒林传》的记载,从战国到秦汉之际,儒学几经衰落,但“齐鲁之间,学者独不废也”,这可能要归功于齐地稷下学宫的扶持,孟子、荀子才得以重新光大儒学。荀子生于赵国,卒于楚国,其一生活动,特别是游学、讲学与学术研究,主要是在齐国稷下度过的。稷下学宫荟萃百家之学,稷下先生“不治而议论”,由此,荀子得以广泛接触各家学说,开阔其思想的视野,提升其理论思辨的能力,而为其所建构的学说体系奠定坚实的基础。

(一)“齐稷下先生喜议政事”

现存描述稷下历史的记载颇为有限,以致我们无法得悉稷下具体指涉的地点、活动的规模以及管理运作的详细情况。① 尽管如此,我们仍可以通过分析古代政治社会的结构、齐国的经济条件和区域特征等,阐释稷下治学的历史背景。

“稷下”一名始见于《史记·田敬仲完世家》所说的“齐稷下学士”以及《史记·孟子荀卿列传》中的“齐之稷下先生”。稷下学宫是战国中前期田齐桓公田午所创。“昔齐桓公立稷下之官(宫),设大夫之号,招致贤人而尊崇之,自孟轲之徒皆游于齐。”(《中论·亡国》)田齐桓公在国都稷门外设置馆舍讲堂,招聘天下贤士在此议政、讲学、辩论,为建立变法图强的霸业构筑理论的基础,寻求可行的途径,终而成就了影响深远的稷下之学,而相关的馆舍讲堂则被称为稷下学宫。因应田齐统治者变法图强的需要,稷下先生“著书言治乱之事”,密切检视国家之所以能建立秩序以及崩溃或混乱的原因。学宫学派林立,诸家各抒已见,皆有一得,蔚为壮观。基于历史与现实的原因,楚地老子之学与黄帝

① 稷下在近代诸子学研究中,并非主流显学,且司马迁在《史记》中论述稷下学者时最常使用的评语是“其学归本于黄老”,而《汉书·艺文志》所著录属于黄帝书的共有十二类二十六种,现今已几乎全部佚亡。根据张秉楠的收集和整理,现存提到稷下学派的段落或文字,不超过十五笔。参见张秉楠辑注:《稷下钩沉》,上海古籍出版社 1991 年版,第 1 –5 页。近年来,由于马王堆汉墓出土文物的影响,黄老学与稷下学的研究和《管子》书的相关考证遂得以热烈展开,彼此互相引证,交互影响,逐渐凝聚共识。关于稷下学宫思想的研究可参见胡家聪:《稷下争鸣与黄老新学》,中国社会科学出版社 1998 年版。该书侧重于黄老道家的法术之思想内涵以及其如何与道、法、儒、墨等各家学派进行互动之研究。白奚:《稷下学研究:中国古代的思想自由与百家争鸣》,生活·读书·新知三联书店 1998 年版。该书着重以稷下学的兴盛为历史背景与框架,讨论稷下诸子之间的交流与思想发展。

之说相结合,形成了稷下黄老学派,大盛于齐地,发展出政治哲学上辉煌的“君人南面之术”。

刘向《新序》中言:“齐稷下先生喜议政事”,从中可看出稷下学者的讨论是以国家政治设计与治理运作为目标。田齐成立稷下学宫,是期望这些学识渊博德高望重的学者,不但能够“议论”,而且还能“备咨询”。稷下先生有“不治而议论”之权。根据白奚的考察,“议论”一词并非现在所使用的商议、讨论之义,而是接近于批评、非议之义。① 因此,所谓“议论”,便是本诸稷下学者个人的学养经验,批评政务,纠正国君施政的失误或行为的偏差。至于“备咨询”,则是国君在一些重大问题上提出询问,就教于稷下先生,稷下先生则针对问题加以剖析,指陈利弊得失,提供计谋对策,以供国君决断。由此可知,稷下学宫能够明显地影响到田齐政权的内外政策。由于稷下学宫环境优渥,吸引了来自各国不同学派的学者。其中,有齐国当地大儒淳于髡、田骈、邹衍、尹文、接子等,也有他国的知名学者如宋国的宋钘、楚国的环渊、赵国的慎到、荀子等。②

由于地域文化的不同、思维方式的互异、价值观念的差别和关怀层面的多元,稷下形成了不同的思想体系、理论主旨与具体主张,稷下学宫也就成了当时百家会聚的中心,举凡儒家、道家、墨家、法家、名家、阴阳家、纵横家、兵家、农家,都在这个学术舞台上占有一席之地。这些学者们议政又论学,不但各抒己见,自由

---

① 参见白奚:《稷下学研究:中国古代的思想自由与百家争鸣》,生活·读书·新知三联书店1998年版,第40页。

② 日本学者金谷治把稷下学者首先划分为各国“游说之士”和齐国的“土著之士”两种,是很有见地的看法。参见[日]金谷治:《稷下学与〈管子〉》,于时化译,载《管子学刊》1989年第3期。

发挥,而且还举行定期的研讨。而“谈说”的主题,不外是各自提出自己的学说,以及由此衍伸的政治理念、施政作为,或是某一具体政治社会问题的解决之道。稷下学宫历时既久,影响极为深远。[①]

(二)齐地儒学的发展

战国时期,鲁地所展现出的风气明显异于齐地。胡适认为,阴阳五行与黄老之学可划归为齐学的范畴;[②]傅斯年则认为,儒是鲁学,儒学是鲁文化的学术代表;[③]钱穆亦云,“齐学恢奇驳杂”,而“鲁学纯谨”,“大抵治鲁学者,皆纯谨笃守师法,不能驰骋见奇,趋时求合”。[④] 虽然如此,太史公记载管仲任政相齐后:“仓廪实而知礼节,衣食足而知荣辱,上服度则六亲固。四维不张,国乃灭亡。”(《史记·管晏列传》)晏婴相齐,历任灵公、庄公、景公,以节俭力行,有义有勇,“伏庄公尸哭之,成礼然后去”“谏说犯君之颜”,太史公几以儒家人格典范的标准称颂晏子,不时流露出向往倾慕之情,“假令晏子而在,余虽为之执鞭,所忻慕焉”。可知儒家

① 余英时甚至认为,严格意义的百家争鸣在稷下学宫才真正开始。参见余英时:《士与中国文化》,上海人民出版社1987年版,第61页。

② 参见胡适:《中国中古思想史长编》,华东师范大学出版社1996年版,第1-33页。

③ 参见傅斯年:《战国子家叙论》,载《傅斯年全集》(第2卷),湖南教育出版社2003年版,第249-304页。

④ 参见钱穆:《两汉经学今古文平议》,商务印书馆2001年版,第222页。

周礼精神由管仲、晏婴等人发扬光大。① 因此,齐鲁之间虽然壁垒分明,但是齐国有其特殊的文化风韵——孔子闻韶乐而“三月不知肉味”,孟子、荀子皆曾游学于齐,或多或少接受齐风所熏染,齐鲁之间似乎又有其若即若离的相融关系。

不过,令人称异的是,周礼完备的鲁地,自春秋之际始终饱受三桓困扰,内政外交乏善可陈,及至战国,终为楚国所灭。事实上,从战国到秦汉之际,讲求的是变法革新,尽管鲁国诸生恪守周礼精神与传统,但在现实环境的催逼之下,鲁国逐渐成为诸子文化边陲地区。以鲁地成名的儒家,除了孔子与其首期弟子外,再度见诸史册者已是数百年后陈涉起义秦末之际,孔子八世孙孔鲋“积怨而发愤于陈王”,“持孔氏之礼器往归陈王”;楚汉相争,当刘邦举兵围鲁之时,鲁国诸儒正在相与讲诵习礼,弦歌之声不绝。鲁地儒生的上述行为,不免显得迂腐守旧——牟宗三先生曾指出,战国重利,“战国之精神纯为‘物量’之精神也”②。我们可从《墨子》《孟子》等文献中明显地看到时代重利的发展趋势。③ 刘邦见儒生之来说者,“辄解其冠,溲溺其中”,虽极粗鄙,但也反映

---

① 严耕望先生通过研究指出,先秦儒家分布,属于孔子弟子者,鲁国 35 人,齐国 5 人;孔子再传弟子及其以后诸儒,鲁国 9 人,齐国 7 人。严耕望:《战国学术地理与人才分布》,载《严耕望史学论文选集》,台北,联经出版事业股份有限公司 1991 年版,第 63 - 64 页。林丽娥在严耕望的基础上进一步指出,先秦时期文献可考之齐国本籍与游学齐国之学者共计 87 人,其中具有儒家思想者共 43 人,约占齐国学者总人数之半。林丽娥:《先秦齐学考》,台北,台湾商务印书馆 1992 年版,第 237 - 246 页。于此可见,国力强盛的齐国,大量吸引本属于鲁国周礼色彩之儒家学者为己用,融合自身地域色彩,形成风格多元、独树一帜之齐文化。

② 牟宗三:《历史哲学》,台北,台湾学生书局 2000 年版,第 101 页。

③ 例如,《墨子·节葬下》:“是故昔者圣王既没,天下失义,诸侯力征。南有楚、越之王,而北有齐、晋之君,此皆砥砺其卒伍,以攻伐并兼为政于天下。”《孟子·梁惠王上》:“孟子见梁惠王。王曰:‘叟! 不远千里而来,亦将有以利吾国乎?’孟子对曰:‘王何必曰利? 亦有仁义而已矣。’”足见当时社会对利的关注。

出时人对于鲁地儒生的态度。

(三)稷下黄老之学对荀子的影响

荀子身处稷下,面对百家争鸣、学术鼎沸,充分吸收容受、了解与掌握各家学说,顺应时代的思想脉络,综贯百家思想,熔铸为其独特的学说理论。[①] 荀子对稷下学者学说当有深刻的了解,并怀抱着思想家的历史使命,“推儒、墨、道德之行事兴坏,序列著数万言而卒”。值得注意的是,荀子的师承问题,史籍并无详载。荀子赞颂与尊崇仲尼、子弓[②]有加,以儒家正统自居,以传二子之义自任,“上则法舜、禹之制,下则法仲尼、子弓之义,以务息十二子之说”(《荀子·非十二子》)。《史记·儒林列传》云,“孟子、荀卿之列,咸遵夫子之业而润色之,以学显于当世”,则至少就太史公而言,是肯定荀卿接受孔子之业的。事实上,《荀子》中所存在的传统儒家的思想,无论是形式上,还是实质内涵上,皆是无法被否定的。

通过史籍吉光片羽式的描述,我们或可推测出更多的信息。荀卿与稷下学者多有熟悉,《荀子·非十二子》对百家批判有加,《史记·孟子荀卿列传》称“淳于髡久与处,时有得善言”,则荀子或曾师从淳于髡;纵无正式师承,至少曾经与其有过长时间的相处,在学术上受其影响。淳于髡被梁惠王称为“诚圣人也”,且“管晏不及”。孔颖达《礼记正义》引刘向《别录》云,《王度记》“似齐

---

① 关于荀子到齐国的稷下学宫之活动可参见[日]佐藤将之:《参于天地之治:荀子礼治政治思想的起源与构造》,台北,台湾大学出版中心 2016 年版,第 49 - 58 页。

② 关于荀子所尊崇的子弓,在之前有二位“子弓”者,一是孔子的学生仲弓,即冉雍;二是战国时易学家的馯臂子弓。历来研究者多认为其所言之子弓,为仲弓而非馯臂子弓。

宣王时淳于髡等所说也”,《王度记》佚文散见于《白虎通》。淳于髡之学,“博闻强记,学无所主”,认为百家各偏一隅,多有批判,或许符合稷下黄老兼容调和百家之学,兼采儒、墨、道德、名、法的特色。而这样的特色,固为稷下所常见。

宋钘之名,《孟子·告子下》亦名“宋牼”,《庄子·逍遥游》《韩非子·显学》则名为“宋荣子”。《汉书·艺文志》著录《宋子》十八篇,列入小说家,班固自注:“孙卿道宋子,其言黄老意。”从班固之言可知,荀卿以宋子具有黄老特质。事实上,宋钘在稷下享有盛名,孟子尊称其为“先生”(《孟子·告子下》),荀子亦尊其为“子宋子”,多引宋子之言,显见对其思想亦当熟悉。而事实上,宋钘思想具有浓厚的墨家韵味——其“禁攻寝兵”,与《韩非子·显学》所提到的“宋荣子之议,设不斗争,取不随仇,不羞囹圄,见侮不辱,世主以为廉而礼之”,皆近墨家之说。故而,《荀子·非十二子》将“墨翟、宋钘”归为一类。《庄子·天下》则言其“上说下教,强聒不舍”,“街谈巷语道听途说者之所造”,并与尹文并言,“不累于俗,不饰于物;不苟于人,不忮于众;愿天下之安宁,以活民命,人我之养,毕足而止,以此白心”。宋钘与尹文思想具有相当的同构性,从《尹文子》中可以得到证实。《尹文子》在《汉书·艺文志》中被列名家,班固自注:“说宣王。先公孙龙。”颜师古曰,“刘向云与宋钘俱游稷下”,似可推知尹文当年长于荀子,荀子对其思想当不陌生。事实上,我们也可以在《荀子》与《尹文子》中发现大量的类似言论。例如,《荀子》与《尹文子》在形名的主张上,皆强调形名相符,循名责实,名实参验,重视君臣上下之分,其间的差异在于,尹文以“道行于世”“法行于世”而主张道法并举,荀子则“制礼义”“立法度”而主张隆礼重法。在人性论层面,皆主张人性本恶,尹文之关注点在于性恶的社会现象,而荀子则述明人性本恶的经验表现，且皆主张制礼作乐以化之。尚黄老道家气韵的尹文与儒家后传的荀卿二者之思想或有相合之处，不论是否有师承相关，思想上或有相互了解与吸收。此外，宋钘“不累于俗”等言，“情欲寡浅”“见侮不辱”“不以身假物”等观念，亦与老子弱道、虚静思想相通。宋钘思想有源于墨子者，又有承于老子道家者，这在稷下是一种普遍的学术现象。荀子同处这一时代，与之接触，了解并吸收其思想，尤其注意“其言黄老意”，综采各家之善，已非儒家本有的特质所能涵盖了。[①]

令人费解的是，荀子虽然深受稷下风气的熏染，但我们似乎看不到其具有议论开放的印记。研究者普遍认为，荀子逆潮流而动，批判诸子学说，反对百家争鸣。不过，如果考虑到其身处战国晚期，属于各家之言收束之时，荀子从稷下学宫中不同思想家那里接触到不同的学说主张，既能较为精准地评论各家之利弊，也有机会在列国间观察辩论，检视完善自己的理论，则其学术特征，或为时代脉络的反映。而探讨荀子与稷下的关系时，必须将焦点置于荀子与百家思想的相互影响上。自20世纪70年代马王堆汉墓黄老帛书出土以来，学界基本上倾向于将其作为黄老道家的代表性文献。随着近年来郭店楚简《太一生水》、上博楚简《亘先》《三德》《凡物流行》等新材料的公布，黄老之学的内涵逐渐丰富

---

① 明清之际思想家傅山所言，值得玩味，“《荀子》三十二篇，不全儒家者言，而习称为儒者，不细读其书也。有儒之一端焉，是其辞之复而单者也。但少精挚处即与儒远，而近于法家，近于刑名家，非墨而又近于墨家者言。”参见《傅山全书》(第2册)，山西人民出版社1991年版，参见书前手笔。近年来黄老学研究兴起，赵吉惠在《论荀学是稷下黄老之学》中提出，“荀学不是儒学，而是稷下黄老之学”，“(荀子)促进了儒、道、法、墨诸家思想的进一步合流，也奠定了中国多元文化格局的理论框架”，参见陈鼓应主编：《道家文化研究》(第4辑)，上海古籍出版社1994年版，第104－105、108页。

起来,具备了立体感。[①] 随着黄老文献的出土,学界开始重视黄老道家对荀子的影响。

笔者认为,战国中晚期诸子各家本有互通,稷下学宫尤甚,判断一家之学的流派归属,应当从其思想中的主要内涵或本质入手。荀子之学有黄老的影子与气质存在当为客观事实,但可否将其定位为黄老思想范畴,似应审慎。回到太史公的判断,荀子并未如同申子、韩非等被“归本于黄老”,而是与孟子同传。然而,虽与孟子并为同传,但太史公明言后者“受业子思之门”,却未明确指出荀子所学之由来,仅涉言驺衍、驺奭、淳于髡与田骈等人;“推儒、墨、道德之行事兴坏”,亦可见不宜仅以儒家来综括其思想。

二、荀子学术思想传承的争议与辨正

(一)荀子传经之功

荀子活跃于战国末期,镕铸各家思想长处,成就一家之言,在秦汉时期的影响极为显著。先秦典籍虽然遭受秦火,但入汉之后,汉廷积极展开文献整理,为大一统帝国的长治久安寻求政治基础。其中,汉代经学受荀子影响极大。

清人汪中追溯战国传经谱系,发现《诗》中的《鲁诗》《韩诗》《毛诗》三家,《春秋》中的《谷梁传》《左传》两家皆可上溯于荀子。大小戴《礼记》当中又有许多文句和《荀子》相同,故而,“荀卿之学,出于孔氏,而尤有功于诸经”[②]。皮锡瑞亦言:“荀卿传经之功

① 上举文献容有学派从属,或思想倾向上的争议,而往往未能遽断,但我们不妨将其视为,当时道家吸纳他家学说,以渐成学派的一个动态历程,或许能较好解释,不同文献所存在之儒道兼容的迹象。相关讨论,可参见曹峰:《近年出土黄老思想文献研究》,中国社会科学出版社 2015 年版,第 29 - 35 页。

② (清)王先谦撰:《荀子集解》,沈啸寰、王星贤点校,中华书局 2013 年版,第 27 页。

甚巨……是荀子能传易、诗、礼、乐、春秋，汉初传其学者极盛。"①《荀子》书中大量征引《诗》《书》，此一征引行为亦是一种广义的经典诠释。

以上种种，在在说明荀子和经学关系密切，在经学史上扮演极其重要的角色。② 惠吉星认为："荀学是由先秦子学到两汉经学的重要一环，在一定意义上可以说，荀子是先秦子学的终结者，也是两汉经学的开创者。"③由于多家传经系谱均可上溯于荀子，汉代学术可能深受荀子思想的影响，正如徐复观先生所说的，"孟子发展了诗书之教，而荀子则发展了礼乐之教。若就经学而论，经学的精神、意义、规模，虽然至孔子已奠其基，但经学之所以为经学，亦必具备一种由组织而具体化之形式。此形式，至荀子而始挈其要"④。

（二）"李斯尝为弟子，已而相秦"

相较于荀子传经之功，人们更关注的是他学术的传承者，而这也往往是引起争议乃至诟病的地方。以往的研究在论及荀子的影响时，大多会提及李斯与韩非，不少论者甚至会以后两者的法家主张与风格行事反向检视荀子，认为"荀卿全是申韩"。无可置疑的是，李斯与秦帝国关系甚深，韩非乃法家集大成者，而秦系奉行法家理论最彻底者。联系到司马谈《论六家要旨》所指出的法家强调以"壹断于法"的方式"以法治国"，不重亲疏远近、血缘

---

① （清）皮锡瑞：《经学历史》，中华书局 2008 年版，第 55 页。

② 汉儒中如陆贾、贾谊、董仲舒，乃至汉末的王符、徐幹等人，其思想都有浓厚的荀学成分。对此，可参见金春峰：《汉代思想史》（第 2 版），中国社会科学出版社 1997 年版，第 91、97、99、183、199 页。

③ 惠吉星：《荀子与中国文化》，贵州人民出版社 1996 年版，第 258－259 页。

④ 徐复观：《中国经学史的基础》，台北，台湾学生书局 1982 年版，第 34 页。

关系，全凭“法”作为国家事务的判准，使“明分职不得相踰越”——这可谓是对先秦法家最早的界定，该观点显然是针对暴秦之虐而发——秦政苛暴，二世而亡，以商鞅变法为基础进而辅佐秦国统一诸侯的法家理论，同样背上了与暴秦相联系的暴政恶名，至李斯韩非尤甚。这种反向观察似乎意在说明，正是因为荀子有李斯韩非这两位弟子，所以可以间接地将暴政起因归于荀子之学。在此，笔者欲通过梳理学界对于荀子弟子传承之相关考证，发掘出荀子所处时代的学术背景及其影响力，进而对荀子之学作出新的评判。

“李斯尝为弟子，已而相秦。”李斯为荀子之弟子，学界几无争议。不过，前述《史记》记述极为简略，且不乏争议。一般认为，李斯为秦相约在公元前 219 年至公元前 213 年，结合《盐铁论·毁学》“方李斯之相秦也，始皇任之，人臣无二，然而荀卿谓之不食，睹其罹不测之祸也”之记载，荀子目睹李斯成为秦相，又“不食”，则荀子之生命显然过长，亦不合理。廖名春从李斯被杀前上书给二世皇帝的书信中推论，公元前 236 年左右，即吕不韦被免除相邦之职时，李斯虽仅系廷尉，但由于秦王的信任，使其在秦国如同丞相，这也大致是春申君被杀、荀子被解任兰陵令之时，故而认为荀子应该有见到李斯形同丞相的局势，才有《盐铁论》的记述。[①]

解决了这一争议，便可以引申出如下问题，即李斯是何时从学于荀子，又受荀子之学影响有多深。虽然我们不能以从学时间久暂直接证明荀子影响李斯的程度，但是通过考察从学时序，仍能重新审视研究中较为忽略的李斯与荀子关系之虚实，更能从荀子与李斯分道扬镳的说辞中凸显当时的政治局势。

① 参见廖名春：《〈荀子〉新探》，中国人民大学出版社 2014 年版，第 28–29 页。

根据《荀子·议兵》的记述，荀子于赵孝成王前与临武君论兵，李斯亦有现身。不过，《史记·李斯列传》则记述，“（李斯）学已成，度楚王不足事，而六国皆弱，无可为建功者，欲西入秦”，换言之，李斯认为楚王不值得侍奉，才向荀子告辞，选择前往事秦。佐藤将之据此推测，李斯是荀子任职于兰陵令时所收的学生。[①] 廖名春依据《议兵》篇的记述，认为荀子与临武君议兵时就带李斯前往赵国，指陈荀子担任兰陵令之前，李斯已从学于荀子。[②] 笔者认为，依据《议兵》篇的记述，李斯应随荀子入赵，而《史记》中其向荀子辞行之记述，则应是在荀子担任兰陵令时，李斯从楚国出发前往秦国。如果自入赵至荀子任兰陵令时，李斯便从学于荀子，则似可表明李斯从学之时间颇久。也正是因为随着荀子游历各国，李斯经历过赵、秦争雄前的局势，目睹长平之战后秦奠定霸业的大势，对比楚国的贵族分权乱政，以及列国合纵反秦失败等现实，才得出前往秦国的结论。李斯虽与荀子分道，思想上似乎也不甚一致，[③]不过，如果我们注意到李斯临刑前的慨然而叹，“嗟乎！吾闻之荀卿曰：物禁太盛。夫斯乃上蔡布衣，闾巷之黔首，上不知其驽下，遂擢至此。当今人臣之位无居臣上者，可谓富贵极矣。物极则衰，吾未知所税驾者也”（《史记·李斯列传》），则仍可见其对乃师荀子的尊重与信服。只不过，这种尊敬与信服，挡不住时代大势所趋之现实。

---

① 参见［日］佐藤将之：《荀学与荀子思想研究：评析·前景·构想》，台北，万卷楼图书股份有限公司 2015 年版，第 85 页。

② 参见廖名春：《〈荀子〉新探》，中国人民大学出版社 2014 年版，第 22－23 页。

③ 如果考虑到李斯入秦后，参与《吕氏春秋》的编撰，则其将荀子思想融会到《吕氏春秋》中亦不无可能。不过，随着秦王政亲政，吕氏综括百家之学最终因政治的失势而败于前者的法家之学，李斯转向法家，投机成分居多。

(三)韩非“与李斯俱事荀卿”

《史记》中明确记载韩非“与李斯俱事荀卿”之事,《荀卿新书》亦言韩非系荀子之弟子。可以说,除李斯外,韩非是荀子弟子中最常被提及的人物。由于这种身份的切身性,而韩非集先秦法家之大成,研究者便往往以《韩非子》所记之内容反向推论荀子,更有论者主张韩非对于人性的见解亦出于荀子。[①] 佐藤将之认为,《史记》中记述韩非与荀子的关系,其叙述风格不同于李斯与荀子,通过将《荀子》与《韩非子》文本进行对比分析,追索文本间关于人性概念的讨论,也可以发现荀子与韩非之间的关系似与李斯从学于荀子有所不同。据此,佐藤将之认为,韩非像李斯那样系统性长时间地从学于荀子的可能性不高。[②] 笔者无力确切考证韩非向荀子学习的方式,亦不断然主张韩非之学或其主要思想论述皆出于荀子,[③]而是倾向于从不同文本间的论述以及荀子、韩非

---

① 先秦人性史论当中,荀子以人性为恶,孟子则以人性为善,告子以为性无善恶,历史上多数研究者据此推论韩非从其师荀子,以人性“本恶”为立论基础。不过,这种说法尚有疑虑,在此笔者稍做解释,至于更详细的分析可参见后叙正文部分。首先,身处战国晚期,荀子学术自身具有综合性的特征,《荀子》书中所见包罗万象,仅以《非十二子》篇便可知荀子涉猎当时流行诸说,其内容更有受道家、黄老思想影响的部分。其次,韩非从学于荀子,未必专求学于“性恶”之说,很可能包括诸国史学、黄老道家理论,或礼、法相关的内容。再者,韩非身为韩国庶出公子,熟稔韩国地域的学术传统,自“申子以术干昭侯”,法家尤其是术派之学留存于韩国的官僚政治体系当中,未必需要通过荀子性恶之说来确立新的理论基础。况且,人性之论既不是荀子的关切所在,也不是韩非政治理论的核心,后者未必需要对前者的相关主张特别加以发展。

② 参见[日]佐藤将之:《荀学与荀子思想研究:评析·前景·构想》,台北,万卷楼图书股份有限公司 2015 年版,第 85 页。

③ 相较于荀子对韩非思想形成过程中产生的影响,笔者认为,我们更应注意到太史公关于韩非“喜刑名法术之学,而其归本于黄老”的论断。关于这一点,可参阅拙作:《出土文献所见韩非法家之学“归本于黄老”研究》(待刊)。

的生平出发,主张在当时的时代脉络下,荀、韩诸子皆面临学术上与政治上的共同议题,而《荀子》与《韩非子》中的一些概念与问题意识,乃为当时诸子间尤其是稷下学宫群体共同关注与思考的对象。正如笔者在本书后叙当中所要阐释的,诸子当战国中晚期,呈现出相同或类似的思想倾向,重在申述治道,并在道法、形名、人性好利恶害等思想的论述上形成了相同或类似的主张。黄老学说特别是稷下学宫时期的重要代表人物,诸如尹文子、田骈、慎到等人,皆肯定人的欲利情性,认为人皆有自为之心。这种人性论的主张,乃时代学术思潮的普遍现象,蔚为当时的普遍性与主流性思潮。因此,如果抛开单纯聚焦于两者间是否有影响或是否为师生的观点,而从更为宏观的时代背景切入的话,则韩非与荀子,甚或《韩非子》与《荀子》之间,展现出的正是战国中晚期诸子之学互相接触、融会,以及时代脉络下对共同议题的自觉反应。

(四)荀子学术思想在秦汉的影响

除了李斯与韩非,《荀卿新书》中提及的荀子弟子尚有浮丘伯。不过,与李斯、韩非相比,浮丘伯似乎并未从事政治活动,史料记载也非常少。根据《汉书・儒林传》的记述,“申公,鲁人也。少与楚元王交,俱事齐人浮丘伯受《诗》”,即浮丘伯为申公之师。而《汉书・楚元王传》则记载,刘交与鲁穆生、白生、申公一同随浮丘伯学习《诗经》。历史上,申公与刘交对《诗经》传承贡献很大,申公系《诗经》今文经学中鲁诗学的开创者;刘交亦对《诗经》颇有造诣,传注号称元王诗,在《诗经》传承上亦有一席之地。此外,今文诗学中韩诗学之《韩诗外传》有许多段落与《荀子》相似,毛诗学之《毛诗序》中的论述几乎以荀子之学说为基底,魏晋学者也有荀卿授诗经予毛亨的记载。[①] 根据孔颖达《春秋左传正义》中转引刘向《别录》对《左传》的叙述，“据刘向《别录》云：‘左丘明授曾申，申授吴起，起授其子期，期授楚人铎椒。铎椒作《抄撮》八卷，授虞卿；虞卿作《抄撮》九卷，授荀卿；荀卿授张苍。’”似乎在《左传》的传承系谱中，张苍承继于荀子。不过，虽然张苍与荀子的活动年代有所重合，但鉴于《荀子》、《史记》与《汉书》中皆未有张苍师从荀子的记述，甚至亦无如韩非“事荀子”的记载。笔者认为，对此宜持较为保守的态度存疑——当然，我们也不能完全排除荀子之思想主张对张苍产生影响的可能性。

在史料文本无法完全可信且无更多具体文献出现前，关于荀子的弟子传承问题，我们仅能依据常理进行合理推论。综括而言，李斯从学于荀子的可能性最高，且具有长期性与系统性，韩非次之，浮丘伯再次之，张苍最低。李斯之学（及其学术转向）很能传达出当时宏观的时代趋势，尤其是秦赵长平之战后，强秦统一天下的大势已然明显。考察李斯与荀子的抉择，许多记述皆有这种时代脉络的印记。韩非与荀子之间，除了展现出前述李斯所面对的强秦即将一统天下的趋势外，诸子都面临相同的学术争论，不仅荀子与韩非有专门探讨人性的文本，同时代大部分的思想家对此皆有论述。[②] 无疑，这种时代的学术现象有助于我们对相关文本的诠释与理解。浮丘伯与张苍皆用荀子名号，则或可折射出荀子在战国末期至秦汉时代所具有的强大影响力。

---

① 参见［日］佐藤将之：《荀学与荀子思想研究：评析·前景·构想》，台北，万卷楼图书股份有限公司2015年版，第86－87页。

② 晚近以来，随着学界对于稷下思想的重新发掘，有学者认为在孟子时代，法家和黄老关于人皆好利恶害的人性论主张就已经是当时的主流了，而孟子性善之说，实为对这种人性论的响应。对此可参见白奚：《稷下学研究：中国古代的思想自由与百家争鸣》，生活·读书·新知三联书店1998年版，第100－101页。

由于史料的缺乏,历史文本本身亦存在许多不确定性,不同论者各有凭据,导致荀子生平事迹难以确切认定。但通过对比探讨,可以想象身处战国晚期的荀子,不若孔子所处的春秋时期,以及孟子生活的战国中前期。荀子之时,“礼崩乐坏”的局势更为明显,列国追求实效,弱国图存,强国图霸,兼并战争愈演愈烈,而学术界亦对应着各家之言收束之时,也是各家之言是否能实践受重视之时。即以孟子与荀子两者而言,虽然相隔不过数十年,但前者所接触的实为早期稷下先生,后者则明显吸收了成熟时期的稷下思想资源,并通过在列国间观察辩论检视自己的理论,故延伸出更多层面的论述。尤其是,荀子更加注重国家发展与政事问题,相应地,教育或伦理道德内部的问题也发展到外在的实践面向。

第三节　《荀子》文本的流衍与主旨的界定

现今所见《荀子》一书凡三十二篇,内容涉及宇宙论、人性论、工夫论、名实论、政治论等内容极为宽广的问题,大多数篇章分析辩论性格明显,论述主旨明确,逻辑严密,结构严谨,蔚为体大思精的先秦思想论著。

一、《荀子》的形成与版本传承系谱

关于《荀子》的文本流传情况,可追溯至《史记·孟子荀卿列传》中的记述,“荀卿嫉浊世之政……于是推儒、墨、道德之行事兴坏,序列著数万言而卒”。这是最早有关《荀子》文本的相关记载,也应是最原始之版本。

从战国后期至西汉末年刘向整理之前,民间已有庞大数量的

荀子文本。《史记·吕不韦列传》记载:“是时诸侯多辩士,如荀卿之徒,著书布天下。吕不韦乃使其客人人著所闻,集论以为八览、六论、十二纪,二十余万言。”据此可知,吕不韦召集门客撰写《吕氏春秋》前,荀子的著作已获得广泛的传播。至西汉末年,刘向对《荀子》文本进行整理。《荀子》版本之内容雏形,亦奠定于刘向此次之编订。

《荀卿新书》开篇记载,“护左都水使者、光禄大夫臣向言:所校雠中《孙卿书》凡三百二十二篇,以相校除复重二百九十篇,定著三十二篇,皆以定杀青简,书可缮写”。而现今流传最早的《荀子》注本,是唐人杨倞所著的《荀子注》。杨倞整理后,变更原本文本名称,定调“荀子”之称呼。今日所熟悉的《荀子》文本,完整定调名称亦始于此。杨倞在该书《荀子序》中云:“以文字繁多,故分旧十二卷三十二篇为二十卷。又改《孙卿新书》为《荀卿子》。其篇第亦颇有移易,使以类相从云。”他重新排列个别篇章,使之成为现今我们所熟悉的《荀子》文本。杨倞之后的版本,不再出现内容与章节顺序上的更动,仅有刻印版本的差别。

根据《荀卿新书》的记载,刘向比对有重复的部分后,整理为三十二篇,即今日我们所熟悉《荀子》三十二篇之雏形。其间的问题在于,刘向“相校除复重”,重复是否仅指文字表述,还是包括刘向本人认为思想上或论述上重复的篇章?思想与论述的重复标准可能存在歧异,看似理论相同的文本,在不同的时代或语境下,可能被认为不同。由此,《荀子》文本的这次整理,或导致《荀子》确切的原初面貌难以探究,仅能间接地与其他有类似《荀子》片段且早于刘向年代的史料做比对。而根据杨倞《荀子序》“使以类相从云”之引文,可知三十二篇的顺序有所改动。种种情形的叠加,便产生《荀子》版本与存佚相关的疑问。廖名春通过整理众多有关《荀子》文本的记载，认定现今流传的《荀子》称法定自于唐人杨倞，而早在刘向编订之前已有名为《荀子》的文本流传，现今所见的《荀子》内容与刘向所整理的基本上没有散佚。[①] 佐藤将之观察到，在荀子生前至刘向整理这段时间，已有许多不同冠名“荀子”的文本流传，而诸如《韩诗外传》《礼记》《大戴礼记》《史记·礼书》等史料当中有很多段落与今本《荀子》相同或类似；如果从文本间关系往外延伸出思想史意义观察，这些相同或类似的段落，则可能勾勒出当时的思想。[②] 高正对《荀子》各种版本研究颇深，对众多版本的传承系谱与渊源进行了详细的探讨。[③] 目前，中文世界中多数研究《荀子》所使用的底本，都会溯及清人王先谦之《荀子集解》，本书也以此作为基本参考文本。[④] 综合高正与佐藤将之对《荀子》版本系谱的研究，即可大致拼凑出完整的传承系谱，也能对《荀子集解》之渊源流变有更深入的了解。

---

① 参见廖名春：《〈荀子〉新探》，中国人民大学出版社 2014 年版，第 35－39 页。

② 参见［日］佐藤将之：《荀学与荀子思想研究：评析·前景·构想》，台北，万卷楼图书股份有限公司 2015 年版，第 41－48 页。

③ 高正除了注意到“国子监刊本”与“台州刊本”，还补充了“国子监刊本”延伸之“浙北本”与“朝鲜古刊本”，后两种版本皆有影抄与摹抄本流传至今。南宋民间“二浙西蜀本”与“监刻《四子纂图互注》”“国子监刊本”甚有差别，“监刻《四子纂图互注》”再经翻刻为《五子纂图互注》，增入《列子》而刊为《纂图互注重言重意六子》，此书元与明刻本甚多；“二浙西蜀本”经由南宋钱佃结合“国子监刊本”参校成“钱本”；明“世德堂本”取《纂图互注重言重意六子》与“钱本”参校而成，明“虞九章与王震亨订正本”与《四库全书》本皆由“世德堂本”而出，清人卢文弨与谢墉取“浙北本”、《纂图互注重言重意六子》、“世德堂本”与“虞九章与王震亨订正本”作成“谢刻本”。王先谦以“谢刻本”为基础，参考“虞九章与王震亨订正本”与“台州刊本”，著成《荀子集解》。参见高正：《〈荀子〉版本源流考》，中国社会科学出版社 1992 年版，第 83－85 页。

④ （清）王先谦撰：《荀子集解》，沈啸寰、王星贤点校，中华书局 2013 年版，“点校说明”，第 3－4 页。

二、《荀子》与荀子学派思想的基本立场

《荀子》一书所涉及的议题极为广阔,从认识论、教育议题、政治议题再到军事兵法,甚至诗赋作品等,以致我们很难认定各篇为单一作者作品。事实上,杨倞在注《荀子》时,已认为《宥坐》“此以下皆荀卿及弟子所引记传杂事”,《尧问》“自为说者已下,荀卿弟子之辞”,《大略》“此篇盖弟子杂录荀卿之语”。[①] 梁启超认为,《儒效》、《强国》与《议兵》记录的是荀子与他人的对话与事迹,应出自门下弟子之手,《尧问》篇批评荀子,明显系出自他人之手,并认为杨倞对《荀子》末六篇持存疑态度,宜视之为汉儒杂录之作。[②] 王先谦依据其篇章内容互相引用,导致文句混乱,而怀疑《荀子》非一人所作。胡适怀疑《荀子》全书是后人杂凑而成,却肯定《天论》、《解蔽》、《正名》与《性恶》四篇是荀子所著,且是全书之精华所在,至于其他篇章则无关紧要。[③] 不过,其说多主观见解,且缺乏论证。杨筠如通过比较《荀子》与《礼记》以及《韩诗外传》,考察比较各篇章内容思想矛盾,认为《荀子》为后人杂录而成。[④] 廖名春则持开放态度,基本上肯定《荀子》各篇章皆是作为研究的材料,即使并非皆为荀子所作,有些为门下弟子所整理或弟子之作,然这些皆非伪作。[⑤] 由上可见,《荀子》一书并非全部

---

① 参见(清)王先谦撰:《荀子集解》,沈啸寰、王星贤点校,中华书局 2013 年版,第 573、614、653 页。

② 参见梁启超:《要籍解题及其读法》,载《梁启超全集》(第 8 册),北京出版社 1999 年版,第 4641 页。

③ 参见胡适:《中国哲学史大纲》,河北教育出版社 2001 年版,第 225 页。

④ 参见杨筠如:《荀子研究》,载《民国丛书》编辑委员会编:《民国丛书 · 第四编》,上海书店 1992 年版,第 14 – 31 页。

⑤ 参见廖名春:《〈荀子〉新探》,中国人民大学出版社 2014 年版,第 39 – 55 页。

为荀子本人所著,似无疑义,而争议者源于对伪作的界定。

伪作应如何定义?如果采取狭义的概念,只要不是荀子本人所著,即系伪作,则西汉刘向所搜集的三百余篇中重复的部分,已可能系传写之后,另出弟子或他人之手。不过,持如此狭义的看法界定伪作,无助于本文目标的达成,且使我们对先秦典籍的研究事实上变为不可能。韦政通先生在考证《荀子》时曾表达了如下意见,"现在我们研究某一家的思想,并不可能单指某一个人,实无异是在研究一个学派,其中究竟哪些思想是某一个人的,已无法确知。明乎此,由于考证子书而引起的许多争论,实在是不必要的"①。对此,笔者深表赞同。如欲探讨荀子的思想,应将考辨的焦点放在能否代表荀子思想之上。即使文本未必出于荀子,门下弟子与后学的编著亦可视为荀子思想的反映,如同《论语》与《孟子》可能是孔子与孟子门生所辑著,但并不影响学界认定是孔孟思想的反映。因此,与其专注于荀子一人之思想,毋宁研究荀子一派之思想。现存《荀子》文本中,无论是否为荀子本人所作,甚至非门下弟子所作,即使非荀子一派,亦有可能与某派儒学有关,而既然刘向整理前即将某种思想寄于荀子名下,而其编定后至今仍存在,则应尽量将各篇视为具有一致性的能够反映荀子思想的作品。

本书持《荀子》中三十二篇能代表荀子学派思想的基本立场,并适时将荀子生平事迹、历史因素以及各文本间的比较作为参考因素,以此作为整全性原则的诠释,最大可能地呈现出荀子思想尤其是其法哲学的主旨所在。

---

① 韦政通:《荀子与古代哲学》,台北,台湾商务印书馆1992年版,第293页。

第二章 《非十二子》与《解蔽》所见荀子之立身处境与关怀主旨

孟子曾明确表示,他之所以“不得已”而辩,是因为“圣王不作,诸侯放恣,处士横议,杨朱、墨翟之言盈天下。天下之言不归杨,则归墨”(《孟子·滕文公下》)。荀子同样认为其所处的是一个充满危机的时代,且严峻性尤甚于孟子之时。在著名的《非十二子》篇中,荀子一口气批评了十二位战国时代重要的思想家。其间,除了针对其他学派的批评,荀子也针对儒家学派自身提出批判,且其严厉程度更甚于前者。[①] 通过这些批评,我们可以回到荀子自身所处的位置,反推出荀子的立场与主张。

第一节 “务息十二子之说”以明儒者之道

“假今之世,饰邪说,交奸言,以枭乱天下,矞宇嵬琐,使天下浑然不知是非治乱之所存者有人矣。”这是荀子在《非十二子》的开篇中对于当时天下形势的总体判断。《解蔽》之篇首认为,“凡

---

① 《非十二子》篇对子思与孟子进行攻击,大力称赞孔子与子弓;同样,《儒效》篇与《非相》篇中,也见称扬孔子与子弓的片段,另外《解蔽》与《天论》篇亦见批评诸子的片段。

人之患，蔽于一曲而闇于大理”。围绕着“是非治乱之所存”，荀子针对六对十二位思想家展开了批评，而这六对思想家又可以分成三组，每一组都围绕着一个核心议题而呈现出正反两派的立场。

一、“是非治乱”主题下的“情性”之辩

在《非十二子》篇中，荀子首先针对它嚣与魏牟展开批评。

> 纵情性，安恣睢，禽兽行，不足以合文通治；然而其持之有故，其言之成理，足以欺惑愚众，是它嚣、魏牟也。忍情性，綦谿利跂，苟以分异人为高，不足以合大众，明大分；然而其持之有故，其言之成理，足以欺惑愚众，是陈仲、史鰌也。

它嚣，生平事迹久不可知，又无可考。魏牟，又称中山公子牟，生卒年不详。《汉书·艺文志》录有《公子牟》四篇，《隋志》不著录，可能当时亡佚已久。魏牟之事行可见于《庄子》《列子》《战国策》《吕氏春秋》等书。在《庄子·秋水》中，公子牟以“埳井之蛙，不知东海之乐”，以折公孙龙子所见者小。《庄子·让王》记载：“魏牟，万乘之公子也，其隐岩穴也，难为于布衣之士；虽未至乎道，可谓有其意矣。”《列子·仲尼》则称“中山公子牟者，魏国之贤公子也。好与贤人游，不恤国事。”《战国策·赵策》记载：公子牟以制冠说赵王，亦孟子必使玉人雕琢之意，其西游于秦，将东归，辞应侯，戒之以骄奢，不与死亡期，而死亡至之意。荀子思想的重心在于实践以礼乐治国，然而，魏牟身为万乘公子，不务正道治民，不思礼义修身，而安于放任情性，安于恣睢，却不知己身之一言一行，适足以影响群众，故深以为非。陈仲，《不苟》篇作田仲，古代“田”“陈”相通。杨倞曰：“田仲，齐人，处于陵，不食兄禄，辞富贵，为人灌园，号曰于陵仲子。”盖指其人主张自食其力，绝世离群，可行事近于墨家之徒。史鰌，卫大夫，字子鱼，或称史

鱼,孔子称其直。其事迹屡见于诸子传记。《淮南子·主术训》记载:“蘧伯玉为相,子贡往观之,曰:‘何以治国?’曰:‘以弗治治之。’简子欲伐卫,使史黯往观焉。还报曰:‘蘧伯玉为相,未可以加兵。’固塞险阻,何足以致之。”钱穆认为,蘧伯玉盖道家之先声,准此而言,史鳝之思想当接近于道家。

这一组的两派学说围绕着“情性”议题,分别以“纵情性”与“忍情性”为旗帜,形成了两种鲜明的立场。值得注意的是,该组中立场对反的两派都呈现出某种个人主义式的色彩,这很难不让人想到杨朱学说——杨朱将内在的情性作为人生存价值的基础,这本身就可以分化出两种立场,一种是放纵此情性,另一种是合理控制此情性。荀子指出,“纵情性”者恣意妄行,行为有如禽兽,不能够“合文通治”。这意味着在荀子看来,放纵情性会扰乱正常的治理秩序,无法合于礼,无及通于治道。“忍情性”虽不会造成扰乱,却压抑情性,自高其身,同样不能够实现共同体的良好秩序,难以统合大众以及明大分。荀子所谓的“大分”,是人类得以群居的关键所在——“人何以能群?曰:分。”(《荀子·王制》)显然,荀子看待这两种立场的方式是与“是非治乱”这一主题密切相关的。

荀子所非之十二子,除它嚣事迹不传之外,其余诸子之生平行事均见于诸子传记之中。虽然这两派被放在最初阶的位置进行批判,然而荀子承认,十二子都是“持之有故,其言之成理”。尤其是,后世对于荀子斥陈仲、史鳝为奸人之雄,大多认为过当。①

---

① 例如,郝懿行便认为,“陈仲之廉,史鳝之直,虽未必合于中行,衡之末俗,固可以激浊流,扬清波。荀之此论,将无苛欤?夫名生于不足,盗生于有欲,盗不可有,名不可无。程子有言:‘古之学者为己,今之学者为人;古之仕者为人,今之仕者为己。’推此而论,夫苟行以实心,钱谷兵刑,何非为己?假令心本近名,割股庐墓,岂非为人?然则荀卿此论,盖欲针砭于流俗,而非持论于衡平矣。”参见(清)王先谦撰:《荀子集解》,沈啸寰、王星贤点校,中华书局2013年版,第61页。

不过,围绕"情性"议题形成的这两种对反的态度及其效应,实际上与荀子自身思想体系的建构密切相关。荀子之思想在于以礼义为治,凡不合荀子所建构的礼义标准者,则必非之,而荀子之所以非十二子,是因为要使天下重新认知"是非治乱之所存"。

我们知道,荀子在传统上一直以富有争议性的性恶论著称。[①]考察荀子对两种情性论的评价,正是把握其真实立场的契机。在笔者看来,荀子对"纵情性"的批判,符合我们对荀子的基本印象,即如果放纵人的情性,则会带来整体秩序的混乱,而礼义的制定正是建立在这一基本判断之上。一般而言,对"纵情性"的否定,就意味着情性必须予以抑制,传统上的荀子性恶说亦可视为这一逻辑的产物。然而,荀子同样批评了主张抑制情性的"忍情性"之说。他认为,如果对情性过分压制,则会导致与群体生活的隔离,同样不足以实现整体社会秩序的稳定。在这里,显示出荀子看待问题的视角与实际态度似乎与我们习惯的判断方式不同,即他不是在主张相反的两派学说之间进行抉择,而是以"是非治乱"为标准进行建构。通过分析荀子对于前述两种立场的态度,可以为我们初步勾勒出其真切的立场所在。

---

① 梁涛在荀子"年五十"游齐的前提下,将《荀子》中涉及人性论的不同篇章,按照居赵(前期)、游齐(中期)、退居兰陵(晚期)三个阶段分为四组,分别梳理归纳了其各自的特色,并由此提出荀子人性论实际上经历了一个发展变化的过程;前期尚未提出性/伪之分,中期提出了成熟的性伪思想,并发展出了性恶伪善说,而晚期则受到思孟学派影响而提出养心说。参见梁涛:《荀子人性论的历时性发展——论〈富国〉〈荣辱〉的情性-知性说》,载《哲学研究》2016年第11期;梁涛:《荀子人性论的中期发展——论〈礼论〉〈正名〉〈性恶〉的性-伪说》,载《学术月刊》2017年第4期;梁涛:《荀子人性论的历时性发展——论〈王制〉〈非相〉的情性-义/辨说》,载《中国哲学史》2017年第1期;梁涛:《荀子人性论的历时性发展——论〈修身〉、〈解蔽〉、〈不苟〉的治心、养心说》,载《哲学动态》2017年第1期。

二、“定分”议题的展开

相对于围绕“情性”而形成的两种停留在个人层面的立场，荀子接下来的批判则更多带有群体层面的考虑：

> 不知壹天下、建国家之权称，上功用、大俭约而僈差等，曾不足以容辨异、县君臣；然而其持之有故，其言之成理，足以欺惑愚众，是墨翟、宋钘也。尚法而无法，下修而好作，上则取听于上，下则取从于俗，终日言成文典，反紃察之，则倜然无所归宿，不可以经国定分；然而其持之有故，其言之成理，足以欺惑愚众，是慎到、田骈也。（《非十二子》）

这一组的核心议题可以归结为“定分”。在战国早中期，若要论最旗帜鲜明地创说立派并与儒家相抗衡者，显然非墨家莫属，学界历来也都公认儒墨之争构成了战国早期思想史的重要格局。荀子对墨家的批判，重心在于“上功用，大俭约而僈差等”①。墨家显然不像杨朱那样关注个人自身的生命存养，而是心系天下治乱，以社会整体性的利益为考虑。然而，荀子认为，墨家由于推崇

① 就“上功用，大俭约而僈差等”而言，其焦点指向墨子学说，并未论及宋钘。“荀子将宋钘与墨子并称，因两人在大俭约，僈差等，及非攻寝兵等处，有相同之处。然就其行为上的思想根据而言，则宋钘与尹文，应据《庄子·天下》，而视为道家学派。”参见徐复观：《中国人性论史·先秦篇》，上海三联书店2001年版，第397页。需要说明的是，徐复观是立足于《庄子·天下》的角度来检视宋钘的思想，故其言“宋钘、尹文忍辱的人生态度，及禁攻寝兵的救世行为，皆由于把握到心能容受万物，兼容并包的这一点，所发展出来的。其情欲寡浅，乃是为了呈现‘心之容’、保持‘心之容’，所不可缺少的一种功夫。”同前，第446页。因此，《非十二子》与《庄子·天下》由于写作目的不同，标准不同，在分判上也呈现歧异。然而，宋钘身处战国中晚期，兼具墨、道二家思想实不足怪。

兼爱、尚同的思想，无法建立起具有稳定的差等结构的国家制度，因此无法确立起良好的整体秩序——我们可以看到，荀子对于墨翟、宋钘之批评，认为其徒知讲求功利，崇尚节俭，且无差别等级，进而无法区别事物，认清亲疏贵贱。由于关涉荀子对于墨家的态度，我们有必要对照荀子在《解蔽》中的相应文句来进行深入分析。

> 墨子蔽于用而不知文，宋子蔽于欲而不知得，慎子蔽于法而不知贤，申子蔽于势而不知知……故由用谓之道，尽利矣；由俗（欲）谓之道，尽嗛矣；由法谓之道，尽数矣；由势谓之道，尽便矣……（《解蔽》）

荀子对于墨家的批评态度是较为明确、清晰的。在他看来，墨家虽然每每从天下的整体性利益来考虑，却直接泯除了人类社会中实际存在的差等结构，因此无法真正建立起良好的共同体秩序。事实上，孟子同样批评了墨家忽视差等结构的问题，然而，他更多是从人与人之间必然存在的亲疏之别出发，进而维护儒家的差序伦理。荀子则主要从国家整体秩序的角度出发，认为墨子如果仅仅着眼于功利性的整体之用，对整个共同体推行同一套行为规范，就会忽略不同个体、阶层之间的差异，无法让稳定的政治秩序真正得以运行。荀子进而认为，这将造成无差别的社会，难以辨认异同与亲疏贵贱。他主张，真正统合天下的方式应包含可以辨异的“分”，《非相》篇提到了礼中有辨异的道理，“辨莫大于分，分莫大于礼，礼莫大于圣王”，也如同批判情性两组学说的段落，“分”最高的表现，即是礼制。

荀子认为，儒家礼乐制度之建立有其必要性——

> 君子既得其养，又好其别。曷谓别？曰：贵贱有等，

> 长幼有差，贫富轻重皆有称者也。……故人一之于礼义，则两得之矣；一之于情性，则两丧之矣。故儒者将使人两得之者也，墨者将使人两丧之者也，是儒、墨之分也。(《礼论》)

在荀子看来，礼义不仅能满足个人的生理需求，更能在社会范围内作出合理的资源分配。正因为礼义能调和个人情感、欲望与现实情况所发生的冲突，故凡事取法于礼义，可以两全其美；完全顺从于情性，则礼义与情性两失其正。荀子认为，儒、墨二家之根本区别，即在于此。

另外，《富国》篇有云：

> 墨子之言，昭昭然为天下忧不足。夫不足，非天下之公患也，特墨子之私忧过计也。……夫有余不足，非天下之公患也，特墨子之私忧过计也。天下之公患，乱伤之也。胡不尝试相与求乱之者谁也？我以墨子之“非乐”也则使天下乱，墨子之“节用”也则使天下贫，非将堕之也，说不免焉。……若是则万物失宜，事变失应，上失天时，下失地利，中失人和，天下敖然，若烧若焦。墨子虽为之衣褐带索，嚽菽饮水，恶能足之乎？既以伐其本，竭其原，而焦天下矣。故先王圣人为之不然。……故儒术诚行，则天下大而富，使而功，撞钟击鼓而和。……故墨术诚行则天下尚俭而弥贫，非斗而日争，劳苦顿萃而愈无功，愀然忧戚非乐而日不和。

上述引文中，荀子认为墨子学说有过分俭约以及过分尚功、劳苦的思想，且有一切“自为之”之弊。然而，墨子学说乃至于墨家整体发展的学说特色，在于其出发点均是“个体的人”，这与儒家尤其是荀子以群体之人为出发点迥然不同。因此,荀子对墨子的批评,即在于后者是以个体之人为出发点,然后扩及整个天下国家。荀子以“能群”“善群”为出发点,一方面以天下为格局,以礼为依归,建立起分工合作的制度;另一方面,又使个体的人在群体之中适应性地获得发展。可能更重要而荀子尚未明言的问题在于,墨家学说思想用之于一人时,或许无差错——司马谈在《论六家要旨》中称“强本节用,则人给、家足之道也。此墨子之所长,虽百家弗能废也”,然而其学说用之于群体,则会产生尊卑无别之弊。尤其是,讲求无差别的平等主义的墨家在“僈差等”之下,发展出与其学说性格极端矛盾的“巨子”制度,即可证明墨家学说的局限性。①

以慎到、田骈为代表的稷下学者虽然崇尚国家法度,却被称为“尚法而无法”。荀子认为,他们的主张终究无所归宿,仍无法完成经国定分之业。慎到,“赵人。……学黄老道德之术”(《史

---

① 我们甚至有理由质疑,墨家的主张是否导致平等?历史早已证明,墨家之失败是显而易见的,所谓秦后无墨,但根据何炳棣教授的研究,秦国转弱为强实是墨者功劳。墨家团队出于兼爱非攻的理想,受秦献公之邀入秦,对处于弱势的秦国进行了重大改革,用严格的组织纪律、团队精神和牺牲精神创造了军政一体的“举国体制”。秦制的建立,在政治上是实现了墨家尚同的理想。可是,这个制度背后的伦理观念并没有实现——在先秦诸子的论述中,唯有墨家没有自己的“人性论”。事实上,秦国并不考虑墨子尚同的伦理标准。墨家则在嵌入官僚体制的过程中消解了自己。参见何炳棣:《国史上的“大事因缘”解谜:从重建秦墨史入手》,载《何炳棣思想制度史论》,范毅军、何汉威整理,台北,台湾联经出版社事业股份有限公司 2013 年版,第 331 - 383 页。墨家和法家最终都走向了一种冷酷的集权式国家体制,以君主为中心来同一化整个共同体的行为和思想,进而达到政治目的的最大化实现。日本历史学家增渊龙夫曾指出,墨家与法家分别与氏族秩序崩溃中产生的两种新秩序相关,一种是“任侠”的新型人际结合关系在民间形成的集团秩序,另一种是通过法与术的手段形成的新型国家组织。增渊龙夫对这两种秩序如何相互关联共同形成秦汉官僚制的过程,进行了详尽的分析。可参见[日]增渊龙夫:《中国古代的社会与国家》,吕静译,上海古籍出版社 2017 年版,第 173 - 174 页。

记·孟子荀卿列传》),是法家重势派的代表人物,《汉书·艺文志》法家载有“《慎子》四十二篇”,“先申韩,申韩称之”。《尸子·广泽》言“田子贵均”,《吕氏春秋·不二》言“陈骈贵齐”,田子、陈骈均指田骈。《汉书·艺文志》道家类载有田骈其书二十五篇,“齐人,游稷下,号天口骈”。高诱《吕览注》曰:“田骈,齐人也,著道书二十五篇。”这与杨倞本书《非十二子》篇中言其著书十五篇有异,其书今已亡佚。

相较于对墨子的批判,荀子对慎到、田骈的论述蕴含了更深层次的意涵。慎到、田骈,一在法家,一在道家,而荀子却认为二者同为“尚法而无法”。“尚法而无法”这一悖论式的表述方式,或许阐明了荀子独特的法秩序观。荀子认为慎到虽然提出了一套适用于国家整体的法度,仍是“无法”的。那么,“无法”何解?由于关涉荀子对稷下尤其是其中偏向法家立场的流派的态度,我们有必要结合《解蔽》篇中的相应文句来进行深入分析。

需要指出的是,虽然慎到被归类为法家重势派的代表人物,但是慎到论势,往往是法、势兼有。

> 大君任法而弗躬,则事断于法矣。法之所加,各以其分,蒙其赏罚而无望于君也。是以怨不生而上下和矣。(《慎子·君人》)
>
> 法之功,莫大于使私不行;君之功,莫大于使民不争。今立法而行私,是私与法争,其乱甚于无法。立君而尊贤,是贤与君争,其乱甚于无君。故有道之国,法立则私议不行,君立则贤者不尊。民一于君,事断于法,是国之大道也。(《慎子·逸文》)

值得注意的是慎到“立君而尊贤,是贤与君争”的表述。显然,慎到虽主张用贤,但如果贤、君产生冲突,则采取重君(势)轻贤的态度。结合《解蔽》中荀子所说的“蔽于法而不知贤”，可知在荀子的理论视野中，是将君子视为法的源头——“有乱君，无乱国；有治人，无治法……法者，治之端也；君子者，法之原也。”（《荀子·君道》）由此，虽然荀子认为法可以维持国家整体的治理秩序，然而君子贤人却是法的源头。可能在荀子看来，慎到不知“法不能独立，类不能自行，得其人则存，失其人则亡”（《荀子·君道》），仅仅知道推崇法而不注重君子，则其所谓之法只能是无本之法的“数”，是为“无法”。不过，令人难解的是，荀子对慎到的最终判定是“不足以经国定分”，但我们知道，慎到在战国思想史上正是以首先提出“定分”之说而著称。

> 今一兔走，百人逐之，非一兔足为百人分也，由未定。由未定，尧且屈力，而况众人乎？积兔满市，行者不顾，非不欲兔也，分已定矣。分已定，人虽鄙，不争。故治天下及国，在乎定分而已矣。①

慎到注意到，在国家治理问题上，唯有确立每个人的“分”，才能保证人与人之间的争夺混乱不再产生，而这种思路，明显呼应着荀子在讨论礼义之源起时的问题结构（详见本书后续对荀子“礼论”的分析）。应该说，这是战国后期的稷下学者在思考国家治理问题时普遍意识到的问题，而慎到是其中尤为突出的理论家。慎到对于“定分”的诠释与其对法的界定相通，他提出，“法虽不善，犹愈于无法”（《慎子·威德》），这意味着看重法本身的形式功能远大于其价值内容。然而，从荀子对慎到的批评来看，后者的主要问题是缺乏实质性的判断原则——无论对于上位者还是下位者，慎到都仅仅主张顺从他们原本的意见，虽然有着缜密

---

① 许富宏撰：《慎子集校集注》，中华书局2013年版，第79页。

的规范(文典),却导致“无所归宿”。简言之,在荀子看来,慎到的“定分”只是一种形式性的区分,仅仅能起到稳定秩序的暂时性作用,而无法真正实现国家的长久安定。

通过考察荀子对于慎到的批判,我们得以澄清笼罩在荀子身上的一种传统印象,即他支持法家式的外在规范的制度性治理,“荀卿全是申韩”,“言或近于黄、老,术实杂于申、韩”。然而,我们可以明显地看到,荀子认为仅仅注重形式性区分而“不知贤”的法治是“尚法而无法”,至于“经国定分”的归旨,仍需要由贤明的君子来实现。① 进言之,相对于慎到的“不知贤”,墨家的核心主张之一正是“尚贤”,两者在法与贤上正好形成对反的立场。更重要的是,如果说荀子对于慎到“定分”的不满,在于其缺乏某种判断原则的话,那么荀子提出的正是墨家所提倡的“义”。“义”可以说是荀子“定分”主张的核心要素,“人何以能群?曰:分。分何以能行?曰:义。……故序四时,裁万物,兼利天下,无它故焉,得之分义也”(《荀子·王制》)。由此,我们可以看到,荀子同样承认“分”是群体秩序得以建立的关键,然而他又进一步将“分”的运行原理归诸“义”,推出“分义”作为实现整体良善秩序的核心原则。由此,我们似乎可以说,在“定分”的国家建制问题上,荀子正是通过深入考察墨子与慎到两派的得失而探究。

三、“先王”的出场与理想秩序的建构

如果说“分”与“义”会各自陷入两种极端,那么是否有另外

① 慎到区分礼政两种领域,“礼从俗,政从上”。荀子指出,按慎到之“下修而好作,上则取听于上,下则取从于俗”将使礼乐制度根据社会风俗,而政策领域归于上位者,这其中将无贤人的因素存在;而少了贤人的因素,势必无先王之道与礼义之统的导入,这种不遵礼法以及不尚贤人的规范体系,“偶然无所归宿,不可以经国定分”。

一种更高的视角来对社会整体秩序的安置给予指导呢？荀子在最后一组批判中给出了答案——“先王”。

> 不法先王，不是礼义，而好治怪说，玩琦辞，甚察而不惠，辩而无用，多事而寡功，不可以为治纲纪；然而其持之有故，其言之成理，足以欺惑愚众，是惠施、邓析也。略法先王而不知其统，犹然而材剧志大，闻见杂博。案往旧造说，谓之五行，甚僻违而无类，幽隐而无说，闭约而无解，案饰其辞而祗敬之曰：此真先君子之言也。子思唱之，孟轲和之，世俗之沟犹瞀儒，嚾嚾然不知其所非也，遂受而传之，以为仲尼、子游为兹厚于后世，是则子思、孟轲之罪也。（《非十二子》）

这一组主要是儒家内部学派的批评，我们甚至看到贯穿诸子的“然而其持之有故，其言之成理，足以欺惑愚众”这一套话语也不再适用于子思、孟子。更重要的是，荀子在此使用了比之前都更详尽的篇幅和更强烈的语气，以致无法与本组中的另一派学说形成较为对称的结构来批判子思、孟子。在这一组批判中，荀子将“不法先王”与“略法先王”对举，但他并不承认子思与孟子是“法先王”，而称之为“略法先王”且“不知其统”。在荀子看来，子思、孟子逞才嚣张，见闻杂质过多，自造学说，称为“五行”，僻邪而无统类，言论幽隐闭结，无法解释其论述，而妄称君子之言。子思首倡其说，孟子唱和之，世间愚昧的儒者，不知其论述之谬误，还以为是孔子、子弓的学说传承。除此之外，荀子认为子张、子夏、子游等派，亦俱为异端。

从行文的论证逻辑上讲，如果说《非十二子》中的前两组学说各自在“情性”“定分”议题上形成了观点鲜明的对立立场，则本组在结构上的特殊之处在于，两派四子并未在“先王”议题上形成对立。不过，即便如此，我们也可以发现，荀子针对“不法先王”与“略法先王”各自造成的效应所进行的分析，适足以呈现出“先王”的本意，或者说是“先王”在荀子理论中的意涵。

惠施与庄子同时，据《庄子·天下》记载，“惠施多方，其书五车，其道舛驳，其言也不中”，惠施“历物之意”及“辩者二十一怪说”，将关注的焦点从人文世界转移到自然世界，冷眼探求宇宙万物之理，而不热心于人事。庄子批评惠施，“说而不休，多而无已，犹以为寡，益之以怪。以反人为实，而欲以胜人为名，是以与众不适也。”“辩者之徒，饰人之心，易人之意，能胜人之口，不能服人之心”（《庄子·天下》）；荀子更直接批评道，“（名家）好治怪说，玩琦辞，甚察而不惠，辩而无用，多事而寡功，不可以为治纲纪”（《荀子·非十二子》）。邓析为春秋郑国大夫，与子产同时。《吕氏春秋·离谓》云：“郑国多相县以书者，子产令无县书，邓析致之。子产令无致书，邓析倚之。令无穷，则邓析应之亦无穷。”“子产治郑，邓析务难之……以非为是，以是为非，是非无度，而可与不可日变。所欲胜，因胜。所欲罪，因罪。”《列子·力命》云：“邓析操两可之说，设无穷之辞，当子产执政，作《竹刑》，郑国用之，数难子产之治。子产屈之。子产执而戮之，俄而诛之。”惠施与邓析俱属名家，在荀子看来，名家之言是不合理的奸说，对于治道无所补益。

在“不法先王、不是礼义”的前提下，荀子认为：惠施与邓析好创造怪诞言说与玩弄言辞，虽甚为明察，但不甚聪慧，巧辩而不切实际，多事而无实效，无法为治国的纲纪。在此，惠施、邓析展现出了“察”与“辩”的特质，这在某种意义上有近于荀子眼中的慎到，因为后者对于世间万物的秩序、社会整体的结构似乎未充分作出清晰、明辨的考察；然而这些看似明辨的考察是建立在“不法先王”的前提下，而仅仅作用于不切实际的言辞层面，呈现为奇说丽辞的无限蔓延，故而，虽“察”而不惠，虽“辩”而无用，看起来触及了许多事务，却最终一事无成。

就此而言，我们初步看到，“先王”在荀子这里意味着建立言辞与政治事务之间实质性连接的保障，如果“不法先王”而空作思辨，则终究无法将言说带入政治行动之中——名家之误，就在于无用之辩，不急之察，而“君子行不贵苟难，说不贵苟察，名不贵苟传，唯其当之为贵”（《荀子·不苟》）。故惠施、邓析所言，非不辩不察，是其言不合礼义。相较而言，子思、孟子则标举出“法先王”的立场，但荀子认为其“法先王”有所偏失，仅仅是“略法先王”而不知“先王之统”。荀子为何如此评价子思、孟子呢？

在荀子看来，子思、孟子标榜“法先王”，相对于惠施、邓析的清晰、明辨，荀子以“幽隐”“闭约”进行描述，呈现出其“无说”“无解”的神秘氛围。这种特质与子思、孟子自我认定的“法先王”、传“真先君子之言”有关，正是因为认定了自身所传承与信奉的乃是真正的“先王之统”“君子之言”，才会不充分自审其非，而自我陶醉于对仲尼、子游之学的传承发展之中。由此可见，荀子对于前十子的批评主要是基于“道术为天下裂”的思想史课题，旨在澄清当时的思想乱象，而对于子思、孟子的批评，则着眼于反思儒家“君子之学”的本务。就此而言，后者的批判主旨与力度是前者所不具备的，足以超出本组的对照结构而有被单独考察的必要。

荀子承认子思、孟子在一定程度上对先王有所法，这是前十子所不具备的，亦是儒家本意之体现。然而，正因如此，荀子对于思孟的批评尤其猛烈，直言“子思、孟轲之罪”。可能对荀子而言，前十子乃是以其自身的学说扰乱天下之人的耳目，不涉及对先王之道的歪曲否定，而子思、孟子则是在儒家内部占据“先王之统”

“仲尼之道”的话语权，篡改了先儒的真面目，其危害性更大，直接影响儒者形象与时代使命的建构。就外部特征而言，子思、孟子根据某种当时旧有的观念，建立了所谓“五行”思想；就内部特质而言，这套思想具有难以解释的神秘色彩，思孟后学都自居为仲尼之道的正统传承者，而不自知其非。前述种种，在在均使荀子感到不满。

那么，“案往旧造说，谓之五行”究竟何解呢？传统学者都很难理解，为何荀子会将子思、孟子的学说界定为“五行”，因为此说全不见于子思、孟子的传世文献，而马王堆汉墓帛书与郭店竹简的出土为这一问题带来了转机。庞朴通过对相关文献的研究，考证出荀子所谓的有关子思、孟子的五行指的是仁、义、礼、智、圣。[①]目前，大部分学者都认为简帛《五行》中的“仁、义、礼、智、圣”正是荀子所说的属于子思思想的五行，而《孟子》一书中亦恰有与之对应的名目，如此则千古疑案遂得解题。在荀子的思想理论中，也常提及仁、义、礼、智、圣这些概念，那么为何有避讳、幽隐、闭约的评价呢？在此，我们可以说，荀子的批评并非针对上述的德性概念，而是“案往旧造说”。事实上，孔子以往确曾针对仁、义、礼、智、圣等德目提出过个别的说法，却从未将这些概念整合成一套明确而具体的体系，然而子思、孟子提出了一个整体的主张，从这个角度而言，荀子批判子思、孟子“案往旧造说”，似乎亦可成立。不过，笔者认为更重要的是，荀子不认同思孟将这些概念从往旧的儒家学说中抽绎出来，不顾“类”即概念内涵范畴之不同，而将

---

① 详细考证可参见庞朴：《帛书五行篇研究》，齐鲁书社 1988 年版，第 1 – 22 页；庞朴：《竹帛〈五行〉篇校注及研究》，台北，万卷楼图书股份有限公司 2000 年版，第 29 页。

它们并列成为五行。[1] 站在荀子的立场上,首先,思孟所造的五行之说乃是吸收某些古老观念而新造之论,不属于真正的"先王之统";其次,对这套自造之论,子思、孟子并未给予清楚说明,而是让其保持神秘难解的状态,这显然违背"儒效"之传统,欠缺以言行道的道德行动能力;最后也最为严重的是,这样一套自造、神秘的学说却被思孟之儒奉为"先君子之言",自居为仲尼、子游之道,并进一步发展,贻害天下。

从对子思、孟子的批评态度可以看出,荀子不赞成以某种神秘不可解的方式来推崇先王之道,那么真正法先王之道的儒者形象到底如何呢?

> 若夫总方略,齐言行,壹统类,而群天下之英杰而告之以大古,教之以至顺,奥窔之间,簟席之上,敛然圣王之文章具焉,佛然平世之俗起焉……仲尼、子弓是也。一天下,财万物,长养人民,兼利天下,通达之属,莫不从服,六说者立息,十二子者迁化,则圣人之得势者,舜、禹是也。今夫仁人也,将何务哉?上则法舜、禹之制,下则

---

① 参见庞朴:《帛书五行篇研究》,齐鲁书社 1988 年版,第 83－84 页。荀子认为《五行》出于子思、孟子之手,却依托是孔子的这个说法,并非孤立。在《孔丛子》中即已有对子思思想依托孔子言论而怀疑的记录,"穆公谓子思曰:'子之书所记夫子之言,或者以谓子之辞也。'子思曰:'臣所记臣祖之言,或亲闻之者,有闻之于人者,虽非正其辞,然犹不失其意焉,且君之所疑者何?'公曰:'于事无非。'子思曰:'无非,所以得臣祖之意也。就如君言,以为臣之辞,臣之辞无非,则亦所宜贵矣。事既不然,又何疑焉?'"关于《孔丛子》的成书年代,陈梦家考证最后成书当在东晋时期。由于被怀疑是伪书,该书在历史上的价值得不到重视。傅亚庶通过对《孔丛子》的研究,认为其不是伪书。相关研究可参见傅亚庶撰:《孔丛子校释》,中华书局 2011 年版。梁涛则主要从《五行》文本出发来分析,认为《五行》一方面在表达方式上将"仁义礼智圣"全部区分为内外,这与"仁内义外"的说法有矛盾;另一方面在描述"思"的过程中,呈现出某种神秘的精神体验,让荀子觉得"幽隐无说"。参见梁涛:《郭店竹简与思孟学派》,中国人民大学出版社 2008 年版,第 222－227 页。

法仲尼、子弓之义,以务息十二子之说,如是则天下之害除,仁人之事毕,圣王之迹著矣。(《非十二子》)

在批评了十二子的学说之后,荀子实际上没有具体说明真正符合先王之统的学说内容,而是着力描述圣人在世间践行所产生的实际政治效应。从上述引文中,我们可以看到,荀子区分了以孔子、子弓为代表的“不得势(位)”的圣人和以舜、禹为代表的“得势(位)”的圣人,前者总领治国大道,言行齐一,统类贯通,统合天下英杰,告知大道,教之以理,塑造良善风俗,盛名满天下;后者齐一天下,裁成万物,养育百姓,天下皆蒙其利,邪僻学说止息而得以迁化。

在这两种圣人的描述中,笔者认为有如下几个方面值得我们注意。第一,唯有“得势”的圣人才能产生真正的政治效应,使六说、十二子得以止息、迁化,而“不得势”的圣人则只能让六说、十二子不扰乱自身,这种区分表明荀子清醒地认识到实际政治效应与“势(位)”的密切关系。第二,在对“不得势”的圣人的陈述中,圣人与现实中的君主存在相当微妙的关系。具体而言,由于圣人被界定为掌握安定天下之“道”者,当圣人仅仅处在大夫之位时,就会造成国君不能容纳的形势。由此,除非圣人一开始就被赋予“得势”,否则如孔子那样注定无法为国君所重用。第三,接续前述第二点的缘由,荀子将圣人之名赋予历史上的典范人物,而对现世之儒者却称为“仁人”,这或许意味着荀子主张现世的儒者应该以历史上的圣人作为典范,展开政治行动,努力使圣王的事业得以彰显。

综上所论,相对于十二子,荀子心目中的儒者需要上法舜、禹,下效仲尼、子弓,应具有“壹统类”的天下关怀,如此才堪为真正继承了“先王之统”之人。

第二节 以“仁”论“道”的学说立场

《非十二子》并非以理论的一致性与合理性，而是以宣扬荀子的基本立场去检验诸子思想，明显具有意识形态层面的批判色彩。荀子在批评了十二子之后，并没有具体论述自身学说的实际内容，而是致力于勾勒儒者的行为效应。儒者的行为效应在于以“仁”行“道”。“仁”自孔子以降，便是儒家的基本乃至首要德目。《非十二子》篇云：“贵贤，仁也。”《议兵》篇云：“彼仁者爱人，爱人，故恶人之害之也。”《大略》篇则言：“仁，爱也，故亲。”《天论》、《解蔽》与《非十二子》一样，也有荀子对其他学派的批评。这些批评皆是立于人事而非天道的立场，而这种对人事的关注，则是基于“仁”。荀子以“仁”作为关注的对象，来发展其“先王之道”与“礼义之统”的学说立场。

一、荀子之“道”的人事立场与标准厘定

“凡言不合先王，不顺礼义，谓之奸言。”(《非相》)在荀子看来，不符合先王之道与礼义之统的学说为奸说，故需要弭平之。面对这些邪说，应该推崇圣王与圣人，“先王之道，仁之隆也，比中而行之。曷谓中？曰：礼义是也”(《儒效》)。荀子通过宣扬前者之制与后者之义，重申了先王之道与礼义之统的重要性。呼应此处立场，荀子主张先王之道即发扬仁之理念，并且依照礼义而行。“道”非专属于荀子以及儒家，各学派皆有自己的“道”。荀子向其他学派借用了许多概念，却不使用其原先的意义，“道”即为典型之一。在《天论》中，荀子主张，“故明于天人之分，则可谓至人矣”。《解蔽》云，“凡人之患，蔽于一曲而闇于大理”。其后指出，

“圣人知心术之患，见蔽塞之祸，故无欲无恶，无始无终，无近无远，无博无浅，无古无今，兼陈万物而中县衡焉。是故众异不得相蔽以乱其伦也”。圣人觉知此种蒙蔽，因此得顾全万物，心中自有衡量。“何谓衡？曰道。”(《荀子·解蔽》)至于“道”，荀子具有明确的人事立场——“道者非天之道，非地之道，人之所以道也。”(《荀子·儒效》)

(一)“慎子有见于后，无见于先”

在《天论》中，荀子认为，“慎子有见于后，无见于先”。此处需要结合慎到的思想主张，才能理解荀子前后之意。按《庄子·天下》中描述：“是故慎到，弃知去己，而缘不得已，泠汰于物，以为道理，……謑髁无任而笑天下之尚贤也，纵脱无行而非天下之大圣，椎拍輐断，与物宛转，舍是与非，苟可以免，不师知虑，不知前后，魏然而已矣……夫无知之物，无建己之患，无用知之累，动静不离于理，是以终身无誉。故曰：至于若无知之物而已，无用贤圣，夫块不失道。”慎到所倚靠的无知之物为何？按前述《非十二子》中荀子的观察与批评，慎到所倚靠的无知之物应是“法”。根据流传于世的《慎子》内所论述，慎到欲以法达成“一人心”、“立公义”、“息私议”以及“齐天下之动，至公大定之制”。由于法是根据自然之道的人情所制定的，故而其主张所有人在无私无偏的大道之法下运作，各司其职，不掺杂任何个人的思虑，并引申出一切依据“法”而治理的学说——“寄治乱于法术，托是非于赏罚”。其中，慎到对待天理即“道”的态度为“不逆天理，不伤情性”“守成理，因自然”而“因道全法”。因此，慎到反对尚贤之风气，因为贤者仍会受到主观影响，不如依据反映大道且根基于人情的法来行事，“至于若无知之物而已，无用贤圣，夫块不失道”。这种理论在政治哲学中是很奇特的,因为慎到似乎在反对“术”。不过,荀子认为,慎到仅见到能退居于规范制度之后的一面,却不见引领于前的一面,亦即其并未关注到人尤其是贤人在秩序中的角色。

结合《非十二子》的论述,荀子认为慎到要求君主本身能够释私智,不以私意来任意进行赏罚、干涉政治体系的运作,必然需要一套符合人心民情的客观中立的法,以便通过法尤其是立法/制法而无须尊贤,达到一切妥善运作,而君保有其势。据此可见其间并无贤人的位置,更进一步,慎到的法亦是无礼义之统的法则,而礼义之统乃先王圣人发挥能力才智所参悟的。慎到认为,在法的规制下,“弃知去己,而缘不得已,泠汰于物”(《庄子·天下》),主张“齐万物”以“与物宛转”而因任自然,并且“弃知去己”,以求得“无非”“无过”“未尝有罪”。个人的思想与行为皆以一个客观的社会标准为转移,这样的标准即是“法”的建立,这也就是“道”与“法”的内在联系。人治不足取,贤圣也不足以治国;法治优于人治,其符合齐一万物、因任自然的精神,应取代人治。“为人君者,不多听,据法倚数,以观得失。无法之言,不听于耳;无法之劳,不图于功;无劳之亲,不任于官;官不私亲,法不遗爱。上下无事,唯法所在。”(《慎子·君臣》)但在政治实践层面,难以要求所有的君主都能够达到慎到所说的“古之圣人”的体道境界,这可能是因为慎到本人并未实际参与政治活动,而未能见其理论的缺失。由此,更显示出荀子对人的肯定。

(二)“老子有见于诎,无见于信”

荀子认为,“老子有见于诎,无见于信”。诎、信,乃屈伸之意。老子强调“道”之先于天地而存在的优先性,将传统中那些针对具体现象所做的有关“天道”“阴阳”的解释,转变为富有哲理意味的思想阐释,并以此涵盖与笼罩一切。老子依据宇宙秩序所得之天道观,推衍到世道与人道,衍化与建构出一条独特的政治哲学进路。《史记·老子韩非列传》中记载孔子向老子请教“礼”的问题。老子的回答是,“良贾深藏若虚,君子盛德,容貌若愚。去子之骄气与多欲,态色与淫志,是皆无益于子之身”,似乎并未涉及“礼”的实质内容。这或表明老子思想之本旨,即礼有损于自然之道,君子当去人为之表象,与世推移,得“虚”之用。“老子修道德,其学以自隐无名为务”,便精要地说明老子所学,修道德之教,以清静无为,无所造作,不扰民而自隐化正。在老子看来,道本自然,唯若虚若愚,以虚为用,摒欲除淫,去人为之弊,方求得返璞归真之道。

此间需要注意的是,依太史公之见,老、庄、申、韩同源,然而彼此思想又龃龉,各为异说,归其同源者,则在于“道德”。“道德”为何?可能近于老子的思想,毕竟老子所修之“道德”最为深远,以此深远之“道德”,而为最初“道德”之本旨,应当相去不远。老子“修道德”,“言道德之意”,田骈、接子、环渊等人,亦“皆学黄老道德之术”,依其文义,“道德”必在老子之前而存在,只不过老子长于“道德”,其所言之“道德”在其时代当中具有代表性。

“道德”实乃道家或黄老思想内容之代称,司马谈以之名为学派。在这里,也可看到,有所谓“黄老道德之术”,也有老子的“修道德”,老子的思想与黄老的思想必有相当程度的同构性。而事物比较的相同度应以同构性为依据。既然四子皆含“道德之意”,“道德”的主流方向,乃就君人南面之术而立说,只不过老子最“深远”,则其言道德之意,实以人君为说教对象,深谋远虑,明察祸福存亡之几,使帝王南面之术发挥最大功效。司马迁亦将老子的思想从极端政治化的角度去解读。

庄子“散道德”,把握老子思想的精髓部分,冲淡老子思想中的政治倾向,进入个人自由的内在境地,其泯物我、合天人之思想,非但求个体精神的绝对逍遥,对于政治生活的态度上,更倾向于“以不治为治”之“彻底的无治主义”。[①] 但相对于申、韩,庄子仍接近老子的“道德”。申、韩思想中的道德则易位于名实、惨礉少恩之路径,不但吸收老子思想,亦吸收有别于老子的内容、范围更宽广的黄老思想,而进入极端的法家境界。由此可以看出,学术虽然同源于“道德”,但流衍之变异却极大。只不过,这里的“道德”是否等同于“老子”?是否等同于“黄老”?倘若三者等同,那么韩非之学也就归本于“道德”思想,也就是归本于“老子”“黄老”的思想了。但今日我们已然知道,太史公的道德家/道家所指的是黄老,与老子的思想是有某种程度上的不同的。当然,它们之间也有密切的关系,至少在“道”这个概念上,是高度相通的。

回到荀子对老子的批判——在荀子的观察中,老子的“道”包括一切现象的起源,也可当作规范之用。这种源自宇宙根源的“道”落实于人世间的领域即为“德”,我们可以说,在这一层面上,荀子与太史公的见识相差无几。在政治法律层面上,许多作为皆源自“知”与“欲”,若依“道”而行,顺着“道”之“无为”而做,则与“道”同。老子认为人类社会应该依“道”而行、回归本源,这样才能解决“知”与“欲”所产生的乱象。据此,他主张“大直若屈,大巧若拙,大辩若讷”。除了讨论世间现象相互对立又相互依存,老子对“知”与“欲”也进行了批判。而荀子则不满老子仅见于屈,亦如同批评慎到的主调,认为老子是将自己委身于“道”而仅倚靠“无为”,而不知作为在世间的效用。

① 参见萧公权:《中国政治思想史(一)》,辽宁教育出版社 1998 年版,第 175 - 176 页。

(三)“墨子有见于齐,无见于畸”

荀子对“墨子有见于齐,无见于畸”(《荀子·天论》)的这一判语与《非十二子》篇类似。墨子主张兼爱与尚同,认为如果每个人的亲密感与意见、行为皆同,则可实现天下大治。长期以来,人们对于墨家思想的认识都从《墨子》中著名的十个议题入手,即尚贤、尚同、兼爱、非攻、节用、节葬、天志、明鬼、非乐、非命。然而晚近以来,学界逐渐开始反省“十论”是否真的代表着早期墨家的核心主张,并发现“十论”之外的《耕柱》《贵义》《公孟》《鲁问》《公输》或许更接近墨子创说之时的思想型态。① 在《耕柱》等篇中,墨子给人留下的鲜明印象是对“义”的倡导:

> 巫马子谓墨子曰:“子之为义也,人不见而耶,鬼不见而富,而子为之,有狂疾!”……(《墨子·耕柱》)
>
> 子墨子曰:万事莫贵于义。(《墨子·贵义》)

巫马子的身份,据推测可能是当时的一个儒者。② 在他眼中,墨子对“义”的倡导既不见人们的支持,也不见鬼神的赐福,而他却一意孤行,“有狂疾!”然而,墨子本人显然对“义”充满了自信。“墨子曰:‘……今用义为政于国家,人民必众,刑政必治,社稷必安。所为贵良宝者,可以利民也,而义可以利人,故曰:义,天下之

---

① [比利时]戴卡琳(Carine Defoort):《墨家“十论”是否代表墨翟的思想?——早期子书中的“十论”标语》,袁青、李庭绵译,载《文史哲》2014年第5期。郑杰文亦论述了《耕柱》等五篇的原始性,认为这几篇记载的是零散的墨子言行,反映了墨子在创立学说时所遭到的来自内部与外部的各种质疑与挑战。参见郑杰文:《中国墨学通史》(上册),人民出版社2006年版,第1-4页。

② 有注家认为,巫马子即孔子弟子巫马期,孙诒让则以年龄相差过大之故,认为可能是巫马期之子。参见(清)孙诒让撰:《墨子闲诂》,孙启治点校,中华书局2001年版,第422页。

良宝也。'”(《墨子·耕柱》)此处令人惊讶的是,墨子的“义”竟然与“利”联系在一起。当然,“利”在这里不是人的自我利益,而是墨子屡屡以之作为思考出发点的“天下之利”。“天下之利”正是“义”之所在,“义”正是朝向“天下之利”实现的代名词。那么,为何儒家不满于墨子所言的义利观呢?原因在于“兼爱”。

> 巫马子谓子墨子曰:“我与子异,我不能兼爱。我爱邹人于越人,爱鲁人于邹人,爱我乡人于鲁人,爱我家人于乡人,爱我亲于我家人,爱我身于吾亲,以为近我也。击我则疾,击彼则不疾于我,我何故疾者之不拂,而不疾者之拂?故有我有杀彼以我,无杀我以利。”子墨子曰:“子之义将匿邪?意将以告人乎?”巫马子曰:“我何故匿我义?吾将以告人。”子墨子曰:“然则一人说子,一人欲杀子以利己;十人说子,十人欲杀子以利己;天下说子,天下欲杀子以利己。一人不说子,一人欲杀子,以子为施不祥言者也;十人不说子,十人欲杀子,以子为不祥言者也;天下不说子,天下欲杀子,以子为施不祥言者也。说子亦欲杀子,不说子亦欲杀子,是所谓经者口也,杀常之身者也。”子墨子曰:“子之言恶利也?若无所利而不言,是荡口也。”(《墨子·耕柱》)

巫马子陈述了他与墨子之间的对立,亦即阐释其所持的“不兼爱”的理据,主张爱具有差等性与距离效应——这与荀子的主张基本相同——巫马子认为,所有人都更爱与自己有亲近关系的人,甚于爱与自己较为疏远的人。更关键的是,这种差等之爱同时与“利”联系在一起,爱的程度决定利的偏向分别;爱有差等,则利分彼此。面对巫马子的“不兼爱”阐释,墨子并没有直接回答,而是迂回地顺着巫马子的逻辑往两个方向推演,以归谬的方式得出了相同的结论:无论天下人是否认同巫马子的观点,最终都会导致巫马子的杀身之祸。虽然墨子推导出巫马子杀身之祸的论证差强人意,但呈现出墨子层次分明的论证结构:第一,他人接受了巫马子“不兼爱”的主张,导致他人必然会通过伤害巫马子来利己;第二,“不兼爱”构成了他人行为的后设性前提,虽然他人不认同巫马子的主张,但基于此前提,恰恰会由“不兼爱”的行动原则,通过伤害提出邪说的巫马子来利己。因此,“不兼爱”导出两难的局面——当然,这在严格意义上很难被认为构成真正的两难论证,因为这两种情况下推出结果之前提处在不同的层次。

我们试着分析墨子的论证思路:一方面,“爱”决定了“利”的方向,“不兼爱”会导致偏私,进而导致人们做出损人以利己、损远而利近的行为,最终“天下之利”无法实现,人人自危;另一方面,为了实现“天下之利”的“义”,就必须推行“兼爱”,这样就不会导致“利”的实现行为导向某一方而使另一方受到伤害。因此,“兼爱”就成为墨子实现“天下之利”的必然要求。立基于亲亲之爱的仁爱之情,本是儒家的基本出发点,然而这种有着亲疏差等基础的爱,被墨子界定为自利行为的源头——“子墨子言曰:今若国之与国之相攻,家之与家之相篡,人之与人之相贼,君臣不惠忠,父子不慈孝,兄弟不和调,此则天下之害也。然则察此害亦何用生哉?以不相爱生邪?子墨子言:以不相爱生。”(《墨子·兼爱中》)墨子所主张的作为无差等的对待原则的“兼爱”与“义”成立的话,这无疑意味着原本基于差等之爱的“仁”失去其实质意义,完全被“义”取代。当然,墨子以上的推论存在非常大的弱点,即“兼爱”似乎违背了我们的常识,它仅根据“天下之利”这一宗旨而从理论上推出的必要条件,缺乏人在实际感受上的真实基础——在先秦诸子的论述中，唯有墨家没有自己的"人性论"。[①]如此，它仅仅停留在墨子本人的理论设定中，既无法说服他人认同，也无法真正得到推广与实行。荀子认为，世间仍有亲疏远近与意见、行为之分歧，墨子之见仍受限于道之一隅。简言之，荀子认为墨子仅发现世间相同之处，认为治天下尽量倚靠与宣扬相同之处，却未察觉世间差异之处仍存在，自是偏颇无疑。

（四）以"正名"证"见侮不辱"之非

荀子对宋子的批评有见于《非十二子》篇，另外在《正论》篇亦有批判宋子的片段。荀子针对宋子的"明见侮之不辱，使人不斗。人皆以见侮为辱，故斗也；知见侮之为不辱，则不斗矣"，"见侮不辱"，以及"人之情欲寡，而皆以己之情为欲多，是过也"三个命题进行批评，其中，前两个命题可以归并"见侮不辱"的大命题。荀子分别利用"宋子不能解人之恶侮，而务说人以勿辱也"，不知"荣辱之分"与"人之情为欲"乃"百王之所同"加以反击。

"见侮不辱"是宋子的核心主张之一。宋子厌恶斗争之心，固然可取，但是以"见侮不辱"作为止息斗争的方法，则不可取。荀子以为"见侮不辱"乃"此惑于用名以乱名者也"（《荀子·正名》）。就荀子而言，名之目的在于指实，同时可以明贵贱、辨同异。盖侮与辱乃异形同义之字，既云见侮，则系受辱，亦人情之所固然，岂可谓见侮而不受辱？故见侮为辱，而宋子以见侮不辱，是侮字之义不变则辱字之义必变，或辱字之义不变则侮字之义必变；二字之义必有一变者，所谓以名乱名。

荀子从"正名"的角度论述宋子"见侮不辱"之论不合王制，

---

① 参见[日]谷中信一：《先秦秦汉思想史研究》，孙佩霞译，上海古籍出版社2015年版，第31－43页。

认为凡是讨论问题，必须先建立一个公正客观的标准，然后才能辨别是非。不然，既无法分辨是非，问题也无从获得解决。“天下之大隆，是非之封界，分职名象之所起，王制是也。故凡言议期命，是非以圣王为师，而圣王之分，荣辱是也，是有两端矣。”（《荀子·正论》）荀子认为，要使问题获得妥善解决，应以圣王为标准。而圣王为百姓建立的两大标准就是让人认识到荣、辱之别。盖荣辱各有两端，荣、辱是由自身修养所造成的，是为义荣、义辱。具体而言，志意高远，德行纯厚，智虑清明，这种由自身修养放射出来的荣耀，便是义荣。而放荡不检，行为污漫，作奸犯科，骄暴贪利，这种由自身造成的羞辱，便是义辱。外在客观条件影响的荣、辱，为势荣、势辱。具体而言，爵位尊贵，贡禄优厚，势位出众，上为天子诸侯，下为卿相士大夫，这种外在的权势所造成的荣耀，便是势荣。而遭人詈骂，抓住头发，拳打杖系，膑足，斩首，车裂，拘系反缚，这种客观形势加于人身的羞辱，则是势辱。[①] 荀子所谓义荣、势荣，类似于孟子所言的天爵、人爵。荀子强调君子可以有势辱，但是不能有义辱，而小人可以有势荣，不能有义荣，“义荣、势荣，唯君子然后兼有之；义辱、势辱，唯小人然后兼有之，是荣辱之分也”，圣王建立此一标准之后，“士大夫以为道，官人以为守，百姓以为成俗”（《荀子·正论》）。

宋子所提倡的“见侮不辱，使人不斗”，立意虽善，但是其学说对人情与客观事实缺乏深入了解，又违背圣王立法、制名的原则，因此，荀子认为其学说非徒无益于救世，反足以欺惑愚众。

《庄子·天下》对于宋钘、尹文的评论中有所谓“见侮不辱，救民之斗；禁攻寝兵，救世之战。以此周行天下，上说下教，虽天下

① 参见李涤生：《荀子集释》，台北，台湾学生书局 2014 年版，第 412－413 页。

不取,强聒而不舍者也”。据此,可以看出宋钘的“见侮不辱”与墨家的非攻之说有“天下寝兵”这一共同的目标,但是就其思想脉络来看,宋钘与墨家的“寝兵”立场截然不同:后者是为了“兴天下之利,除去天下之害”而提倡非攻,而前者之“见侮不辱”则与其“人情欲寡”之说有密切关联。宋子主张“人情欲寡”,盖依其言,“愿天下之安宁以活民命,人我之养毕足而止”(《庄子·天下》),满足人的生存需求的条件不外衣与食两方面。但是荀子从人的生理欲望来反驳其说,认为人都是目欲綦色,耳欲綦声,口欲綦味,鼻欲綦臭,形欲綦佚,这是人天生的无法消除的生理需求,“古之人为之不然。以人之情为欲多而不欲寡,故赏以富厚而罚以杀损也,是百王之所同也”(《荀子·正论》)。韩非亦云:“凡治天下,必因人情。人情者有好恶,故赏罚可用,赏罚可用则禁令可立,而治道具矣。”(《韩非子·八经》)荀子以“赏以富厚而罚以杀损也,是百王之所同也”为标准,而韩非更点出治道立基于“赏罚可用则禁令可立”之前提。荀子指陈,如果宋钘“人情欲寡”之言为合理正确的,则古代圣王将无法根据“人欲”来制定合理的治国方针;“以人之所不欲者赏,而以人之所欲者罚”(《荀子·正论》),无疑,这是违背常理实情、以至治为至乱的谬说。

荀子批判宋子症结之所在,当为对于人性的认识。荀子指出,“凡语治而待去欲者,无以道欲而困于有欲者也。凡语治而待寡欲者,无以节欲而困于多欲者也。有欲无欲,异类也,生死也,非治乱也。欲之多寡,异类也,情之数也,非治乱也”(《荀子·正名》)。事实上,在荀子看来,欲望的多寡与否,根本与天下之治乱并无直接的关系,认为凡是言治理天下,必须藉由“去欲”“寡欲”的做法,都是因为无法有效提出疏导“人欲”的主张,而又被“人欲”议题所困扰导致的。荀子认为宋子仅见欲少之一面,而不见人性欲多之一面,“有后而无先,则群众无门;有诎而无信,则贵贱不分;有齐而无畸,则政令不施。有少而无多,则群众不化”(《荀子·天论》)。而事实可能更如荀子所主张的那样,“性者,天之就也;情者,性之质也;欲者,情之应也”(《荀子·正名》)。人的生理欲望是无限的,虽然无法获得充分满足,但是可以通过合理的安排加以节制。荀子认为,经由礼的妥善安排,贵贱、长幼、贫富各阶层皆能获得合理的定位。不过,如果我们暂时跳出荀子对宋钘的批判,客观地看待两者的主张,则宋钘之言“人情欲寡”是根据个人的情形来说的,而荀子所言性、情、欲,是从涵盖小至个人大至天下国家的整体范围来谈论的。宋钘之说固然可推展至天下国家,但是天下国家的运作不仅要满足个人,也要满足群体,显而易见,其说在后者的论域中是有所疏漏与不足的。

二、解诸子之“蔽”以明整全之“道”

在《天论》篇的结尾,荀子言及理解整全大道的重要性,批评诸子仅见道之一偏。道为自然世界的主宰,又是人文世界的主宰。只就自然一面而论说的话,万物自是道之一偏。荀子直斥所非之诸子为“愚者”,认为他们只研究了一物一偏之微,而自以为已知道之全体,实则一无所知。“道者,古今之正权也。离道而内自择,则不知祸福之所托。”(《荀子·正名》)荀子所言之“道”,并非天道,而是圣人因应人群的需要而制定的礼义之道。① 礼义之道是人间秩序之道,荀子的关注点始终在于人世间。他所论述的许多现象皆为人事,而非自然天事。他认为,举凡制度之根本、规范之运作以及人性内涵皆不离对人世间的关怀,人的因素应更

① 参见李涤生:《荀子集释》,台北,台湾学生书局2014年版,第471-472页。

加以重视。不仅如此,《解蔽》篇对诸子思想的批判,亦以先王之道、礼义之统以及人间秩序作为主调,认为诸子的思想蔽塞心的认识作用与标准。

荀子认为,“墨子蔽于用而不知文”。尚功用是墨子的主旨之一,“诸加费不加于民利者,圣王弗为”(《墨子·节用中》)。然而,在荀子看来,墨子之功用“有去大人之好聚珠玉、鸟兽、犬马,以益衣裳、宫室、甲盾、五兵、舟车之数于数倍乎!”(《墨子·节用上》)意即墨子多言及物质层面,仅是表面上费用的移挪,而不知礼乐中文饰的重要性。关于礼乐功用之论述,荀子在《富国》篇与《礼论》篇中皆有阐述。他认为,礼制是根据人情而定的大分,因此礼乐亦有墨子所认可的节用之效——“足国之道:节用裕民,而善臧其余。节用以礼,裕民以政。彼裕民,故多余。”(《荀子·富国》)“凡礼,始乎棁,成乎文,终乎悦校。故至备,情文俱尽;其次,情文代胜;其下,复情以归大一也。”(《荀子·礼论》)这也解释了为何荀子认为墨子“故由用谓之道,尽利矣”。

《解蔽》篇中对于宋子与慎子进行批评,亦如《天论》篇所论,“宋子蔽于欲而不知得,慎子蔽于法而不知贤。”荀子认为,宋子其心的认识有所蔽塞,其“道”仅见人之欲少,而不知人之欲多一面;慎子被法蔽塞,其“道”不知贤者的重要性。因此,前者“由欲谓之道,尽嗛矣”,后者“由法谓之道,尽数矣”——宋子的欲少之道,尽是满足欲而已;慎子的法之道,尽是条文而已。

在荀子看来,“申子蔽于势而不知知”。前述引文中,后之“知”为“智”。荀子认为,申不害仅知权势的重要,不知才智之士的作用。有关申不害思想的著作虽已亡佚,但我们可从其他诸子的评论中窥其主张之一二。《韩非子》中提及申不害,认为其学说思想重“术”,利用权势之位操课群臣,“术者,因任而授官,循名而责实,操杀生之柄,课群臣之能者也,此人主之所执也”(《韩非子·定法》)。韩非亦论及,徒有术而无法是申不害学说的缺陷。不过,韩非批判的出发点在于申不害不选择统一法令,而仅用术,导致在法令选择上混乱无从,令奸臣得以存在于国内;荀子则并非如韩非那样以无“法”作为批评点,而是关注人间秩序的“道”,重视的是人事,故仅有权势之术而没有才智之士,“由势谓之道,尽便矣”。

荀子批判“惠子蔽于辞而不知实”。惠子的学说,可见于《庄子》中,“至大无外,谓之大一;至小无内,谓之小一。无厚,不可积也,其大千里。天与地卑,山与泽平。日方中方睨,物方生方死。大同而与小同异,此之谓小同异;万物毕同毕异,此之谓大同异”(《庄子·天下》)。荀子在《不苟》篇中言及,“山渊平,天地比,齐、秦袭,入乎耳,出乎口,钩有须,卵有毛,是说之难持者也,而惠施、邓析能之”。惠子的名家之论辩,在今天看来,主要是利用一般的词语意符(signifier),而抽换其中的词语意指(signified),令论述超乎常识而诡谲。荀子在《正名》中指出,“名守慢,奇辞起,名实乱,是非之形不明”,“故知者为之分别,制名以指实,上以明贵贱,下以辨同异。贵贱明,同异别,如是则志无不喻之患,事无困废之祸,此所为有名也”。而何以辨认同异?首先是“缘天官”,即用感官,“然后随而命之,同则同之,异则异之”。在他看来,“名无固宜,约之以命,约定俗成谓之宜,异于约则谓之不宜。名无固实,约之以命实,约定俗成,谓之实名”,即名与实之间的关系无适当与否,而是靠约定俗成才固定下来,使得以约定俗成来判定适宜与否。就惠子之“山渊平”而言,荀子指出,“此惑于用实以乱名者也。验之所缘以同异而观其孰调,则能禁之矣”。据此,结合庄子对惠子的描述,荀子认为惠子受言辞蔽塞,而不见事实。如果我们进一步分析的话,便可以发现荀子的语言逻辑论述带有很深的政治与伦理目的——他认为,智者定名,确立人间秩序中意符与意指之间的关系,而惠子则是利用语言结构任意性进行论辩与批评。那么,站在先王、礼义与人间秩序的立场,在荀子看来,惠子之辈以名惑实之举不符合先王当初制定之善名,也无法名贵贱与辨明事物,进而无法经世致用于人间秩序,无异于当今乱世之源,"由辞谓之道,尽论矣"。

至于庄子,荀子认为其"蔽于天而不知人"。这一评论可谓最直接传达出荀子之"道"关注人事的立场,"故错人而思天,则失万物之情"(《荀子·天论》)。那么,庄子的主张到底是什么呢?为何会引起荀子的批判?《庄子·大宗师》提道:"其一也一,其不一也一。其一,与天为徒;其不一,与人为徒。天与人不相胜也,是之谓真人。""不以心捐道,不以人助天。是之谓真人。"可见,庄子主张法天,且不因心智欲求而损坏天道,也不以人为的方法辅助天然。庄子认为,道有二:"有天道,有人道。无为而尊者,天道也;有为而累者,人道也。主者,天道也;臣者,人道也。"(《庄子·在宥》)较为高者为无为天道之思想,人心、人法以及人道皆较天道低一层境界,因此,在庄子看来,人类有所作为的行为,皆不如天道之无为。对此,荀子批评道,庄子之"道"为天所蔽塞,而不知人间之事。天谓无为自然之道。庄子但推治乱于天,而不知在人。庄子论逍遥,齐死生,讲求无用之用,故轻论人事而任自然,对于人为的努力不予以重视。仅由天来论道,一切尽只能归因于天,而对治道而言,即是随缘任化而已。但荀子之学,旨在"明于天人之分",讲求人事之努力,"故君子敬其在己者,而不慕其在天者……君子敬其在己者而不慕其在天者,是以日进也"(《荀子·天论》)。盖因人事之努力,操之在我,操则得之,舍则失之,故"君子道其常而小人计其功”。庄子不明天人之分,而以自然为道,弃人事之作为,慕自然无用无为之理,在荀子看来,无异于小人之见——“由天谓之道,尽因矣。”

针对“用名以乱名者”、“用实以乱名者”以及“用名以乱实者”,荀子以“所为有名”、“所缘以同异”及“制名之枢要”进行正名,意在从根本上杜绝诸子之奸言邪说,使天下归于正道。批评诸子后,荀子标举“孔子仁知且不蔽,故学乱术,足以为先王者也”,“圣也者,尽伦者也;王也者,尽制者也;两尽者,足以为天下极矣”(《荀子·解蔽》)。基于此,他强调对整全之“道”的理解关键在于了解人间、关注人事,如此才不受蔽塞。荀子具有强烈的治世色彩,《天论》篇将焦点关注于人间,用人间范围来审查诸子思想——皆不构成一完整之“道”;《解蔽》更加聚焦于人间之事,用理解与关注人事的标准审查诸子思想,亦无法成为一整全之“道”。据此,我们可以推断出荀子的立场——只有关注人间之人事,才有办法建立人间秩序,而这也正好为孔子所宣扬的“仁”。不过,不同于孟子论述仁在人性上与德行上的作用,荀子是以“仁”为论述方针与限定,将礼义的制度与原则聚焦于人间社群之事上,以达到治世之效。

第三章　荀子宇宙观与人性论视域下的礼义法度建构

我们可以注意到,荀子在批评了十二子之后,并没有具体论述自身学说的实际内容,而是致力于勾勒儒者的行为效应。众所周知,礼在荀子思想中具有核心性的地位。“礼起于何也?曰:人生而有欲,欲而不得,则不能无求;求而无度量分界,则不能不争;争则乱,乱则穷。先王恶其乱也,故制礼义以分之,以养人之欲,给人之求,使欲必不穷乎物,物必不屈于欲,两者相持而长,是礼之所起也。”(《荀子·礼论》)如果我们串联起荀子批驳十二子过程中所触及的“情性”、“定分”与“先王之道”等三个核心议题,就会发现这其实对应着荀子解释礼义之起源过程中的三大要素。在非难十二子的过程中,真正推动他展开批评的问题结构,实际上正对应着礼之起源的论证:首先,情性构成礼之发生的基本起因。荀子观察到,顺从人的自然情性会引发争乱,而单凭自身克制情性又无助于社会整体秩序的维护,因而礼的产生才是必要的。其次,“分”直接针对人与人之间的冲突、争乱,无疑构成了礼所承担的核心功能,但同时,荀子强调“分”必须能起到“养”人之欲的结果。换言之,“分”不能只具有形式功能,还需要某种价值判定原则,亦即“义”。最后,先王作为礼的制作主体,代表着某种从整体考虑的价值原则,是确保礼不流于形式化与片面性的基础。

第一节 “礼”的历史缘起略论

殷周之际,周人崛起于西陲,以小邦周攻灭大邑商。但周人克殷后,并无一般战胜者的趾高气扬,而是充满了“忧患意识”。[①]为了强调自身统治政权的正当性,周人在承继商人天命观的同时,也在其中添加了新的人文价值,构筑起一套“以德配天”的理论体系。[②]

一、周文秩序中“礼”的发端与定位

周人割断殷人与至上神即上帝的血缘关系,强调周王继承上天所予之天命。纣王丧德,文王有德,“天乃大命文王,殪戎殷,诞受厥命”(《尚书·周书·康诰》)。周代礼制的运作仰赖于周天子通过承受天命而获得政治权威,周文秩序的合法性亦来自天命。确切来说,周人的天命与“德”的观念密切关联,周天子正是以“德”来确认天命所在。敬慎明德的忧患意识贯穿于周初的文献之中——“王其疾敬德……祈天永命”,“永言配命,自求多福”,“天聪明自我民聪明,天明畏自我民明威”。周王不仅为受命之主,更是全天下的共主,天子分封诸侯,在宗教意义上就是执

① 除了以“肇国在西土”的蕞尔小邦竟打败了领有天下五百余年的大邑商所产生的戒慎之心,更重要的是,周初面临着武王早逝、成王年幼、周公摄政后引发的“三监之乱”等种种危机,均促使周人统治集团为塑造自身的统治合法性而进行意识形态信仰的文化改造。为何与商王具有血缘关系的上帝居然会大降丧于殷,转而兴小邦周?关于周人“忧患意识”的分析,可参见徐复观:《中国人性论史·先秦篇》,上海三联书店2001年版,第18-22页。

② 有关殷商至周的天命信仰演变,参见陈来:《古代宗教与伦理:儒家思想的根源》,生活·读书·新知三联书店1996年版,“第五章”。

行上天的意志,诸侯受封在实质上也分享了这一神圣性,在天命信仰的绾系下,异姓(异族)诸侯亦产生了如同亲亲血缘的凝聚力。

不过,终西周一朝,绝大多数时期周王室仅具名义上的分封宣示及少数人员的有限赠与,除了与周王室在血缘关系上较为紧密的姬姓诸国,尚能服膺由西周天命观下所产生的等级制度,其他封疆诸国,基于血缘情感、利益考虑,实无接受封建等级制的必要动机。而且,制度的成功经常构成制度解体的主因。动态展开的封建,封地的枯竭深刻地改变了天子和诸侯的关系。周平王东迁雒邑,周文疲弊,周德衰微,周礼秩序所依赖的天命观念以及该观念背后的神话基础也随之终结。[①] 血缘关系的礼治社会渐渐衰微,面对如何建构新秩序这一时代课题,先秦的思想家除了思考"复礼"的路径外,还试图重新建构出不同于"礼"的面

① 牟宗三先生认为,先秦诸子思想之产生,是为了面对"周文疲弊"的问题。"我们说周朝的礼粲然明备,郁郁乎文哉,它是很清楚的,就是亲亲、尊尊这两系……可是周文发展到了春秋时代,渐渐地失效。这套西周三百年的典章制度,这套礼乐,到了春秋时候就出问题了,所以我叫它做'周文疲弊'。诸子的思想出现就是为了对付这个问题。"在他看来,针对周文疲弊,产生了向着人生之基本问题方向发展和将周文疲弊视为一政治社会之客观问题来处理两种思潮,而法家思想便属于后者。参见牟宗三:《中国哲学十九讲》,上海古籍出版社 2005 年版,第 47 – 48 页、第 140 页。葛兆光认为,神话时代与其心灵的平静和自明的真理终结了,过去那种神话时代的自信消失之后,人们不得不在理智的思索中重建自信;过去那些天地有序的观念倾斜之后,人们不得不在观察中重新修复宇宙的格局,在这一思想分裂的时代,人类才真的开始不完全依赖幻想的神明和自在的真理,而运用自己的理性。参见葛兆光:《中国思想史》(第 1 卷),复旦大学出版社 2001 年版,第 69 页。

貌的秩序。[①] 为了臻达治的理想图景,思想领域要求开创出一套兼具形而上学理论与实用效应的模式,以便建立新的人文价值,结束混乱的局势。[②]

前诸子时代的思想实为一个以周礼为中心的德礼体系,其中德与礼互为表里,前者表达的是建构于礼的精神气质,后者则呈

① 有研究者认为,礼乐制度其实并非西周初期就奠定的局面,孔子时代所能看到的大部分礼仪制度或许都是在春秋时期才逐渐出现的。例如,日本学者白川静便认为,儒家所主张的礼制,实际上是在西周灭亡后,各国为了维持其政治秩序与国际仪礼而制定的,而在西周时期的金文中尚未出现这些内容,参见[日]白川静:《孔子》,韩文译,台北,联经出版事业股份有限公司2013年版,第71页。与通常所认定的礼崩乐坏印象相反,有学者提出,礼治的政治思想其实是从春秋时期开始兴起的。以色列汉学家尤锐观察到,春秋时期随着西周礼制不断受到挑战,政治家们逐渐放弃了礼的仪礼功能,而凸显其作为“治国之道”(principle of governing)的政治功能,以维护世袭的等级制度,而孔子则在此基础上更注重礼的伦理修身功能,从而推动了士的地位的提升,参见[以]尤锐:《新旧的融合:荀子对春秋思想传统的重新诠释》,载《台湾政治大学哲学学报》第11期(2002年)。不过,主张春秋时期就出现礼治思想的主要文献依据是《左传》,而《左传》在此方面的佐证性仍是颇有争议,甘怀真就认为《左传》中的礼论应视作战国中期的学说,参见甘怀真:《皇权、礼仪与经典诠释:中国古代政治史研究》,华东师范大学出版社2008年版,第6页。笔者认为,作为一种历史事实,礼源自战国时代或更早,可以理解为西周早期的特定仪式和典礼。战国儒家认为西周的国家典礼及祭祀仪式代表了国家所要依循的理想,这促使战国秦汉时代的儒家编纂和撰写了《仪礼》。汉朝知识分子在《周礼》一书中呈现了周代官制更完整的面貌。以我们的后见之明,周礼的内容可以看作汉代的礼观投射于描述古代国家官制的典范。除了历史事实之外,礼还作为一种哲学价值而存在。思想家试图塑造出抽象学超越特定历史脉络的礼的意义层面。这项工作可追溯至春秋晚期至战国时期的儒家。其中,由荀子建立的作为一种哲学价值的礼仪,对汉朝知识分子的礼的观念影响非常大。一个例证是,《史记》中的《礼书》几乎全部摘录自《荀子》。参见王进文:《“起礼义,制法度”——从“礼”的结构与功能探讨荀子对法家思想的吸收与改造》,载《孔子研究》2020年第4期。我们不应该认为周礼的所有素材都是虚构的。可以合理推测的逻辑是,周礼是收集当时知识分子所信赖和记载的旧国家官制的文献材料,并经过相当长的时间逐步加以编辑而形成的。

② 参见张伟仁:《寻道:先秦政法理论刍议》,生活·读书·新知三联书店2023年版,“引言”。

现为社会意象与制度设施。[①] 春秋以降的政治与社会危机在于宗法制与封建制的瓦解,伦理与政治之间亦出现了分化。一方面,人从传统的血缘关系、等级制度中脱离出来,成为具有流动性与自由性的个人,他们同时是提升国家实力的资本,以及维持国内稳定秩序所要统治的对象。尤其是士人,既被赋予了前所未有的提升政治地位的机会,也需要面对渴望巩固、提升国家实力的集权君主。另一方面,国家内部也开始形成以君主为中心的集权结构,并逐渐将个人纳入一元支配的政治结构之中。在君主与民的二元结构中,从前者的角度来说,需要的是一套能够进行普遍化管理的规范制度,这一套制度无法再仰赖建立在以宗法关系为基准点的结构,而需要面对广大的"齐民",从社会整体效应的角度,对人与人之间的关系作出普遍性规范;就后者的角度而言,尤其是战国时期的思想家们,大多数支持将权力集中于一人的政治结构,并希望出现理想的圣王,重新为天下带来和谐的秩序。

二、"礼"与诸子重建秩序的思考

如果我们将视野放置到先秦这一"轴心时代"(Axial Period),一方面是人从传统的血缘关系、等级制度中脱离出来,成为具有流动性与自由性的个人,肯认与追求人独立追寻生命价值成为时代精神;另一方面则是积极推动君主巩固、强化集权统治的政治潮流。如果以我们当下的认知,两者之间似乎存在明显的矛盾——一种充满反思性的精神活动,却不对君主一元化的支配性结构提出疑问与批判。对此,我们需要对先秦的政治状况有所了

---

① 参见郑开:《德礼之间:前诸子时期的思想史》,生活·读书·新知三联书店 2009 年版,第 74－75 页。

解,才能避免以过于简单的二分法来看待问题。①

张舜徽先生早已指出,先秦诸子思考的核心概念“道”,都是为君道而发,亦即都指涉着一种“君人南面之术”。②《史记·太史公自序》转述孔子之言:“春秋之中,弑君三十六,亡国五十二,诸侯奔走,不得保其社稷者,不可胜数。”在一般的印象中,春秋时期是个极度混乱的时代,各个国家内部政权高度不稳定,国君屡屡因政治斗争而下台乃至被杀。春秋时期动荡的政治现象在战国时期受到一面倒的指责,思想家们纷纷支持将权力集中到君主身上,并由此确立稳固的政治秩序。③ 实际上,虽然君主集权自春秋战国之际已成为时代趋势,但战国早期国君的政治支配力并不

---

① 20世纪40年代,德国哲学家雅斯贝尔斯(Karl Jaspers)提出了著名的“轴心时代”命题,认为在公元前500年左右,中国、印度以及西方各自出现了一些先知式的哲学家,他们开启了对于自我及宇宙的精神性反思,并对人类文明之后的发展产生了决定性的影响。See Karl Jaspers, *The Origin and Goal of History*, translated by Michael Bullock, Routledge, 2010, p. 1 – 3. 中译本参见[德]卡尔·雅斯贝尔斯:《论历史的起源与目标》,李雪涛译,华东师范大学出版社2018年版。“轴心时代”说法在很大程度上刺激了学界对先秦思想的重新定位,晚近的一个例子就是已故著名历史学家余英时先生的《论天人之际:中国古代思想起源试探》(中华书局2014年版)。余英时先生极为鲜明地使用“轴心突破”这一概念,并由此提出新旧两种“天人合一”的转变;旧的“天人合一”是巫师集团创建的,主要体现为“人世界和鬼神世界在巫的操纵下通而为一”,而“轴心突破”之后,新的“天人合一”则排除了巫的中介活动,而主要靠思想家个人的努力来寻求生命之源与价值之源,是“道”与“心”的合一。

② 王叔岷:《先秦道法思想讲稿》,中华书局2007年版,第16页。值得注意的是,张舜徽先生在证成其君王南面之术的“道论”中,尤为看重“管子四篇”,认为其“精义要旨,足与《道德》五千言相发明也”,并“叹为主术之纲领,道论之菁英”,参见张舜徽:《周秦道论发微》,中华书局1982年版,第199页。与之相映成趣的是,余英时先生论证新“天人合一”中个体如何达到“道”“心”合一时,同样屡屡诉诸“管子四篇”。

③ 尤锐提出,在经历了春秋时代的纷争之后,战国时代的思想家们决定性地与君主站在一起,几乎共同表现出将政治权力集中于君主,并以大一统来结束战争的要求。参见[以]尤锐:《展望永恒帝国:战国时代的中国政治思想》,孙英刚译,上海古籍出版社2013年版,第34 – 39页。

稳固,直接推动这种倾向的,则是战国时期各大国之间激烈竞争的形势,战争状态强烈要求国家内部秩序的稳定,而军事实力也需要通过一个强有力的权力来提升。于是在这一持续战争的紧急状态下,“治乱”问题逐渐上升为主导性的政治议题,实现天下之治最理想的途径就是将政治秩序的决定权集中于一个绝对性的终极原理,以及握有这一原理的圣王身上。在战国时代动荡而残酷的环境中,强化这种政治支配力以维持更稳固的政治秩序,就能更好地保障国民的生活,避免国家灭亡的危险,这在当时无疑具有一定的合理性。甚至可以说,在剧烈的战争状态与社会结构变动中,权力集中于君主一人成为时代的大势所趋。

孔子之“好古”,儒家之“复礼”,可视为西周政治结构的一种延续与变形——在宗法结构中,家庭伦理与国家政治之间通过血缘关系连通为一。而从春秋到战国,一个总的发展趋势是,通过强化原子化个人对君主的直接依附,瓦解封建地方和血缘共同体的横向纽带,从而巩固郡县制的垂直管理体系。在从春秋迈向战国的时代洪流中,人们自觉地追求着更新的、与时代形势密切相应的形式制度,并由此生产出新的权力支配结构。而处在春秋战国之际的早期儒家,面临宗法结构的崩解,伦理与政治之间亦出现了分化,其所提倡之“仁”,是一种“政权透明性”的主张。[①] 从政法理论上讲,“仁”无异于君主的一种行为机制,并藉此重新统合因宗法结构解体而出现问题的政治共同体。

墨家和法家最终都走向一种冷酷的集权式国家体制,以君主

---

① 这里的“政权透明性”的提法,是针对后世申韩等所主张的“政权隐秘性”而言的,参见郭静云:《亲仁与天命:从〈缁衣〉看先秦儒学转化成“经”》,台北,万卷楼图书股份有限公司 2010 年版,第 74 – 76 页。在荀子的理论中,也一再出现对“明”的论述,并指向政权与政治运作,详本书后文分析。

为中心来同一化整个共同体的行为和思想,进而达到政治目的的最大化实现。① 墨家一方面将儒家思想中已变得微弱的鬼神和天尊奉为高于人间秩序的尊崇对象,从而以某种宗教性的力量确立共同体的凝聚力;另一方面通过将共同体的所有成员全部上“同”于最贤者,将儒家原本期望的上行下效理想改造成一种高度同一化的统治形式。法家则同时否定超越性的力量与贤人政治的因素,从而展现出极其敏锐的现实感:它一方面通过推出法作为规范共同体的统一形式制度,以实现高效的治理;另一方面则积极顺应战国时代的国家竞争形势,决然扫除礼乐诗书等文化社会因素,将人民的所有力量都单一地集中在国家整体实力的提升上。另一股后来被归类于道家的思想对礼仪进行了更进一步的批判,创造出以天道为主体的宇宙论,既重视对现世政治形势的考虑,不像先前的儒家那样过多寄望于周文旧制的恢复,又并非如后期法家一般仅仅以现实的功利性需求为原则,乃是以天道秩序作为人间秩序的参照和效仿对象,以“圣—王”作为连接,建立起天道秩序与人间秩序的共时性关系,有力地强化了中央集权的统治力,并容纳、提升了变法改革的动力。

荀子持延续儒家学派的立场,对既有的礼乐制度持续辩护,除了面对其他思潮的质疑进行捍卫与反击,也针对儒家其他支派进行批判,进而建构出理想秩序。他以独白的方式,冷静地反思了前辈、同辈思想家的利弊得失,再综合性地提出自己的观点。

① 在增渊龙夫的分析中,墨家与法家分别与氏族秩序崩溃中产生的两种新秩序相关,一种是“任侠”的新型人际结合关系在民间形成的集团秩序,另一种是通过法与术的手段形成的新型国家组织,增渊龙夫为这两种秩序如何相互关联共同形成秦汉官僚制的过程,进行了详尽的分析。相关说明可参见[日]增渊龙夫:《中国古代的社会与国家》,吕静译,上海古籍出版社 2017 年版,第 173 – 174 页。

第二节 荀子论"性恶"、"群"与秩序的建构

传统上,荀子往往以"性恶"之名著称。程颐尝谓:"荀子极偏驳,只一句'性恶',大本已失。""荀子,悖圣人者也,故列孟子为十二子,而谓人之性恶。性果恶耶?圣人何能反其性以至于斯耶?"[①]然而,如果"性恶"仅仅是荀子思想的阶段性产物,我们就不宜以偏概全地将其作为荀子人性论的整体性标志,而应该看到其更为多元的面貌。虽然晚近以来对于荀子人性论的研究已经取得许多突破性的发展,早已不再囿于性恶论之陈说,不过我们仍是很容易受到人性论这一现代概念的诱导,将荀子关于人之"性"的论述仅仅看作对个体内在行为机制的分析。笔者认为,先秦思想多有言及人性,但明显与西方讨论方式不同,为厘清以及重新考察荀子的人性论,应对先秦的宇宙观、身体观以及论述模式先行作一探讨。

一、先秦气化宇宙观与礼义身体观概说

提及宇宙论,学界较早注意到的是某种整体性或关系型的宇宙论(corrective cosmology)。[②] 牟复礼(Frederick W. Mote)认为,

---

① (宋)程颢、程颐:《二程集》(上册),王孝鱼点校,中华书局 1981 年版,第 262 页、第 325 页。

② 张光直先生从比较人类学的视野出发,认为中国古代文明之所以具有根深蒂固的"连续性",是因为其背后有一套有机和谐、相互关联的整体性的宇宙生成论。参见张光直:《中国青铜时代(二集)》,生活·读书·新知三联书店 1990 年版,第 122 页。李约瑟则称之为"关系型宇宙论",他强调所谓关系型的思考方式绝不是原始的混沌式思维,而是一种高度有序的宇宙观,是理性化之后的产物。参见[英]李约瑟:《中国古代科学思想史》,陈立夫等译,江西人民出版社 1999 年版,第 359 页;[美]安乐哲、郝大维:《〈道德经〉与关联性的宇宙论—— 一种诠释性的语脉》,彭国祥译,载《求是学刊》2003 年第 2 期。

中国特色的宇宙观没有创世的神话,或者说创世神话并非中国宇宙观的重点。中国宇宙观认为宇宙是一个有机的过程,宇宙的各个部分都从属于有机的整体,且各部分皆参与这本然自生的整体之中,形成心理与物理一体之结构,无主宰却和谐有序。这样的宇宙观造就不同于因果链式的思考,反而偏好于共时性的思考;有机的过程也造就无始无终却循环的宇宙与线性累积的人类世界时间观。无主宰、偏好共时性思考与特殊时间观影响了许多思想:所有现象皆来自此世,皆能获得某种程度的领会;社会制度重视和谐,弱化神学与普遍性思考;和谐有序的宇宙中没有绝对性的概念,因此,也没有西方的恶与罪,而相信相对性以及转化的作用;权威来源非来自超越理性的,而是有关于人以及自然;非人格化的宇宙,使人们追求世俗化的力量,自然与人类社会的事务由国家来规范与监管;共时性思考的宇宙,形成对于网状关系与过程的偏好,亦即每个人在宇宙过程中都是一个能动的因素。① 牟复礼所整理的中国特色的宇宙观,与葛兆光描述的“黄帝之学”有异曲同工之处。葛兆光认为,春秋战国时期人们普遍认为天、地与人之间有某种神秘关系,各种相关的部分互相感应,进而产生各式各样的征兆,而在其中,举凡巫术、伦理道德都可能成为某种关键的力量,神秘关系的媒介由“气”担当,在这之间形成互动与感应,这代表着一种古代关于宇宙运行的知识技术。②

春秋晚期,已有文献将“气”与人的身体联系,《左传·昭公元年》言:“天有六气,降生五味,发为五色,征为五声,淫生六疾。六

① 参见[美]牟复礼:《中国思想之渊源》,王重阳译,北京大学出版社 2016 年版,第 47-71 页。

② 参见葛兆光:《中国思想史(第 1 卷):七世纪前中国的知识、思想与信仰世界》,复旦大学出版社 1998 年版,第 158 页、第 204-205 页。

气曰阴、阳、风、雨、晦、明也，分为四时，序为五节，过则为灾，阴淫寒疾，阳淫热疾，风淫末疾，雨淫腹疾，晦淫惑疾，明淫心疾。"《左传·昭公二十五年》言："民有好恶喜怒哀乐，生于六气，是故审则宜类，以制六志。哀有哭泣，乐有歌舞，喜有施舍，怒有战斗；喜生于好，怒生于恶，是故审行信令，祸福赏罚，以制死生。"前述第一则文献表明，天地间的种种可供感官经验摄取的现象，都是由气衍生而来的；它们都是人体感官征知的对象；身体的种种变化，皆和气的流布变动有关。第二则文献则指出，人可能因为气失衡而失去合宜的情性，产生破坏社会秩序的行为，因此需要礼来导正情性的偏失。由此可见，春秋晚期已将天地间的种种现象变化归于气。

以气阐释自然现象的变化，多见于战国晚期的著作，典型者如《吕氏春秋》。该书的结构即是依照月令的排序罗列各时节大自然的变化，进而说明人事行为该如何配合自然的运转；前者乃所谓的"时"，后者即所谓的"令"，包括祭祀、宴飨、军戎、农事、教化、朝聘等人事活动。《吕氏春秋》以气诠释自然变化、万物生长衰亡，依照时序安排适当的人事行为，揭示一幅"以时顺修"的政治图景——"是月也，生气方盛，阳气发泄，生者毕出，萌者尽达，不可以内。天子布德行惠，命有司发仓廪，赐贫穷，振乏绝，开府库，出币帛，周天下，勉诸侯，聘名士，礼贤者。"(《季春纪》)"是月也，日夜分。雷始收声。蛰虫俯户。杀气浸盛，阳气日衰。水始涸。日夜分，则同度量，平权衡，正钧石，齐斗甬。"(《仲秋纪》)《礼记·月令》与《吕氏春秋》十二纪首章文字几乎相同，"本《吕氏春秋》十二月纪之首章，礼家好事抄合之"①，《月令》被纳入《礼

① (清)孙希旦撰：《礼记集解》(上册)，沈啸寰、王星贤点校，中华书局1989年版，第399页。

记》,说明儒者接受依照时序而编定人文活动的生活图式。《管子》将气之变化与自然现象的关系解释得更加具有系统性,“春者,阳气始上,故万物生。夏者,阳气毕上,故万物长。秋者,阴气始下,故万物收。冬者,阴气毕下,故万物藏;故春夏生长,秋冬收藏,四时之节也。赏赐刑罚,主之节也。四时未尝不生杀也,主未尝不赏罚也;故曰:春秋冬夏,不更其节也”(《管子·形势解》)。前述引文说明四时与气的关系,将四时归于气的循环变化;万物随顺四时而生灭,无非阴阳二气流动的结果。

《管子》《吕氏春秋》《礼记·月令》等文献阐明时间的意义,是基于气化宇宙的缘故。人在顺应天地阴阳四时的同时,也反向察觉自身内在性情的变化,因此,这一时间观也与先秦的身体观密切相关。人们通过观察宇宙四时的变化,从中归纳出自然界运作的规律,将时间刻画出不同的段落,以便安排人事的作息。人在自然的存在中,是以外在感知与内在性情的变化,与整体自然存在互动,并在互动的同时,调适自身顺应天地阴阳四时的变化;阴阳四时、身体感官、内在性情三位一体,不可或缺,否则人与世界的联结关系将发生断裂。

人与万物同秉天地之气,气是人感知时的中介。基本上,荀子的宇宙观以气为基底,与同时代的主流思想其实相去不远。廖名春认为:“荀子可能就是因为通过对云气的观察而受启发,并结合他所熟悉的思想史料,而以‘气’这一种具体的物质形态来解释世界的物质统一性。”①荀子虽然不是直接以气解释自然现象的变化,但气仍是其思想观念中造成自然现象变化的重要元素。

水火有气而无生,草木有生而无知,禽兽有知而无

① 廖名春:《〈荀子〉新探》,中国人民大学出版社2014年版,第123页。

义，人有气、有生、有知，亦且有义，故最为天下贵也。（《王制》）

性者，本始材朴也；伪者，文理隆盛也。无性则伪之无所加，无伪则性不能自美。性伪合，然后圣人之名一，天下之功于是就也。故曰：天地合而万物生，阴阳接而变化起，性伪合而天下治。（《礼论》）

不过，笔者认为，我们不能简单地将荀子的宇宙观视为完全的气化宇宙观，而是更接近于结合了老子式道论的天道宇宙论——不仅是类型学上的表面性区分，真正造成两者差异的是它们与政治权力的互动关系：后者积极介入当时政治话语的建构，前者则作为一种背景知识长期停留在其原始型态，并在医学、天文等技术领域缓慢发展。我们所熟知的构成秦汉帝国意识形态的气化宇宙论，实为后一种宇宙论吸收了前一种宇宙论而形成的混合体。①

这种宇宙论话语尤其是气化宇宙观，除了解释自然物之外，因有一整体有机体的概念，人类身体亦与这整个和谐宇宙产生了关系，扩展至社群国家规模，则更与宇宙所产生的种种征兆有关。杨儒宾认为，儒家在这个思潮下所发展的身体观，大致可分为践形观、礼仪观以及自然气化观。② 荀子以气论为基础而论人，他看

① 晚近以来，随着各种出土文献的涌现，特别是《太一生水》《恒先》等呈现出独特宇宙生成论的文本，使我们注意到北方传统与南方传统的差异，在以天命为主导的北方传统之外，南方则盛行一种宇宙论式的思维传统，后者在春秋战国之际逐渐构成对前者的挑战，并推动了两者在战国中期之后的相互影响。相关讨论可参见［日］浅野裕一：《战国楚简研究》，［日］佐藤将之监译，台北，万卷楼图书股份有限公司 2004 年版，第 181 – 182 页。在某种程度上，天道宇宙论正是北方天命传统与南方宇宙论传统相结合的产物，而其最终的完成者，则是稷下黄老学者。

② 参见杨儒宾：《儒家身体观》，上海古籍出版社 2023 年版，第 30 页。

待身体,甚至看待任何人文现象,都是从社会性的礼义角度入手,注重的是人的社会意义。

二、荀子论“性”与人性之恶

> 人之性恶,其善者伪也。今人之性,生而有好利焉,顺是,故争夺生而辞让亡焉;生而有疾恶焉,顺是,故残贼生而忠信亡焉;生而有耳目之欲,有好声色焉,顺是,故淫乱生而礼义文理亡焉。然则从人之性,顺人之情,必出于争夺,合于犯分乱理而归于暴。故必将有师法之化,礼义之道,然后出于辞让,合于文理,而归于治。用此观之,然则人之性恶明矣,其善者伪也。

在上述著名的《性恶》篇中,荀子开头即表明其人之性为恶以及所谓的“善”是人为之“伪”的见解。不过,笔者认为,我们必须将视野放置在宇宙观与身体观当中,才能对荀子所言之“性”“恶”概念有整全性的理解。

第一,荀子是否从人的本质意义层面谈论“性”以及“性恶”?荀子论“性恶”,仅出现在《性恶》篇,且“性恶”思想也未见于别篇,故有学者认为此篇非荀子所著。学界一般认为荀子以性恶说批驳孟子之性善说,也以此批驳荀子为儒家之歧出。也有研究者指出《性恶》篇的论证多有谬误,且与孟子所言之性善实为二物,不当同一而论。① 不过,笔者认为,在探讨“性恶”之前,我们有必要先行探讨荀子对于“性”“善”“恶”等的界定。《荀子》各篇对“性”的论述很多,典型的如《正名》,“生之所以然者谓之性;性之

---

① 参见徐复观:《中国人性论史 · 先秦篇》,上海三联书店2001年版,第201-209页;廖名春:《〈荀子〉新探》,中国人民大学出版社2014年版,第75页。

和所生,精合感应,不事而自然谓之性"。此处之"所以然",参酌前述的宇宙观与身体观,以及结合《性恶》篇的论述,笔者认为,以绝对性的本质界定思考似有不妥,即如果我们将"性"作为界定本质以及作形上的根源来理解,则将得出人的本质即是性的结论,显系不妥。"生之所以然"似非本质或形上根源的界定,而是对于过程的描述且针对现象而撷取的意思。如果我们回到荀子的论述脉络,荀子提到"今人之性,生而有好利焉",之后有诸多"顺是"的情形,人生而有"好利""疾恶""耳目之欲","从人之性,顺人之情,必出于争夺,合于犯分乱理而归于暴",因此才需要礼义之统来恢复世间秩序。这段论证,意在显示如果不以礼义介入,则无秩序可言。① "生之所以然者谓之性"应指生命在没有人为介入的情况下,顺势而生成如此的原因或倾向,此为"性"。可见,它非本质之意。②

第二,"性"非本质之"恶"。厘清荀子使用"性"之意涵,"人之性恶,其善者伪也"便是人因其生命倾向,若顺势而生,或受外在刺激所产生的反应。换言之,人的自然反应(情欲、性情等)是

---

① 梁涛通过考察古汉语、《左传》与《周礼》等文献,主张"生"与"性"在古代文本中常常互用,是同源字。针对"生之所以然者谓之性",他认为"生"乃一具体生命之存在,而此生命之所以如此"生",即是性。他通过征引郭店楚简中的《性自命出》的"牛生而长,雁生而伸,其性使然"补充论证,古人言"性"不是事物之所以为该事物的内在本质,而是一生命物之所以生长为该生命物的内在倾向、趋势、活动以及规定。参见梁涛:《郭店竹简与思孟学派》,中国人民大学出版社 2008 年版,第 320 - 324 页。

② 《礼论》篇亦有"性"与人为的相关描述:"性者,本始材朴也;伪者,文理隆盛也。"此处对"性"的描述,并无"恶"之意,若与后述之人为论述联系起来理解传统上以本质理解"性"则与篇首的论述相抵触。"凡古今天下之所谓善者,正理平治也;所谓恶者,偏险悖乱也。是善恶之分也。"(《性恶》)荀子将"善"定义为"正理平治",而"恶"则是"偏险悖乱"。《不苟》篇也有"礼义之谓治,非礼义之谓乱也"的表述,可见治与乱的关系在于是否有礼义。

恶的，而所谓善者，在于人为因素的介入，是人为介入所产生的秩序，即须靠先王之道与礼义之统。并且，这种理解也符合上述荀子“顺是”的论证脉络。荀子一再申说“人之性恶，其善者伪也”，是同时论证“性恶”与“伪善”。荀子言“性恶”是为了提倡礼义、师法、积伪等后天作为，说明人有先天所不足的缺陷，必待后天积极的人为去克服。前已述及，在荀子的语境中，善与恶并非本质之义，而是针对产生结果的现象所作的评定。我们注意到，《礼论》篇论述礼的起源，从“人生而有欲”开端，因争产生乱，进而延伸出穷困混乱的局面，以此反证社会对礼的需求。“争”与“乱”的论述逻辑与《性恶》篇首相呼应，展现出荀子“礼义之谓治，非礼义之谓乱也”（《荀子·不苟》），即针对争乱的结果而非针对“人生而有欲”给予“恶”的评价。笔者认为，这一论述逻辑更值得关注的是，荀子从中带出“心”的关键作用。

第三，“心”作为人之为善的起始点。在《正名》篇，荀子论述道：“性之好、恶、喜、怒、哀、乐谓之情。情然而心为之择谓之虑。心虑而能为之动谓之伪；虑积焉，能习焉，而后成谓之伪。正利而为谓之事。正义而为谓之行。所以知之在人者谓之知；知有所合谓之智。所以能之在人者谓之能；能有所合谓之能。性伤谓之病。节遇谓之命。”那么，性、情、心之间是怎样的关系呢？按照前述引文的论述，情是指“性”的某种趋向与反应，“性”发生后，“心”通过“虑”“知”等作用，辨别是非好坏，然后才有所择用，是为“伪”。就这一论证逻辑而言，荀子通过“性恶”强调“心”的作用，彰显出人的先天内在的积极能动性。荀子主张，“心生而有知”“人生而有知”。那么，心知的对象是什么呢？在荀子看来，“心”可知物、知天与知“道”，而其中最重要的是知“道”。《解蔽》篇论述道：“故心不可以不知道。心不知道，则不可道而可非道。

人孰欲得恣而守其所不可，以禁其所可？以其不可道之心取人，则必合于不道人，而不知合于道人。以其不可道之心，与不道人论道人，乱之本也。夫何以知！曰：心知道，然后可道；可道，然后能守道以禁非道。以其可道之心取人，则合于道人，而不合于不道之人矣。以其可道之心，与道人论非道，治之要也。何患不知？故治之要在于知道。”在这里，荀子以“不可以不知”这样无可辩驳的强烈语气论述知“道”之必要。而“心”之所以必须知“道”，在于唯有知“道”后方有可道之理，以禁止非“道”的发生。“道”为“治之要”，是治理国家的关键。联系《儒效》篇所论述之“先王之道，仁之隆也，比中而行之。曷谓中？曰：礼义是也”，荀子认为先王之道即符合中正原则的礼义，君子之效行之道就是礼义。事实上，《天论》篇也将礼与“道”视为同物——“百王之无变，足以为道贯。一废一起，应之以贯，理贯不乱。不知贯，不知应变。贯之大体未尝亡也。乱生其差，治尽其详。故道之所善，中则可从，畸则不可为，匿则大惑。水行者表深，表不明则陷；治民者表道，表不明则乱。礼者，表也。非礼，昏世也；昏世，大乱也。故道无不明，外内异表，隐显有常，民陷乃去。”礼是治的表现，治是善的表征。荀子更意在说明，不仅应当知“道”，还要知“贯”，有所贯通才能在不断变化的局面中准确应对。因此，虽然“道”是常则性的，但运用时却需知贯应变，否则便不得其治。

第四，“涂之人可以为禹”的论证。荀子强调“心”的作用，彰显出人的先天内在的积极能动性，使善“伪”具有了可能性。那么，“伪”的可行性何在呢？“曰：‘圣可积而致，然而皆不可积，何也？’曰：可以而不可使也。故小人可以为君子而不肯为君子，君子可以为小人而不肯为小人。小人、君子者，未尝不可以相为也，然而不相为者，可以而不可使也。故涂之人可以为禹则然，涂之人能为禹,则未必然也。虽不能为禹,无害可以为禹。……然则可以为,未必能也;虽不能,无害可以为。然则能不能之与可不可,其不同远矣,其不可以相为明矣。”(《荀子·性恶》)荀子主张圣人乃是“人之所积”,很显然,其要面对的问题就是为何现实中圣人如此罕见呢?荀子的回答是“可以而不可使”,小人可以为君子,而不肯为君子;君子可以为小人,而不肯为小人。在此,我们可以发现,荀子所认为的君子、小人这样的道德/社会角色皆在人之能力范围内,然而现实中却存在人不肯凭借其能力进行角色转换的现象。对此,荀子明确提出“可以”与“能”(我们大致可将荀子所说的“可以”视为 capacity,而将“能”视为 ability)的区别,这意味着,普通人虽然不能实际成为禹,却无碍于他可以成为禹的能力。

> 凡人之性者,尧舜之与桀跖,其性一也;君子之与小人,其性一也。(《性恶》)
>
> 凡禹之所以为禹者,以其为仁义法正也。然则仁义法正有可知可能之理。然而涂之人也,皆有可以知仁义法正之质,皆有可以能仁义法正之具,然则其可以为禹明矣……(《性恶》)

荀子认为,圣王与暴君的“性”是相同的,君子与小人亦是,圣人之所以是圣人,在于肯为“仁义法正”,而“仁义法正”是在后天客观事实中发现“理”,再通过心之知使我们明晓此理而为“仁义法正”。常人皆可以知道“仁义法正”之质与具,即“知之质”与“能之具”,故常人也可为圣王。在此,就主体层面而言,人生而有心,而心能知、能虑,荀子通过“性恶”而强调人的积极能动性之所在;就实践层面而言,人因天生有知、能知,从知“道”到行“道”。正是在对“心”的层层论述中,荀子说明了先天朴素之人欲达到善是可能的与可行的，并且强调礼义之于人之欲善的必要性。就此而言，荀子真正所关心者，在于人是否对礼有所尊奉。据此亦可认为，荀子具有将礼的作用与意义扩大化的意图，以使礼在具有客观性的同时具备合理性。

三、“群”视域下的有欲与无分

我们注意到，在荀子的理论中，从“生而有欲”到“乱之恶”之间，还需要经历“求（无分）”与“争”这两个环节。之所以会出现这两个环节，是因为荀子所讨论的不是作为个体的个人，而是“群”——这也是荀子理论中非常重要的维度。

在《王制》篇中，荀子论述道，“故人生不能无群，群而无分则争，争则乱，乱则离，离则弱，弱则不能胜物……”。他将人放在“群”之中来看待，认为每个人都为了满足自身的欲望而向外索求，如果没有某种划定好的边界可循，就很容易引发人与人之间的争夺乃至混乱，这就是荀子所认为的“偏险悖乱”之“恶”。换言之，就作为个体的个人而言，如果只有他一个人生活，且满足其欲求的条件无限充足，那么，即便他再如何放纵情性，荀子也不见得会对其作出任何价值判断，更不会认为这是“恶”。但是，只有在“群”之中，人与人之间因欲求冲突而产生争乱之时，荀子所关心的问题才会出现。此处可能存在的问题在于，如果争乱的产生与人天生的情性有关的话，那么，最直接有效的方法便是对人的情性进行压制，但前文已述及，荀子虽然对“纵情性”主张所造成的扰乱危害颇为警惕，但他同样认为“忍情性”并不可取——他清醒地认识到，人将自己的情性控制到不与他人产生任何冲突的程度，这终究只有少数人才能做到，因此，“忍情性”之陈义过高，不具有整体上的可行性。荀子承认人生而有之的情性是无法消除的，绝大部分的人必然向外有所欲求索取，因此，群体生活中的争乱是不可避免的。当沿着承认情性的不可消除性这一思路推进的话，虽然人出于自身欲求而产生争乱无法避免，但只要为每个人划定需求、行动的外在界限，就可以使争乱不再发生。换言之，虽然人的欲求无法消除，但只要从整体上给群体中的个人施加一个外在的或者形式上的区分尺度与差等，就可以保障人与人之间不再产生冲突。而这，恰恰是慎到提出的方案。事实上，荀子的说法与之十分类似。

> 夫贵为天子，富有天下，是人情之所同欲也。然则从人之欲则势不能容、物不能赡也。故先王案为之制礼义以分之，使有贵贱之等，长幼之差，知愚、能不能之分，皆使人载其事而各得其宜，然后使悫禄多少厚薄之称，是夫群居和一之道也。（《荣辱》）
>
> 分均则不偏，势齐则不壹，众齐则不使。有天有地而上下有差，明王始立而处国有制。夫两贵不能相事，两贱之不能相使，是天数也。势位齐而欲恶同，物不能澹则必争，争则必乱，乱则穷矣。先王恶其乱也，故制礼义以分之，使有贫富贵贱之等，足以相兼临者，是养天下之本也。（《王制》）

荀子的上述两段论述看起来都从这样一个前提出发——如果每个人欲求的目标和方向相互接近，那么一旦在同一时空遭遇，就必然会产生争夺。因此，礼义之所“分”更应在人与人之间产生等差次序，从而使不同层级的人各安其分。应该说，慎到的观点与此十分类似——相较于墨家所极力主张的无差等的兼爱、尚同，慎到认为唯有赋予社会一种形式上的等差区分，才能实现定分的天下之治。而这样的理解实际上预设了人天生的欲求是一种无限性的对外索取，那么，人们要在有限的空间中生活在一起，唯有从外部对其施加限制性的划分。由于每个人的欲求都是无限性的，对每一个体所施加、划定的限制是否恰当似乎并不重要——“平等”这一价值除了墨子之外，先秦诸子一般而言均持否定态度——重要的是要有确保争乱消弭的外在形式的建立。然而，荀子不同于慎到之处在于，他并不认为“分”完全来自外在形式的赋予，而是万物自身就有着某种相互区分的能力——“万物同宇而异体，无宜而有用为人，数也。人伦并处，同求而异道，同欲而异知，生也。皆有可也，知愚同；所可异也，知愚分。”（《荀子·富国》）在这段论述中，荀子展开了一幅同异交错共存的宇宙图景，万物虽然共处宇内，却异体而有分；人虽然有着同样的欲求，却有着不同的道路与认知。人无论智愚同样有“可”，但是“所可”的差别导致了智愚分殊。

不过，遗憾的是荀子在这里并没有清楚说明“可”从何而来。但在《正名》篇中，荀子对“心之所可”有所论述。恰恰是“心之所可”之确立，拉开了“欲”与“乱”之间的距离。

> 有欲无欲，异类也，生死也，非治乱也。欲之多寡，异类也，情之数也，非治乱也。欲不待可得，而求者从所可。欲不待可得，所受乎天也；求者从所可，受乎心也。所受乎天之一欲，制于所受乎心之多，固难类所受乎天也。人之所欲，生甚矣，人之所恶，死甚矣，然而人有从生成死者，非不欲生而欲死也，不可以生而可以死也。故欲过之而动不及，心止之也。……故治乱在于心之所可，亡于情之所欲。（《正名》）

在上述引文中，荀子明确指出，治乱并非直接与人欲求的多寡相关，而是取决于“心之所可”。按照荀子的理解，人的欲求乃是天生自然的,是不待自得的,然而,人如何去行为,如何进行选择,则是由其“心之所可”来决定的。荀子诉诸“心”,以“心”为质,如《天论》篇所言:“天职既立,天功既成,形具而神生,好恶、喜怒、哀乐臧焉,夫是之谓天情。耳目鼻口形能,各有接而不相能也,夫是之谓天官。心居中虚以治五官,夫是之谓天君。”建立在“情”然而为之选择的“虑”是以心介入的现象,延续这个现象去实行的决定,称作“伪”。这一连串自“性”受到外界刺激所生之主观反应“情”,由“心”依据“情”作出“虑”而思考抉择,进而实行决定之能,亦称作“伪”。“虑积焉、能习焉而后成谓之伪”,累积思考以及多次学习决定以及实行,同样是“伪”。紧接着,“正利而为谓之事。正义而为谓之行”,这展现出“伪”的“虑能”活动因不同目标而产生出不同价值意义的评价,“所以知之在人者谓之知。知有所合谓之智。智所以能之在人者谓之能。能有所合谓之能”。(《荀子·正名》)由此可见,荀子诉诸“心”的作用,“心”产生一种“可”的能力,最终是“可”在“欲”之后决定了人的行为。

那么,“心之所可”在荀子这里是否与“欲”一样属于“性”的范围呢?此疑问源自荀子思想中的一个极具独创性的观点,即“性伪之别”。

> 散名之在人者:生之所以然者谓之性。性之和所生,精合感应,不事而自然谓之性。性之好、恶、喜、怒、哀、乐谓之情。情然而心为之择谓之虑。心虑而能为之动谓之伪。虑积焉、能习焉而后成谓之伪。(《正名》)

对于荀子的性伪之分,我们前述提及的《性恶》篇中已然有所界定,“凡性者,天之就也,不可学,不可事;礼义者,圣人之所生也,人之所学而能、所事而成者也。不可学、不可事而在人者谓之性;可学而能、可事而成之在人者谓之伪。是性、伪之分也”。表面上看,性与伪似乎被是否可学、可事分成两层,这也引起了伪纯粹是后天人为而缺乏内在基础的主张。虽然按照《正名》篇的论述,“心”的作用,导致从“性”产生“伪”,然而,《性恶》篇似乎以极为决断的语气宣称性与伪截然二分——《性恶》篇阐扬的“善伪”,在荀子针对孟子言论的批判与自设问题之间凸显出来。他反驳孟子“人之学者,其性善”的主张,而认为“凡性者,天之就也,不可学,不可事”,“可学而能,可事而成之在人者,谓之伪”,意即为学的能知行与性的自然而然有别,“礼义法度者,是生于圣人之伪,非故生于人之性也”,正理平治的善也因为圣人的礼义而达成——前者不可学而后者可学。更为复杂的是,礼义在此介入其间,并成为“学”(“可学”)的对象。

至此,我们已经初步呈现出荀子关于情性与定分之间的联结,但由此涉及的性伪之分与礼义问题,尚有待于更深入的分析。

> 人何以能群?曰:分。分何以能行?曰:义。故义以分则和,和则一,一则多力,多力则强,强则胜物,故宫室可得而居也。故序四时,裁万物,兼利天下,无它故焉,得之分义也。(《王制》)
>
> 义与利者,人之所两有也。虽尧、舜不能去民之欲利,然而能使其欲利不克其好义也。虽桀、纣不能去民之好义,然而能使其好义不胜其欲利也。故义胜利者为治世,利克义者为乱世。(《大略》)

上述引文与荀子“人之性恶,其善者伪也”的主张结合起来而言,人之性恶很明显地与“能群”以及“善伪”呈现出不可解的矛盾关系。“能群”是荀子思想理论的目的,然而欲达成此目的,必须要经过“义以分则和”。什么是“义以分则和”?杨倞注“分”时认为:“无分则争,争则不能群也。”“言分义相须也。义,谓裁断也。”[①]李涤生认为,“分”是“上下亲疏、尊卑贵贱之差”。无分即权利义务不清则争,争则不能群,故使群在明分。而“义”,则是对事物能作合理的裁断。[②] 从上述的解释而论,“义”基本上有两种解释,一是将其作为裁断,即判断、合宜的意思;二是将其作为复合词“礼义”的代称。就后者而言,“义”本身可能具有规范的意涵,在此意义上“礼”与“义”效用相同。但笔者认为,“义”依据杨倞的注解解释为裁断更合理。不过,如此一来则会面临的问题是,“分”来自人的裁断,那么如何确保个人意志下的裁断具有通则性与普遍性?荀子注意到人有好义与欲利的倾向;如果对欲利不加控制,极有可能导致社会秩序倾覆,产生争、乱、穷。而如果我们将好义理解成一种个人道德意识,则显然走向了孟子的路径,似乎不会被荀子赞成,更何况,这会与荀子所认为的“性不知礼义,故思虑而求知之也。……人无礼义则乱,不知礼义则悖。……人之性恶明矣,其善者伪也”(《荀子·性恶》)之主张产生矛盾。就荀子的整体思维来说,他希望以某种规范架构为原则,藉此制定资源的合理分配制度。而“礼义”正是担当此任务的概念——“制礼义以分之,以养人之欲,给人之求,使欲必不穷乎物,物必不屈于欲。”(《荀子·礼论》)由此,似乎可以说,道德价值与欲望两者获得某种程度的平衡,才能使社会秩序获得和谐。

按照荀子的分析,如果我们承认人人生而有欲,而且每个人的欲求倾向大致相同的话,那么为了避免冲突而“定分”,即从整体上对人们进行外在形式(规范的)限制,而无须考虑每一个人的感受。但是,当我们联系前述荀子所提出的“心之所可”命题而

---

① (清)王先谦:《荀子集解》,沈啸寰、王星贤点校,中华书局2013年版。

② 参见李涤生:《荀子集释》,台北,台湾学生书局2014年版,第181页。

论,这却意味着“可”的能力与“欲”都是人人皆同的,但由“可”产生的“所可”却是人人各异的;既然人的行为最终是由“所可”来决定,那么,“分”就无法仅仅满足于外在的形式,而要满足每个人因其自身情性的行为方向性。而荀子又主张,“义胜利者为治世,利克义者为乱世”,克为胜的意思。从荀子所侧重的群体社会来理解,群体社会的建构价值(义)能够涵摄个人欲望的满足(欲);就价值位阶而言,和谐有序的群体生活比起个人欲望的满足更具有优先性。为了实现合理、有序的群体生活,我们必须对欲利进行有效节制,“制礼义以分之,以养人之欲,给人之求”。

第三节　礼义与“正理平治”秩序的关联

荀子在《性恶》篇针对孟子提出了批评,批评的要旨在于,他认为孟子的“性善”主张不足以证成规范成立的合理性,进而,引申出性恶论主张下的礼义秩序建构的必要性与可行性问题。

一、荀子对孟子性善主张的批判

> 孟子曰:“人之性善。”曰:是不然。凡古今天下之所谓善者,正理平治也;所谓恶者,偏险悖乱也。是善恶之分也已。今诚以人之性固正理平治邪?则有恶用圣王、恶用礼义矣哉!虽有圣王礼义,将曷加于正理平治也哉!今不然,人之性恶。故古者圣人以人之性恶,以为偏险而不正,悖乱而不治,故为之立君上之势以临之,明礼义以化之,起法正以治之,重刑罚以禁之,使天下皆出于治、合于善也。(《性恶》)

上述引文中,荀子通过对孟子“性善”的批评,提出礼义与“正理平治”的秩序之间的关联性。在荀子看来,如果按照孟子所谓的“人之性善”,则圣王创制的礼义/规范制度将不复存在,因为性善“无辨合符验”,“起而不可设,张而不可施行”。不过,既然无法验证“性善”是否能够成立,那么,又如何证明“性善”与“正理平治”之间的关系呢?荀子认为,“从人之性,顺人之情,必出于争夺,合于犯分乱理而归于暴”,不得不说,这似乎较贴近我们生活中的现实。荀子强调礼义介入的必要性,是基于两个紧密相连的理由。

> 为尧、禹则常安荣,为桀、跖则常危辱;为尧、禹则常愉佚,为工匠农贾则常烦劳。然而人力为此而寡为彼,何也?曰:陋也。尧、禹者,非生而具者也,夫起于变故,成乎修修之为,待尽而后备者也。人之生固小人,无师无法则唯利之见耳。人之生固小人,又以遇乱世,得乱俗,是以小重小也,以乱得乱也。君子非得势以临之,则无由得开内焉。今是人之口腹,安知礼义?安知辞让?安知廉耻隅积?(《荣辱》)

荀子的论证逻辑在于,虽然由于各自所处的环境,人们区分或分化为不同的角色或阶层,但这种区分或分化不是先天注定的,而是在人人皆有的积伪下产生或发生变化的。人之初始都是唯利短视的小人,乱世更是如此,难以凭借自身原本的生活环境而开阔视野,并认识到成为君子的可能性与具体方法。这就导致人们很容易顺着直接产生的利益需求行事——如果考虑到社会动荡、秩序崩解的战国时代,就更容易以不恰当的方式来寻求自身欲望的满足,争乱必然难免。由此,从“群”来看待问题的话,人之“伪”固然能够根据社会现状而建立起人与人之间的差异,并推动人自我转化、提升,但仅凭这一“伪”的能力并不足以保障“分”

的形成。正是因为人注定处在“群”之中这一生存事实，才决定了“礼”作为划分人与人界限的规范的必要性。顺着这一思路，荀子继续推论，礼义固然给出了分而不争的方式，但从察觉人之争乱到制定礼义，始终是由先王这一行动主体来承担的。换言之，先王而非礼义才是价值最终的来源：

> 天地者，生之始也；礼义者，治之始也；君子者，礼义之始也。为之、贯之、积重之、致好之者，君子之始也。故天地生君子，君子理天地。君子者，天地之参也，万物之捴也，民之父母也。无君子则天地不理，礼义无统，上无君师，下无父子，夫是之谓至乱。（《王制》）
>
> 辨莫大于分，分莫大于礼，礼莫大于圣王。（《非相》）

对应着本文前述“情性—定分—先王”的结构，荀子在《王制》篇排列出“天地—礼义—君子”的序列。他认为，天地之生、人之情性有待礼义治理，而礼义则为君子所出。天地化生万物，而万物的秩序却由君子奠定。荀子将君子的起源界定为“为之、贯之、积重之”。换言之，君子并不是终极的存在，而不过是人之所积，是人通过后天的学习、积伪而达成的理想人格。此处的问题在于，一个人要成为君子，就必须通过礼义来修身，然而，如果礼义本身就是君子的产物，那么这是否构成了一个循环结构呢？最初的君子或最初的礼义到底如何产生呢？

事实上，对上述问题的回答，与荀子理论中的权力理论密切相关。在《性恶》篇中，我们注意到，“问者曰：‘人之性恶，则礼义恶生？’应之曰：凡礼义者，是生于圣人之伪，非故生于人之性也”。既然荀子认为每个人生下来的时候都是“小人”，圣人原本也只是无差别的“小人”，其通过积伪转变而成，而礼义的存在又是积伪的必要条件,那么就必须设立一个最初的礼义或圣人。不过,我们发现,荀子的关注点似乎不在这里。第一,荀子论述的制礼主体一般称为先王或圣王,这意味着荀子明确意识到,礼作为一种制度规范,必须藉由具有王的政治身份的实际政治权力运作才能产生。第二,对于荀子而言,礼俨然且始终是一套已经被制定出来的(具有先验性的)规范,因此他未曾解释礼义制定的具体过程与标准。此外,我们也可以注意到,《荀子》虽然对礼的概念与功能作出了详尽的讨论,却未真正涉及礼如何制定的问题。

然而,荀子屡屡标举出礼起源的论述,势必无法回避礼的制定问题。① 大致而言,荀子是从两个层面来消解追溯礼义的实际制作难题的:一是屡屡强调君子依靠学习礼义而达成;二是在实际的修身过程中,荀子认为礼义并非人所依循的唯一标准,更高的典范仍然是人,或者更确切地说,是圣人。

> 学恶乎始?恶乎终?曰:其数则始乎诵经,终乎读礼;其义则始乎为士,终乎为圣人。真积力久则入,学至乎没而后止也。故学数有终,若其义则不可须臾舍也。为之,人也,舍之,禽兽也。故书者,政事之纪也;诗者,中声之所止也;礼者,法之大分、类之纲纪也。故学至乎礼而止矣。夫是之谓道德之极。礼之敬文也,乐之中和也,诗书之博也,春秋之微也,在天地之间者毕矣。(《劝学》)
>
> 礼者,所以正身也;师者,所以正礼也。无礼何以正身?无师,吾安知礼之为是也?礼然而然,则是情安礼

① 东方朔(林宏星)认为,荀子论礼的起源是一种“建构的真实”(construction - true),是为了客观化孔子之仁义理想的基础,参见东方朔:《合理性之寻求:荀子思想研究论集》,台北,台湾大学出版中心 2011 年版,第 262 - 263 页。

也;师云而云,则是知若师也。情安礼,知若师,则是圣人也。(《修身》)

《劝学》篇言及学习的始终,人们应当从背诵经典开始,也就是其后所举知书、诗以及礼等经典,终于研读礼制,遵循从背诵至研读的步骤;而为学目标与意义,则从士开始,终于成为圣人。如果我们以《修身》篇所列举的三阶段进行补充,则可发现,荀子区分了士、君子与圣人。在修身过程中,人的实践依据是礼,然而礼与作为实践者的个人之间的互动仍然有待人(师)来安顿。因此,我们可以说,“积礼义而为君子”并非仅仅依循礼义,而仍需要圣人的指导。更重要的是,当论及礼义的理论起源时,荀子所使用的概念往往是君子或圣人,与王的政治身份无涉。而君子与圣人同时出现的时候,前者往往被置于后者之下。①

二、君子与圣人的政制关系辨析

在先秦文献中,圣人往往与君王在不同的脉络下互换,各自代表着理论上与实际政治结构中的最高层级。在此,为了主题论述的需要,我们有必要对先秦典籍中的圣人(君子)与君主的关系进行简要的梳理。

在长沙马王堆汉墓出土的黄老帛书《道原》中,有这样的描述:“故唯圣人能察无刑(形),能听无[声]。知虚之实,后能大虚;乃通天地之精;通(迥)同而无间,周袭而不盈。服此道者,是

① 根据东方朔的分析,《荀子》中的君子有指地位、品性以及兼指地位与品性这三种含义,虽然东方朔也承认专指地位的用法并不多见,但他仍是将君子、先王、圣王、圣人四者视作异名同实,而未注意到荀子实际上有意区分了理论源与实际制作,参见东方朔:《差等秩序与公道世界:荀子思想研究》,上海人民出版社 2017 年版,第 128 – 131 页。

胃(谓)能精。明者固能察极,知人之所不能知,服人之所不能得。是胃(谓)察稽知极。圣王用此,天下服。……分之以其分,而万民不争;授之以其名,而万物自定。”①

当圣人被宣称为唯一能洞察“无形无名”之人而进入“无形无名”与“有形有名”之间时,他便取得了洞察与主导万物的资格。不同于《老子》所提倡的仅以虚静的态度来守此“无形无名”,进而让万物自化,《道原》凸显了圣人“听”“察”的主动性姿态,并将其通达“无形无名”的能力界定为“能精”,特别是将“圣人”转变成“圣王”,“(上/圣王)授之以其名,而万物自定”,则让圣王在通达“无名”的同时,对万物给出了“名”,亦即一种被“无名”所合法化的秩序。当圣人结构与君主结构相重叠,“无形无名”与“有形有名”之间的落差就通过“圣—王”的介入而被填充。圣人代表着“无形无名”的层次,君主承载着制名定分的政治职责,当两者相通为一时,“圣—王”行使权力的行为就等同于由“无形无名”生出“有形有名”的宇宙原理在形而下层面的开展。

在这一论述结构中,一方面,作为执道者的圣人具有审查万物的能力;另一方面,圣人与君王是同一个人。而后者应该是在证成了前者的前提下所展开的理想图景,黄老帛书的这两个设定是相互依赖的,它没有清晰明确地说明圣人获得高超能力的理论基础,而是在很大程度上被直接等同于君王实然性权力的运作机制。同样是因为圣人与君王被直接等同起来,圣人审查万物形名的活动获得一种理所当然的表象,而未被要求给出更为深入合理的理论依据。由于并没有给出圣人如何成为圣人的理论依据与判断标准,围绕圣人而形成的宇宙论话语直接套用到以现实君主

① 陈鼓应注译:《黄帝四经今注今译——马王堆汉墓出土帛书》,商务印书馆 2007 年版,第 406 - 409 页。

为核心而运作的政治结构，因此，黄老帛书虽然给出了至高权力的理论合法性，也空前地强化了君主权力的绝对性，但缺乏来自下层、来自万物的实质性支撑。

在《管子·形势解》中，可以看到如下论述："明主不用其智，而任圣人之智；不用其力，而任众人之力。故以圣人之智思虑者，无不知也。以众人之力起事者，无不成也。……明主之治天下也，必用圣人而后天下治。"将君主与圣人相分离，并让两者同时处于同一个政治结构当中的表述，在先秦文献中极为罕见。① 青山大介提出，从战国中期开始就出现了"明主 = 使役者 = 君主 = 上位"与"圣人 = 被使役者 = 臣子 = 下位"的职责分化，从而君主既可以将治理国家的职责交托给臣子，又能避免禅让、篡位的风险。② 不过，前述职能分化主要是在法家文献的"政论"脉络中成立，而在宇宙论的话语结构中，圣人的本原性地位正为君主的权力基础提供着最为绝对的合法性，黄老帛书才会将"圣人—万物"与"君—民"进行同构化处理。《管子·形势解》同样是在天道宇宙论的架构下来论述君主地位的——"天覆万物，制寒暑，行日月，次星辰，天之常也。治之以理，终而复始。主牧万民，治天下，莅百官，主之常也。"在宇宙论话语中，圣人与君主各自指涉着宇宙秩序结构与现实政治结构的顶点，而将君主与被视作"无不知"的圣人并存，并建议前者使用后者的理论设计，就显得令人

---

① 笔者阅读所及，在《鹖冠子·道端》中，圣人被安置为君主的臣子："是以先王置士也，举贤用能，无阿于世。仁人居左，忠臣居前，义臣居右，圣人居后。"参见黄怀信撰：《鹖冠子校注》，中华书局 2014 年版，第 88 页。

② 参见［日］青山大介：《战国时代"明主"观念探析——以"圣人"的对比为切入点》，载《东亚观念史集刊》2016 年 12 月总第 11 期。

惊讶。[①]《形势解》是《管子》中年代较晚的文献，胡家聪认为该篇乃稷下学宫讲解早期文献的讲义录，甚至可能得到过荀子的指点。[②] 由此，则不难联想到其写作氛围，或许与齐国几乎遭燕国灭国的史实相对应，才提出由贤明之士甚至圣人来辅佐君王的想法。如果从《黄帝四经》的视角出发，完全可以将君主的角色去除，由全知的圣人统治即可。那么，君主究竟发挥什么样的作用呢？

其实，在稷下黄老的设想中，君主仍然承载着德治的结构性功能。

> 人主身行方正，使人有理，遇人有礼，行发于身而为天下法式者，人唯恐其不复行也。身行不正，使人暴虐，遇人不信，行发于身而为天下笑者，此不可复之行，故明主不行也。(《管子·形势解》)

上述引文所呈现出的图景，提出在“君—民”结构中君主要以身正民的设定，并让君主本人作为天下效仿的对象，几乎是回归了早期儒家的上行下效的德治模式。由此，我们似乎可以说，稷下黄老最终呈现的仍是一种德法结合的新德治模式，只是这种模式被重新建立在“君—臣—民”而非原本的“君—民”结构中，治理秩序亦更加稳固。而“君—圣”二元并立，无疑是结合宇宙论而发展出的产物。一方面，宇宙论因素的介入，使君主超出个人性

---

① 对于《形势解》提出的“君—圣”并立结构，我们似乎可以参考《鹖冠子》的情况进行解释。根据戴卡琳的推论，《鹖冠子》屡屡流露出对现实政治的失望，可能是作者的国家遭受了败亡的命运。由于不满世袭统治，书中呈现出君主不必然是圣人的问题，并引发了圣人与君主之间的冲突。参见[比利时]戴卡琳：《解读〈鹖冠子〉——从论辩学的角度》，杨民译，辽宁教育出版社2000年版，第130－136页。

② 参见胡家聪：《管子新探》，中国社会科学出版社1995年版，第142－143页。

的限制，承担起宇宙/政治中心的角色，从而取得治理政治的权威；另一方面，“德”与“智”分离，分化出人臣这一层次来承担具体的事务性功能，解决了黄老帛书中出现的“圣—王”的能力条件问题，从而在“君—臣—民”的结构上建立新的道法治理模式。

可见，对圣人的推崇几乎是战国后期思想的通则，《荀子》一书中亦不乏对圣人境界的描写：

> 圣也者，尽伦者也；王也者，尽制者也。（《解蔽》）
>
> 虚壹而静，谓之大清明。万物莫形而不见，莫见而不论，莫论而失位。坐于室而见四海，处于今而论久远，疏观万物而知其情，参稽治乱而通其度，经纬天地而材官万物，制割大理，而宇宙里矣。恢恢广广，孰知其极！睪睪广广，孰知其德！涫涫纷纷，孰知其形！明参日月，大满八极，夫是之谓大人。（《解蔽》）

荀子这段由“虚壹而静”而汇出的“大清明”境界颇引人注目，[①]“大清明”所展示的，让天地万物、古今远近皆得以显现的状态，无疑是一个理想的制礼主体。不过，如果说荀子在此对于“大清明”状态的描写，意味着应该将制礼的希望完全寄托在这一理想人格即圣人之上，那么我们需要反过来追问的是，既然有这种圣人存在，那么荀子为何还需要强调礼义的作用？换言之，如果荀子的思想最终是以这样的圣人作为最高理想，那么，他就与黄老帛书的立场十分接近——同样是通过圣人来把握秩序的终极基础，而礼义的位置只是一个虚设。

实际上，我们不难发现荀子将礼与宇宙秩序相连接的处理

① 关于荀子的“大清明”意象，具体可参见本书后文有关荀子光明思想的论述。

方式：

> 天地以合，日月以明，四时以序，星辰以行，江河以流，万物以昌，好恶以节，喜怒以当，以为下则顺，以为上则明，万物变而不乱，贰之则丧也。礼岂不至矣哉！（《礼论》）

值得注意的是，荀子虽然将礼与天地运行秩序进行连接，但似乎并不意味着他将礼的基础放置在宇宙论结构之中，进而再由圣人来把握宇宙本原。荀子提出礼义生于“圣人之伪”，在推原礼义的根源时，他是将君子这一富有儒家道德色彩的概念而非圣人作为礼义之始，甚至可以说，荀子实际上把礼义的基础寄托在君子这一形象之上，而圣人这一概念在某种程度上只是对于最高级君子的称呼。更何况，圣人这一层次在荀子的思想系统中因存在着某种内在矛盾而显得面目模糊。

> 君子曰：学不可以已。（《劝学》）
>
> 故学也者，固学止之也。恶乎止之？曰：止诸至足。曷为至足？曰：圣也。（《解蔽》）

就荀子思想的总体立场来说，圣人似乎是作为一个大部分人不可能真正达到的终极设定，而君子才是更具有讨论价值的对象。在终极意义上，荀子并没有把礼义的理论来源寄托在圣人形象上，而是诉诸君子，这无疑是一个极富意味的举动。结合前述黄老思想中“圣—王”同构的问题，圣人因被认为与宇宙本原直接相通，而取得了制名、定法的绝对权力。虽然荀子也接受圣人作为理论上的最高层级这一观念，而礼义无疑是其思想系统中的最高规范，然而荀子却将礼义托付给了君子而非圣人，由此产生不对称结构，而这其实正是荀子回避解释礼义产生问题的深层原因。①

三、分离结构的君道与儒者之治

在《君道》篇中，荀子营造出君主与君子正面遭遇的情境，这或可表明其真实立场：

> 有乱君，无乱国；有治人，无治法。羿之法非亡也，而羿不世中；禹之法犹存，而夏不世王。故法不能独立，类不能自行，得其人则存，失其人则亡。法者，治之端也；君子者，法之原也。故有君子则法虽省，足以偏矣；无君子则法虽具，失先后之施，不能应事之变，足以乱矣。不知法之义而正法之数者，虽博，临事必乱。故明主急得其人，而闇主急得其势。

与荀子将君子界定为礼义的来源类似，君子在此与“治—法”结构相结合。“礼者，法之大分”（《荀子·劝学》），法源自礼，亦可称为法源自君子。由于法乃治之开端，国家的治乱实际上便取决于是否有君子的存在，而不在于法度是否完备。论述至此，荀子已经拉开了与法家尤其是慎到的距离。荀子向君主提出的要求是，应积极去得到作为“法之原”的君子的辅佐，这意味着君子与君主是并存的两个角色，非如黄老那样将君主本身等同于“法之原”的君子，亦非如孟子所主张的让君子成为君主所效仿的榜

① 或者，荀子根本不想直接给出一个让礼义的实际制作与理论来源得以合一的完善结构，因为这将导向一个权力高度集中的政治结构。笔者这样说，并非意味着荀子不憧憬一个理想圣王的出现。荀子对于现实有着极为清醒的判断力，虽然不难在他的理论构想中看到终极圣王的形象，但在更为具体的理论设计上，他把希望寄托在君子的形象上，这就避免了黄老直接将君主等同于圣人的倾向。

样。那么,这是否意味着君主完全处于一个虚的状态,而让作为“法之原”的君子去承担真正的政治职能呢?恐怕并非如此。在荀子的构想中,我们可以看到,仍然保留着传统的以君主为中心的修身—治国模式——“请问为国?曰:闻修身,未尝闻为国也。君者,仪也,民者,景也,仪正而景正;君者,槃也,民者,水也,槃圆而水圆;君者,盂也,盂方而水方。”(《荀子·君道》)

结合《正论》篇的下列叙述,“世俗之为说者曰:‘主道利周。’是不然。主者,民之唱也;上者,下之仪也。……故上者,下之本也,上宣明则下治辨矣,上端诚则下愿悫矣,上公正则下易直矣。治辨则易一,愿悫则易使,易直则易知。易一则强,易使则功,易知则明,是治之所由生也”,则或可认为,“主道利周”这一世俗之说,意味着君主要让自身处于无法被臣子、人民轻易揣测的幽暗状态,从而让下位者无从反抗,以维持权力运作的稳固性。这可能正反映着战国晚期主流的政治思潮,尤其是黄老与法家占据主导地位的政治领域更是如此。相比之下,荀子遵循的仍是传统(儒家)政治思考模式,将为国与君主个人的修身相连接,形成君主作为国家所效仿的模型的格局。在《正论》篇,荀子明确提出“主道明则下安”的观点:“上宣明则下治辨矣,上端诚则下愿悫矣,上公正则下易直矣。治辨则易一,愿悫则易使,易直则易知。易一则强,易使则功,易知则明,是治之所由生也。上周密则下疑玄矣,上幽险则下渐诈矣,上偏曲则下比周矣。”荀子认为上位者必须使自己的思想、主张为人所知,这样才能避免上下之间的猜疑欺诈。在《君道》篇中,荀子更直接将君主界定为“民之原”,“原清则流清,原浊则流浊”,强调君民互动关系的密切性。

然而,在荀子的论述思路里,为了达到完善的治理,最终将关键回转到君子身上——“莫若得其人”。之所以在以君主为中心的修身—治国模式中，又回到君子身上，这是因为荀子明确将君子界定为“法之原”，乃至“治之原”，由此，君子与君主分别作为“治之原”与“民之原”。那么，这究竟意味着什么？是否意味着后世所谓圣君贤相的格局？我们首先要注意的是，这里的君主并没有被要求成为圣人，荀子给予的最主要建议是“得其人”，得到作为“治之原”之君子的辅佐。就此而言，我们可以说，荀子将理论上的秩序来源与实际政治权力的最高拥有者做了分离。[①] 还需要注意的是，荀子的这种分离结构为我们理解“儒效”提供了契机——“大儒之效：武王崩，成王幼，周公屏成王而及武王以属天下，恶天下之倍周也。履天子之籍，听天下之断，偃然如固有之，而天下不称贪焉；杀管叔，虚殷国，而天下不称戾焉；兼制天下，立七十一国，姬姓独居五十三人，而天下不称偏焉……”（《荀子·儒效》）荀子以周公作为范例，周公几乎是以臣位而行天子之事，其情况是颇为特殊的，甚至富有争议性。如果联系《非十二子》篇对得位圣人与不得位圣人的区分，周公作为不得位的圣人，借位而行得位圣人之事，终换得天下的安定，成就了荀子心目中的大儒形象。

荀子的这种设计，在遵循儒家传统政治理论的基础上，使秩序的理论根源以“君子”的身份进入政治结构之中。其所欲达到的目的可能是，考虑到如果将秩序的理论根源界定为圣人，那么作为理论上的最高层级的圣人与君主不是同一个人，就必然会在

① 尤锐同样注意到荀子在君主问题上的复杂态度。他认为。荀子通常被贴上君主主义的标签，这主要源于荀子对理想君主的描述，而荀子实际上对现实状况有着清醒的认识，并区分出三种君主类型以适应不同的状况。参见［以］尤锐：《展望永恒帝国：战国时代的中国政治思想》，孙英刚译，上海古籍出版社 2013 年版，第 105－122 页。

进入政治结构的时候与实际政治结构的最高层级君主产生冲突，由此造成的结果是，要么君主将绝对排斥圣人进入政治权力结构之中——这也是荀子对孔子不得位悲剧的一种解释，要么君主会被要求等同于圣人——战国晚期的论述出现了君主与圣人并存的结构，但包括稷下《管子》等文献在内，并没有真正面对其中蕴含的冲突。荀子在此则提出了解决的方案，即当面对一个有才能的臣子时，君子显然会比圣人更要让君主安心。

话题收回来，以上的这种设计是荀子所构建出来的理想格局，然而君主实际上是否能够接受，则是另一回事了。略带讽刺意味的是，荀子的主张因注重礼义制度的作用，无疑更加仰赖现实政治权力的支持才得以产生效应。荀子心目中的理想无疑是圣—王在世，彼时正确的治理原则将顺畅地与政治权力合一，而让人们体验到“故明君临之以埶，道之以道，申之以命，章之以论，禁之以刑。故其民之化道也如神”（《荀子·正名》）。然而，荀子对于他所身处的现世的判定是，理想的圣王不存在，天下陷入奸言纷杂的混乱之中，君子不能直接藉由政治权力来推行其政治主张，因此只能诉诸辩说，即“君子必辩”（《荀子·非相》）。

第四节 “明于天人之分”以凸显人事关怀

在笔者前述所分析的荀子理论中，虽然人的自然情性在“群”中所造成的争乱，要依赖礼义之“分”予以解决，而礼义最终又将推原于“先王”，但是“先王”这一环节并没有呈现为一个稳固的终极基础，而是分化出作为理论秩序来源的君子与作为现实政治中心的君主。现实中，君子—君主并存结构之成立，必须仰赖后者的接受。抛开现实君主的良窳等偶然性因素，荀子这一理论结构尚存在某些缺失或模糊之处。首先,荀子将君子界定为秩序的理论性来源,然而君子不过是人之所积而成,似乎缺乏更具决定性的识别标准,这也导致礼义的理论基础较为模糊。其次,既然荀子认为解决人与人之间争乱的途径在于有“分”,那么对于君主而言,最为直接有效的方式显然是自上而下地施加一套形式性的法度规范——这也是法家所主张的理由,何须听任君子之为?不难看出,前述两个问题在黄老与法家模式中可以轻易获得解决。但是,荀子更明确地展现出对于宇宙论话语所形成的权力结构的拒斥,或者说是对儒家传统政治理念的坚守,而这一立场的表达就是天人之分。

一、“不求知天”与“知天”的统贯

天行有常,不为尧存,不为桀亡。应之以治则吉,应之以乱则凶。……故明于天人之分,则可谓至人矣。(《天论》)

荀子似乎是先秦时代最为强烈地主张天与人之分隔的思想家。他认为,天的运行秩序与人间治乱无涉,在这种天人之分的格局下,属于天的领域的“性”就自然而然地被排斥在人类行为的价值基础之外。但是,难解之处在于,荀子又主张“不求知天”与“知天”。

就“不求知天”而言:

不为而成,不求而得,夫是之谓天职。如是者,虽深,其人不加虑焉;虽大,不加能焉;虽精,不加察焉:夫是之谓不与天争职。天有其时,地有其财,人有其治,夫是之谓能参。舍其所以参而愿其所参,则惑矣。列星随旋,日月递炤,四时代御,阴阳大化,风雨博施,万物各得其和以生,各得其养以成,不见其事而见其功,夫是之谓神,皆知其所以成,莫知其无形,夫是之谓天。唯圣人为不求知天。(《天论》)

在荀子的论域中,“天职”主要是从整体上界定天的职能范围,是为“不为而成,不求而得”。“天功”则是描述天的运作造化,呈现为日月四时、阴阳万物之变化流行。“天职”往往引申向“命”的层次,“天功”则常常引向道家式的思考方向。然而,值得注意的是,在构建起“天职”与“天功”的架构之后,荀子紧紧围绕着人应该如何作为这一主题展开论述:一方面,他认为人应该不与天争职。对此,我们或可理解为,这种不争不仅仅是一种消极的界定,也意味着在“天有其时,地有其财,人有其治”中人的“能参”,即人可参于天地之治。甚至我们可以进一步理解为,正是通过划分了不能与之争的“天职”,更加明确了人“能参”的行动领域。另一方面,荀子认为对于神明大化的“天功”,人们只能知道“其所以成”,而不能知道“其无形”,并由此指出“唯圣人为不求知天”。在此,荀子也是通过划定“无形”领域反向明确了人所能知道的领域之“所以成”。由此可见,虽然荀子讨论“天职”与“天功”之后的结论是“不求知天”,却反向凸显出人能积极作为的领域。

天职既立,天功既成,形具而神生,好恶、喜怒、哀乐臧焉,夫是之谓天情。耳目口鼻形能,各有接而不相能也,夫是之谓天官。心居中虚以治五官,夫是之谓天君。财非其类,以养其类,夫是之谓天养。顺其类者谓之福,逆其类者谓之祸,夫是之谓天政。暗其天君,乱其天官,弃其天养,逆其天政,背其天情,以丧天功,夫是之谓大凶。(《天论》)

在“天职”与“天功”已经成立而“形具神生”的基础上，荀子转入与人自身更加相关的人文化成生活世界的“天情”“天官”“天君”“天养”“天政”等概念。“天情”呈现为人的喜怒哀乐好恶之情感，“天官”指向耳目口鼻形这五种官能，“天君”指向统治五种官能的心，它们可以与天职、天功相连接。“天养”通过引入“类”的概念，提出如何生养共属其类的族群——“类”很显然与荀子重视从“群”来看待人的生存问题密切相关。在描述了人自身的情感、官能之后，唯有再跃升到共同体生活的层次，才能更深入地呈现出荀子所理解的天的意涵。我们可以发现，“天政”进一步提出顺逆其类作为祸福的标准。“天养”与“天政”属于人的领域，荀子在将这一从个人自身到人类共同体的层次统称为天的前提下，认为若逆反天的规定，则会丧失“天功”。由此，虽然从“天情”以下的层次看起来已经从自然的领域转向了人的领域，但对于这一领域之天的违背，仍然会影响原本被界定为不能“求知”的天功。最终，“圣人清其天君，正其天官，备其天养，顺其天政，养其天情，以全其天功。如是则知其所为，知其所不为矣，则天地官而万物役矣。其行曲治，其养曲适，其生不伤，夫是之谓知天”（《荀子·天论》）。

显然，“天情”以下的概念属于人所能去有所作为的领域，一旦人的行为符合天的规定，就能够实现“全其天功”。这意味着在这一领域，通过人的行动，已经进入了原本隔绝于人的领域之外的“天功”，是所谓“能参”。换言之，荀子通过划定天人之分，界定出人不能求知的“天职”“天功”领域，进而确定人真正有所作为的领域。不过，后者并非与天完全隔绝，而是在天的名义下最终以“能参”的实践姿态实现“知天”。或许，我们可以朴素地理解为，知道天/自然的客观运作规律，但不能改变其规律。荀子的

“知天”说在很大程度上意味着君子通过自身的努力,臻达理想的人世秩序。

二、天人之分与性伪之分的契合

我们通过天人之分的结构重新审视荀子的性伪之分,会有怎样的发现呢?从《天论》篇的一些表述来看,天人之分的结构确实与性伪之分的内在理路高度呼应。

> 若夫心意修,德行厚,知虑明,生于今而志乎古,则是其在我者也。故君子敬其在己者,而不慕其在天者;小人错其在己者,而慕其在天者。
>
> 愿于物之所以生,孰与物之所以成?故错人而思天,则失万物之情。

“性”作为“天之就”,正是“在天者”,而“伪”作为可学、可事者,正是“在己者”。荀子主张积伪成善,正意味着人们不应依赖“物之所以生”的“性”,而是要在“物之所以成”之处积极实践。不过,正如“知天”的论述仍是在天的视域下进行的,在“性”的基础上开展的积伪实践,也不是与“性”完全无关。

在荀子所处的时代,“性”主要被用来指向一种好利恶害的行为倾向,尤其在政治领域,这种看法成为一种不可避免的趋势。①

---

① 在孟荀对立的传统格局中,我们很容易不自觉地预设这种人性论是荀子的发明,然而随着更多同时代材料的新检视,我们认为与其说这是荀子自身的发明,还不如说是他不得不接受的时代共识。与此相关的一个有趣案例是,通常我们认为韩非的人性论乃是师承荀子而来,然而,佐藤将之通过梳理《商君书》《管子》《吕氏春秋》等文献指出,战国晚期多数思想家都认为人性本趋利避害,荀子并非此观点的首倡者,而韩非的人性论更有可能是整合了前期法家和稷下学者的结果,参见[日]佐藤将之:《荀子礼治思想的渊源与战国诸子之研究》,台北,台湾大学出版中心 2013 年版,第 256 - 260 页。

正是在此时代背景下,荀子将人之“性”的主要内容界定为自然欲求的流露,并认为顺纵这一人类潜能的实现,将会导致争乱,其内涵与黄老之学非常类似。① 但不同于黄老,荀子最终明确提出性伪之分这一独特的区分结构,将人的行为能力放在“伪”的范围来展现,而“伪”正是“心之所可”所决定的“能伪”。

由是而观,荀子虽然与稷下黄老皆推崇圣王治理,但他始终主张“故学数有终,若其义则不可须臾舍也。为之人也,舍之禽兽也”(《荀子·劝学》),凸显出“义”在人身上的重要性。结合《王制》篇人与万物之别的论述,“水火有气而无生,草木有生而无知,禽兽有知而无义,人有气、有生、有知,亦且有义,故最为天下贵也。力不若牛,走不若马,而牛马为用,何也?曰:人能群,彼不能群也。人何以能群?曰:分。分何以能行?曰:义。故义以分则和,和则一,一则多力,多力则强,强则胜物;故宫室可得而居也。故序四时,裁万物,兼利天下,无它故焉,得之分义也”,可知人有气、有生、有知,以及有义。义从人类得以“群”而推得,“群”使“分”成为可能,而“义”则令“分”能齐一群众。然而“义”究竟为何呢?根据荀子的论述,“群”之“义”并不是所谓的内在仁义,而是通过人的分工,“以分则和”,乃至“多力则强”,故能胜物、居宫室、劳役牛马为用。

就此而言,荀子的人禽之辨显然迥异于孟子的四端之说,而接近于后世的社会学意涵。“从人之欲,则势不能容、物不能赡也。故先王案为之制礼义以分之,使有贵贱之等,长幼之差,知

---

① 曹峰认为,荀子的人性论与《黄帝四经》的“有害论”最为接近,都是从动态的立场考虑人性,并侧重于人性中不利于管理的一面。参见曹峰:《〈黄帝四经〉法思想的人性论基础——兼论〈经法·道法〉的逻辑结构》,载陈鼓应主编:《道家文化研究》第30辑,中华书局2016年版,第543-544页。

愚、能不能之分,皆使人载其事而各得其宜。”(《荣辱》)在荀子的理想政制之设计中,先王“制礼义以分之”乃是“度人力而受事”“使民必胜事”,达到“德必称位,位必称禄,禄必称用”(《富国》)。职是之故,礼的主轴精神即为“义”。

第四章　“皆黄老古说”:荀子对黄老法思想的吸收与发展

荀子法思想具有明显的黄老之学气质,出土黄老文献摆脱了传世文献对比研究的局限,为我们审视黄老对荀子法思想的伦理关怀与秩序安排的影响提供了契机。本章以出土黄老文献之分析为起点,从天人关系之论述切入,通过对“道”“法”“时”“类”等主题的比勘,凸显荀子对黄老思想的吸收与转化,形成辩证张力。荀子褪去黄老天道格局的神秘性色彩,向人道推移过渡,肯定人与天地并参的主体地位,赋予法以社会教化功能,呈现出政治性与伦理性的结合。不同于黄老的因循时变,荀子基于“以时应变”的认知,发展出“明通统类”的见解,彰显与深化了法存在的合理性基础,展现出荀子身为儒者的时代关怀,呈现出先秦礼法合治的发展方向。这既是荀子法思想的特色,也是与黄老的差异所在。

第一节　天人关系的不同视角

荀子在延续儒家论述基本主张的基础上,通过对时代性的把握,注重礼制仪式的社会功能,强调“礼义法度”中人的德性的重要性,使其法律思想获得广泛的关注。不过,法学领域的相关研究大多主张,在荀子隆礼重法的认知框架中,人为因素具有重大的影响,容易流于专制。① 事实上,作为一种具有普遍性的规范形态,法既具有内蕴于社会风俗的面向,而其人伦精神与道德意涵也在荀子思想中获得转变与深化。考虑到荀子在齐国稷下“三为祭酒”“最为老师”,对诸子学说进行了批判性的综合,则我们不但需要注意到早期法家思想对荀子“礼治”理论建构的影响,更不应忽视稷下黄老之学与荀子法思想之间的关联。② “《荀子》、《大戴》所谓‘道经’、‘道书’,皆黄老古说,与今《老子》五千言又稍异。”③20 世纪 70 年代以来,随着马王堆汉墓黄老帛书的出土,学界逐步从生平、学术渊源等方面探讨荀子与稷下黄老之间的关系,但由于缺少不同时期的对比性研究资料,只能侧重外缘性因素的分析。④ 20 世纪 90 年代以后,郭店简、上博简等具有强烈现实政治关怀的早期黄老文献相继出现,为我们重新审视黄老对荀

---

① 参见赵法生:《荀子的政制设计与学派归属》,载《哲学研究》2016 年第 5 期;张松:《荀子、法家与集权化统一国家的形成——荀子思想中的法家因素及其政治学实质》,载《孔子研究》2021 年第 5 期;张伟仁:《寻道:先秦政法理论刍议》,生活·读书·新知三联书店 2023 年版,第 318 - 319 页。

② 参见白奚:《荀子援法入礼的政治理论与稷下学术》,载《道德与文明》2023 年第 2 期;以及王进文:《“起礼义,制法度”——从“礼”的结构与功能探讨荀子对法家思想的吸收与改造》,载《孔子研究》2020 年第 4 期。

③ (清)阮元:《揅经室集》(下册),邓经元点校,中华书局 2006 年版,第 1058 页。

④ 无论是马王堆汉墓黄老帛书出土文献,还是《管子》等传世文献,研究者在与荀子思想的比较研究中,通常只集中在“虚”“静”“心”“道”等焦点的讨论上,法思想之间的关联并非研究之重心所在。参见余明光:《荀子思想与黄老之学》,载《道家文化研究》1995 年第 6 辑;丁原明:《黄老学论纲》,山东大学出版社 1997 年版,第 166 - 178 页;胡家聪:《稷下争鸣与黄老新学》,中国社会科学出版社 1998 年版,第 85 - 101 页;白奚:《稷下学研究:中国古代的思想自由与百家争鸣》,崇文书局 2023 年版,第 279 - 298 页;Aaron D. Stalnaker, *Aspect of Xunzi's Engagement with Early Daoism*, Philosophy East&West, Vol. 53:1, p. 87 - 129(2003).[日]浅野裕一:《黄老道的形成与发展》,韩文译,凤凰出版社 2021 年版,第 3 - 8 页、第40 - 90 页。

子法思想的伦理关怀与秩序安排的影响提供了契机。①

一、法天施治:黄老之学“推天道以明人事”的天人观

战国中叶兴起的黄老学说,其主流方向乃是君人南面之术。②在稷下百家争鸣中,黄老思想占据了最大宗——“慎到,赵人。田骈、接子,齐人。环渊,楚人。皆学黄老道德之术,因发明序其指意”(《史记·孟子荀卿列传》)。荀子“嫉浊世之政……推儒、墨、道德之行事兴坏”,从“兴坏”一语可知,“推”在此应理解为究其根本。然而“道德”一语究竟该作何解呢?佐藤将之以司马谈《论六家要旨》中“道家使人精神专一,动合无形,赡足万物”以及《史记·老子韩非列传》中“老子修道德”“韩子引绳墨,切事情,明是非,其极惨礉少恩。皆原于道德之意”,认为《史记》中的“道德”用语本指“道家”,而儒家思想中,“迄荀子始有见‘道’与‘德’合称为‘道德’一词之事实”,认为司马迁对荀子学术源流评价一语应理解为“荀子针对儒家思想、墨家思想,以及(老子和庄子所依据的)‘道德’之思想加以分析,并且探讨这些思想所阐述的关于行为和世事之成败道理。”③这显示出黄老与荀子之间存在着内在

① 上述文献虽然存在学派从属或思想倾向层面的争议,但呈现出以黄老道家为底蕴,吸纳其他诸家学派学说而渐成独立学派的过程,这也在很大程度上解释了不同文献思想兼容的原因。参见曹峰:《近年出土黄老思想文献研究》,中国社会科学出版社2015年版,第29-35页。

② 参见宋洪兵:《论司马谈之“道家”概念与司马迁之“黄老”概念》,载《国学学刊》2016年第2期;刘亮:《〈史记〉韩非子“归本于黄老”锥指》,载《江海学刊》2020年第3期。

③ [日]佐藤将之:《荀子礼治思想的渊源与战国诸子之研究》,台北,台湾大学出版中心2013年版,第71页。

的关联性。[①] 近年来陆续出土的黄老文献，为我们厘清荀子对黄老法思想的吸收与转化提供了契机。荀子对作为黄老法思想展开之理论基础的天人关系既有所接引，又呈现出自身的特色，擘画出迥异的理论关怀与秩序安排。

黄老学说立足于战国时期的客观环境，着眼于建构现实的价值和秩序，以老子的“道”作为思想基础，因其“无为”，通过沟通形上与形下、天道与人事、自然与人文的双向关系，将形上之道落实为法律政治的理论基础，以成就“君人南面之术”。它既具有丰富的理论性，又具有强烈的现实性，是一种具有高度政治意味的哲学思想。[②]

“道，所行道也”（《说文解字》），“一达谓之道”（《尔雅》）。道本指人所行走的道路，是具体的指陈事物，因所行经的道路为固定且具有方向性，故引申为引导、规律之义。在先秦思想中，“道”是一个非常重要的概念，它关乎当时的人对于宇宙、秩序的想象，具有丰富的内涵。面对周室衰微、周文疲弊，老子经过缜密的观察、深刻的反省，意图在乱世中找出新的价值秩序，并建构坚实的形上基础，创造了以“道”为中心的本根论和化生论，取代周文的天命观，进一步推道体以明人事，由人事以鉴道体，将“道”作为人生行事的最高判准和努力的终极目标。这种对周文的另类人文反思在先秦思想领域里是一种创新与突破，也产生了广泛深

---

① 不过若以司马迁当时的学术氛围，以及司马谈对道德家的定义，“其为术也，因阴阳之大顺，采儒墨之善，撮名法之要，与时迁移，应物变化，立俗施事，无所不宜，指约而易操，事少而功多”，如此的道德家既非道家老子，亦非后学庄子，而是战国中叶兴起的黄老学说，而黄老学说的发源地正是稷下学宫。参见宋洪兵：《论司马谈之“道家”概念与司马迁之“黄老”概念》，载《国学学刊》2016 年第 2 期。

② 参见曹峰：《近年出土黄老思想文献研究》，中国社会科学出版社 2015 年版，“导论”第 1 页。

远的影响。黄老之学沟通了形上与形下、天道与人事、自然与人文的双向关系,将形上之道落实为人生日用、法律政治的理论基础,而天道则是黄老思想的一个重要议题。①

1973 年湖南长沙马王堆三号汉墓的出土文献中,《老子》乙本卷前古佚书有四部分附抄卷,其内容与《史记》中黄老思想之内涵相符,学界将其合称为《黄帝四经》或黄老帛书。② 它以老子的“道”论为基础,发展出“天道”的议题,贯穿着本与末、道与用、道与术等相对应的思维。它将老子虚无缥缈、不涉人事的“道”转化为可以感受和效法而又不失绝对性与权威性的“天道”。“天道”本来指的是日月星辰之运行有一定遵循的方向与规律,黄老将以“理”“数”“纪”等形式出现的日月运行、四时更替和阴阳消长、动静盈虚等都视为天道的体现,自然与人事现象都被纳入这一法则的制约之中。在“道”与“人”的关系中,黄老主张推天道以明人事,即人间一切行动必须从天道出发,准确把握天道的规律和节奏;依据“道”推定人事,制定人间法律,才具有必然性与合理性。因此,顺应天道便成为掌握天下的最有效和最直接的手段。

在推天道以明人事的论述框架下,黄老将天、地、人三才并

---

① “道”的讨论常常与《老子》联结,原因在于,《老子》是“中国哲学史上第一部建立了完整哲学体系的著作。它的道论——把道作为最高的实体范畴。并以之说明世界万物产生的根源和运动变化的规律——建立了中国最早的本体论和宇宙论。”参见陈鼓应:《管子四篇诠释——稷下道家代表作解析》,商务印书馆 2006 年版,第 172 页。

② 《黄帝四经》成书于战国早期之末到中期之初,从其内容观察,所言之法皆是齐法,文句与稷下著作多有相似处,为黄老学说的代表著作。陈鼓应认为:“作为黄老学派经典著作的《黄帝四经》作成于稷下是很有可能的。”参见陈鼓应注译:《黄帝四经今注今译——马王堆汉墓出土帛书》,商务印书馆 2007 年版,第 41 页。相关研究亦可参见胡家聪:《稷下争鸣与黄老新学》,中国社会科学出版社 1998 年版,第 5 – 7 页;白奚:《稷下学研究:中国古代的思想自由与百家争鸣》,崇文书局 2023 年版,第 101 – 120 页。

举,例如:

> 王天下者之道,有天焉,有地焉,有人焉。参(三)者参用之,[然后]而有天下矣。(《黄帝四经·经法·六分》)
>
> 圣人举事也,合于天地,顺于民,祥于鬼神,使民同利,万夫赖之,所谓义也。(《黄帝四经·十大经·前道》)

黄老主张,统治者应“参之于天地之恒道”(《黄帝四经·经法·论约》),将人间秩序的合法性与正当性建立在天道的超越性、根源性与恒常性基础之上,强调“唯圣人能尽天极,能用天当”(《黄帝四经·经法·国次》),“守天地之极,与天俱见”(《黄帝四经·经法·论》)。统治者应根据天道,法天为治,表现与落实在现实人间秩序的规范建构层面,既有“行非恒者,天禁之。爽事,地禁之。失令者,君禁之”(《黄帝四经·十大经·三禁》)这种强调不得违反自然节度的命令,也有“凡犯禁绝理,天诛必至”(《黄帝四经·经法·亡论》)这种一旦违反即会遭遇天之诛罚的恐吓。事实上,黄老帛书存在大量的诸如“天当”“天极”“天功”“天时”“天度”“天殃”“天诛”“天刑”“天毁”等与“天”相关的表述方式,凸显的是天道为人事明确了一切行为准则,后者乃是前者的自然延伸而已。无疑,其理论具有浓厚的天道论色彩。需要指出的是,黄老帛书中的法甚重天人秩序,但这里的天并不具有明显的宗教意识,而接近于一种自然规律或法则,侧重于从天道、人事一体化的角度探讨人的行为规范,即人事必须遵循天地四时等的运行模式,依据阴阳、文武、生杀、刑德等原理指导实践。

这种法天而治的天道论思想,在上博简《三德》中有着连续性的体现。《三德》是《上海博物馆藏战国楚竹书(五)》中由整理者命名的一篇文献。[①] 该文献既有与《黄帝四经》相像的文字,也有可以和《礼记》《大戴礼记》等儒家文献相对照的表述,呈现出复杂的思想面貌。不过,从《三德》具有高度理性的天道观、强调天的权威色彩以及凸显实用、兼容多元的特性出发,将其视为具有黄老思潮早期面貌的文献是可行的。[②]

《三德》中充满了禁忌、戒慎的内容:

(1)天供时,地供材,民供力,明王无思,是谓三德……【简1】敬者得之,怠者失之,是谓天常……忌而不忌,天乃降灾。已而不已,【简2】天乃降异。

(2)喜乐无期度,是谓大荒,皇天弗谅,必复之以忧丧。凡食饮无量计,是谓饕皇,上帝弗谅,必复之以荒,上帝弗谅,以祀不享。【简7】

(3)敬天之攱(圉?),兴地之弡,恒道必平。天哉人哉,凭何亲哉,没其身哉。知天足以顺时,知地足以固材,知人足以会亲。不修其成,而【简17】听其萦,百事不遂,虑事不成。

(4)高阳曰:“毋凶服以享祀,毋锦衣绞裼子,是谓忘神……”【简9】皇后曰:“立。毋为角言,毋为人倡。毋作大事,毋(害)常……毋〔改〕敔(圉?),毋变事。毋烦

---

① 该篇考释者为李零,参见马承源主编:《上海博物馆藏战国楚竹书(五)》,上海古籍出版社2005年版,第287-303页。

② 有关《三德》的思想趋向,学界存在相当大的争议。曹峰通过用语、用韵、句法等内容将其与《黄帝四经》进行比对,证论其呈现黄老数术一路的类缘性,认为其可能是后者思想来源之一,总体上反映了黄老思想特色。福田一也、汤浅邦弘、欧阳祯人、王中江等人则认为其可能反映早期儒家思想;陈丽桂则因其思想拙朴而未能断定其归属。相关讨论参见曹峰:《近年出土黄老思想文献研究》,中国社会科学出版社2015年版,第273-280页。

姑嫂，毋【简10】耻父兄……善勿灭，不祥勿为。入墟毋乐，登【简11】丘毋歌，所以为天礼。”【简12】

上述引文中，(1)以“天、地、人”三德开篇，充满格言警句，禁忌、戒慎色彩浓厚。(3)中的“敔”，有研究者认为，它是“圉”“圄”“御”等字的假借，训为“禁”。[①] 如果考虑到它与“天”相联，结合(4)中简10的“毋〔改〕敔”来看，显然有着不可更改、不可侵犯的意思。这两处引文显示对天道遵循的强调，如果违背天道，则会引发简2所示的“天乃降灾”“天乃降异”“皇天弗谅”“皇天之所恶”“皇天之所弃”等灾变异象之惩罚。尤其是(4)中高阳、皇后两人的对话，一再使用“毋……”或“勿……”的否定句式，展开一系列关于礼义、禁忌以及伦常行为警戒的论述，告诫人君立身治国之道，并着重指出以“天礼”作为施政要则的重要性。

《三德》中的“天”，除了个别情况下指的是自然意义上的天外，指向的是具有意志、能赐福降灾主宰意义上的天，强调善恶果报，具有浓厚的宗教意识。

在天地人三才框架中，《三德》将具有禁忌色彩的行为准则称为不可抗拒的“天礼”，“外内有辨、男女有别，是谓天礼”(简3)。“天礼”是以外在戒律的形式呈现出来的，不需要经过人心对德性作出反思，也不需要道德伦理的说教。

如前文所述，《黄帝四经》虽然有着浓厚的天道论色彩，但削弱了《三德》中这种人格性的“天”——就“天乃降灾”的罪罚观念而言，显然后者比前者的思维更为朴素——转而强调“天”的规律性、恒常性。由此，“天礼”便不仅是人对天地鬼神的被动服从，而且是使人积极主动地参与到天地化育之中，以便使人间政令与天

---

① 参见陈剑：《战国竹书论集》，上海古籍出版社2013年版，第194页。

道的自然律则相吻合,人间的“礼”与天地之道便成为一体而非对立的关系。可以说,从《三德》到《黄帝四经》蕴涵着一条由主宰之天向自然之天的演变路径。

二、“参于天地之治”:荀子从天道向人道的推移过渡

研究者普遍认为,处在战国晚期的荀子,综合了儒家传统的道德准则和现实具体政治的需要,从其他学派借用了许多概念,吸收并创造性地作出了新的阐释。① 其实不仅是概念,在荀子天人关系的思考框架中,也具有明显的吸收转化痕迹。

> 天有其时,地有其财,人有其治,夫是之谓能参。舍其所以参而愿其所参,则惑矣。(《天论》)
>
> 君子者,天地之参也,万物之总也,民之父母也。(《王制》)

上述天、地、人三才并举的构架,使我们很容易联想到黄老思想的表述。② 黄老将抽象之道转化为可知之道,原本被人格化却拥有无法理解之力量的天渐渐为人以“不变性”与“规律性”的比喻来掌握,相应地,国家与社会之间的运作机制被比拟为统摄天地和宇宙的终极法则。进而,天地的属性被模拟于人体中的“心”以及社会中的君主,“天—君—民”的三元结构在此得到建构。黄老的这种天道格局,在荀子那里则向“天地生之,圣人成之”和“人

---

① 参见[以]尤锐:《展望永恒帝国:战国时代的中国政治思想》,孙英刚译,上海古籍出版社 2013 年版,第 105 页。

② 在胡家聪、池田知久等人的研究中,已经注意到稷下黄老之学和荀子关于天地人三才模拟联结的论述架构的关系。相关论述可参见[日]佐藤将之:《参于天地之治:荀子礼治政治思想的起源与构造》,台北,台湾大学出版中心 2016 年版,第 150 - 152 页。

有其治”的主体能动性侧重，主张君子或人君可“拟于尧舜，参于天地”“大参天地，德厚尧禹”。这既淡化了天道的神秘性色彩，也为法思想意涵的扩充奠定了基础。

在《天论》篇首，荀子开宗明义地指出：

> 天行有常，不为尧存，不为桀亡。应之以治则吉，应之以乱则凶。……受时与治世同，而殃祸与治世异，不可以怨天，其道然也。故明于天人之分，则可谓至人矣。

在这段著名的论述当中，荀子阐明了天的运行规律不受人间秩序的影响。何为治？何为乱？“礼义之谓治，非礼义之谓乱”（《荀子·不苟》），亦即吉凶在于是否依于礼义。“受时与治世同，而殃祸与治世异”言所受之天时，亦即自然现象，和治世没有两样，但所受的灾祸却迥异，这与“应之以治则吉，应之以乱则凶”对应，再次强调所谓感受且接受的灾祸是因不合“礼义”。若礼义能够行于世，则这些天然灾害也无法使人感到困窘。那么，如何使礼义行于世呢？荀子的主张是以“礼”修身，达到“明于天人之分”。需要说明的是，修身以“礼”最终达到“明于天人之分”，类似《庄子·大宗师》中“知天之所为，知人之所为者，至矣”，但荀子批评庄子蔽于天而不知人，这源自两者对天与人的角色认知不同。庄子主张在明天人之分后，圣人作为超乎凡人的统治者，应“以天为宗”，意即还有更接近天的超人类境界，而与天地同样的具有生成之力的“道德”，则是圣人所应该要掌握的力量。荀子吸纳了庄子的“道德”理论，其目标在于达到正理平治的“善”，因此，他不断强调以“礼义”化性起伪，认为圣人修“礼义”最终也会达成“道德”境界。正是基于这种对人间秩序的关怀，荀子主张以“知天”来制礼义。

以往学界多聚焦于荀子天人之分的经验主义面向，认为其破除迷信与拟人化的宇宙论，通过天人之分经验面向的方法论，延伸出制天与用天的主张，以人为本的社会也促成了化性起伪与圣王制礼，最后倾向于法实证主义，甚至作为过渡到法家思想的中介。[①] 不过，笔者前文业已述及，《天论》篇谈论到圣人“知天”，即运用各种自然现象的知识，知道哪些可以做与不做，因此天地万物为其所用，亦言“唯圣人为不求知天”。那么，如何理解这种矛盾呢？回到荀子“天人之分”的论述，笔者认为，答案的关键并非在于自然与人类社会之分，而在于荀子对“天”的认知。[②] “天职”与“天功”是自然现象背后的原理与原因，是人力无法干预的客观存在，属于不可求知的范畴；而因天职以及天功效用所产出的“天情”“天官”“天养”“天政”都是圣人可以吸收运用的知识，属于可求知的范畴。在明于天人之分的立场下，天与人各有其职分，天并没有人格意志可干涉支配人事，但这并不代表人与天毫无相涉。“天有其时，地有其财，人有其治，夫是之谓能参”，由此或可断言，《荀子》的立场在于关注人间事，注重现象层面，而非自然知识与人文知识之分。[③]

顺此思路，与黄老的“天礼”相比，《荀子》认为礼具有从天观

---

① 参见黄源盛：《荀子的礼法思想方法》，载黄源盛：《中国传统法制与思想》，台北，五南图书出版股份有限公司1998年版，第29－57页。

② 梁涛认为荀子不主张认识并利用“天职”与“天功”，而“天养”与“天政”则是可以取法和认识的。前者彰显的是不应该“错人而思天”，后者彰显的是以“物之所以生”的知识去认识与顺应天，这也运用到荀子对人的看法，彰显出人的社会属性与自然属性，又具有天人之分与天人合一的面向。参见梁涛：《郭店竹简与思孟学派》，中国人民大学出版社2008年版，第457－467页。

③ 池田知久强调，“‘天人之分’是包括‘自然和社会、物质和精神、客观和主观’或‘自然、人类、社会’等诸领域的整个世界，在此世界中，人类的‘其所为’，即在人为、人工能为或该为的范围内的性质之事象为‘人’；相反地，人类的‘其所不为’，即在其范围外，人为、人工不能为或不该为的性质之事象为‘天’。”参见［日］池田知久：《郭店楚简〈穷达以时〉研究》（下），载《古今论衡》2001年第5期。

察而来的知识基础，亦即作为一切行为规范的“礼”参酌天地以为原理，这明显是针对“蔽于法而不知贤”的黄老思想（主要是慎子）对儒家积极介入人事的批判所作出的响应。荀子力言“天人之分”，不过在讨论“礼”的本源时，却将天地列为三本之一。“天地者，生之本也”（《礼论》）——尽管天地的价值需要君子来体现，但君子体现天地价值的前提则在于肯定天地乃创生之源。不过，天地的创生之德在荀子理论中仅属于发生学上的次序意义，“君子理天地”，由君子来实践礼义才是重点所在。基于黄老思想延伸而以自然为基础的法，皆以自然为知识基础。《荀子》吸纳这种思想，主张儒家思想的礼义亦参酌天地，但这是有范围限制的，礼参酌天地知识，能于此宇宙中实行，却又专注于人间事，更能有效地落实于人间。荀子所描述的天人关系，所谓“明于天人之分”“不求知天”而又“制天命而用之”，肯定人与天地并参的主体地位，在“全其天功”的“知天”理解下，进而揭示“自为守道”“知其所为，知其所不为矣；则天地官而万物役”（《天论》）的主体行动意义，彰显出儒家伦理的实践价值与人文理性。

黄老以“恒”“常”“正”“静”等界定天地运行的规律性。在终极意义上，它们都与“道”相连，人的心性欲求与伦理角色在“推天道以明人事”的架构下也与宇宙间所有事物的生灭兴衰联系在一起。进而，黄老尝试通过仿效天道来维系人事运作的平衡。前已述及，与黄老相比，荀子认为礼亦参酌天地，存在从天观察而来的知识基础，这明显是针对“蔽于法而不知贤”的黄老思想——主要是慎到[①]——对儒家积极介入人事的批判所作出的响应。不仅如此,荀子进一步将此一过程连接到孕育万物的“天德”,认为道德要素的人最终可以“参于天地”。因此,黄老天道格局之下,“抱道执度,天下可一”(《黄帝四经·道原》)、“握一以知多”(《黄帝四经·十大经》)所带来的集权思考,经由荀子的吸收转化,淡化了天道观念神秘性色彩,使之自觉地向人事推移,呈现出一种普遍性的习惯或公共性的规范,即“礼法之大分”(《王霸》)。这既承认了人可以通过道德理性参赞、体证天地之化育,又扩增了法思想的意涵。

第二节 法的时间维度差异

对天人关系的不同理解,造成了在现实政治运作中对如何使社会秩序合乎法的规定、怎样使法有效运作以及法与人君(制法者)关系应如何定位等问题不同的回答,这也是我们观察黄老与荀子法思想发展的重要切入点。笔者认为,“时”为我们进一步厘清黄老与荀子法思想之内在联系提供了重要线索。

---

① 《史记·孟子荀卿列传》提及慎到“学黄老道德之术”,而《汉书·艺文志》将慎子归入法家。今存《慎子》残佚七篇,对照《庄子·天下》等典籍的记述,慎到“齐万物以为首,”“弃知去己,而缘不得已,泠汰于物,以为道理”,可知其继承与发挥了原始道家的思想,具有高度的黄老特质。慎到之“齐物”,是建立在一个客观标准的均齐,而非原始存在的本然平等与一致,由此,作为客观标准的道,自然也可能化为客观标准的法。参见陈鼓应:《老庄新论》,上海古籍出版社 1997 年版,第 108 页。在慎子看来,只有以法之治才能符合齐一万物、因任自然的精神;法之治与贤圣是对立的,前者消解了后者的功能。慎子力主过甚,所以荀子抨击他是“蔽于法而不知贤”(《荀子·解蔽》)。相关研究可参见王进文:《“道生法”与“圣生道”的统合——黄老脉络下的〈鹖冠子〉道法思想研究》,载《中西法律传统》2022 年第 2 期。

一、天道环周：黄老因循天时的无为治术

黄老的天道，意指天周期运转和地孕育万物的规律性；无论是表现为日月运行、四时更替的宇宙法则，还是阴阳消长、动静盈虚、刚柔兼济的原理规律，均具有不以人的意志为转移的强制性和权威性，这就要求统治者必须注意观察、揣摩、提炼与运用天地消长的节律与万物运行的规律。“天地有恒常，万民有恒事”（《经法·道法》），只有将天人贯通为一，人事治理才能有序运作。

> 道者，神明之原也。神明者，处于度之内而见于度之外者也。处于度之[内]者，不言而信。见于度之外者，言而不可易也。处于度之内者，静而不可移也；见于度之外者，动而不可化也。静而不移，动而不化，故曰神。神明者，见知之稽也。（《黄帝四经·经法·名理》）

道为神明之原，作为执道者的圣人需要具备一种与道相应的称为“神明”的既能够把握“度之内”又能够把握“度之外”的能力。“度之内”指的是“已若（诺）必信”，是可以遵守法则的领域；“度之外”指普通人无法把握的尚未建立规则的领域。那么，圣人是如何同时把握这两个领域呢？这与《黄帝四经》关于宇宙秩序与原理的基本认识有关。这种认识包含以下几个方面：第一，万物是由两两相对的因子或者说矛盾的双方构成的；第二，两两相对的因子或者说矛盾的双方必然在运动中走向其对立面；第三，圣人善于在两两相对的因子或者说矛盾的双方之间把握平衡。①

---

① 参见曹峰：《文本与思想：出土文献所见黄老道家》，中国人民大学出版社2018年版，第200页。

基于这种认识,“时”的概念便具有重要意义。

天道展现在四季依节候作规律性的循环上,其特点就是循环不已,因此,《黄帝四经》具有强烈的“天道环周”(《十大经·姓争》)意识。“天道环周”的特征如同《经法·四度》所说“极而反,盛而衰:天地之道也,人之理也。”道生万物之后,万物的运行遵循“一阴一阳”“一出一入”“一兴一废”的规律与原则。“天道环周”的特质正是为了提供准则、依据以作为人道之用,天人之间经由效法“天道环周”而能达致和谐境界。

《经法·道法》开宗明义即言“道生法”。“道生法”将道体由生化万物的性格转化为政治制度的形而上学原理,使法具有不可撼动的地位。人道之用应顺乎天道,天道为政权的合法性提供了依据。那么,由“道”所生之法,其内容是什么呢?

> 嬴阴布德,……不靡不黑,而正之以刑与德。春夏为德,秋冬为刑,先德后刑以养生。……凡谌之极,在刑与德,刑德皇皇,日月相望,以明其当,……先德后刑,顺于天。(《黄帝四经·十大经·观》)

天道以“四时代正,终而复始”,阴阳变化造成四时的移转,而四时的移转决定了万物的生成坏毁。天道以阴阳刑德之用来协调万物,因此,阴阳刑德被视为天道之大法,是治国不可或缺的良方——“刑德相养,逆顺若成,刑晦而德明,刑阴而德阳,刑微而德章(彰)”(《十大经·姓争》)。“道生法”明显将道体由生化万物的本原性格转变成政治制度的形上原理,“执道者之观于天下也,必审观事之所始起,审其刑(形),刑(形)已定,逆顺有立(位),死生有分,存亡兴坏有处,然后参之于天地之恒道,乃定祸福生死存亡兴坏之所在”(《经法·论约》)。天道正是为政权的合法性寻求一个依据标准。

如果说,“通过对阴阳、雌雄(节)、动静、取予、屈伸、隐显、实华、强弱、卑高等等矛盾对立转化关系的论述,为人们权衡选择出最正确、最得体、最有效的治国修身的方案”①,那么,“时”便指的是矛盾双方向相反方向运动时需要把握的最佳态势和节点。② 统治者应掌握时机,举措合时,否则“动静不时谓之逆”(《经法·四度》)、“不顺四时之度而民疾”(《经法·论》)、“非时而荣则不果”(《称》);唯有“胥时而用”(《称》)、“静作得时”(《十大经·姓争》)、“柔身以待时”(《十大经·前道》)、“知地宜,须时而树”(《经法·君正》),掌握时机、时令,举措合时,才能“胥雄节之穷而因之”(《十大经·顺道》)、“因天时,与之皆断”(《十大经·兵容》)、“因而建事”(《称》)。人为之法蕴含于天道之中,以天地之道作为人事之“法”,后者并非仅表现为硬性的规范条文,而更多是弹性的、辩证的原理、原则。③ 因此,黄老这种时不可逆的主张,既是顺循天道的必然要求,也是“道”的一种“术”化。

广义的天时可说是天道自然运行的规则,春夏秋冬循环不

---

① 陈鼓应注译:《黄帝四经今注今译——马王堆汉墓出土帛书》,商务印书馆2007年版,第344页。

② “道者,神明之原也。神明者,处于度之内而见于度之外者也。处于度之[内]者,不言而信;见于度之外者,言而不可易也”(《黄帝四经·经法·名理》)。黄老主张,作为执道者的圣人需要具备一种与道相应的称之为“神明”的既能够把握“度之内”又能够把握“度之外”的能力。“度之内”“不言而信”,即可以遵守法则的领域;“度之外”“言而不可易”,即尚未建立规则的领域。那么,圣人是如何同时把握这两个领域呢?这与黄老关于宇宙秩序与原理的基本认识有关。这种认识包含三个方面,一是万物是由两两相对的因素或者矛盾的双方构成的;二是两两相对的因素或者矛盾的双方必然在运动中走向其对立面;三是圣人善于在两两相对的因素或者矛盾的双方之间把握平衡。基于这种认识,“时”的概念便具有重要意义。参见曹峰:《文本与思想:出土文献所见黄老道家》,中国人民大学出版社2018年版,第200页。

③ 参见曹峰:《〈黄帝四经〉法思想的人性论基础——兼论〈经法·道法〉的逻辑结构》,载陈鼓应主编:《道家文化研究》第30辑,中华书局2016年版。

已。狭义的天时即是式盘,用以预测吉凶祸福的数术方法,模拟宇宙将天地置于一盘中,借着日月星辰的移动轨迹来论断军国大事;由于天道周而复始,以春生夏长秋收冬藏的秩序循环,从中领悟出的阴阳刑德治国大法,便是脱胎于天道数术。在黄老看来,“天道环周”为人道之用提供了准则和依据。既然天道周而复始,已经向人间展示了生杀予夺的自然法则,人的行动只有与之契合才能达成天下大治。从因循天时出发,依据天地四时的法度,阴阳、文武、生杀、刑德与静因无为的君术均可展开。

> 君臣当位谓之静,贤不肖当位谓之正,动静参于天地谓之文,诛禁时当谓之武。静则安,正则治,文则明,武则强。(《经法·四度》)
>
> 天有死生之时,国有死生之正。因天之生也以养生,谓之文;因天之杀也以伐死,谓之武:文武并行,则天下从矣。(《经法·君正》)
>
> 凡谌之极,在刑与德。……夫并时以养民功,先德后刑,顺于天。(《十大经·观》)

在上博简《天子建州》①中,亦有如下阐述:

> 文阴而武阳,信文得事,信武得田。文德治,武德伐,文生武杀。日月得其辅,相之以玉斗,仇雠残亡。乐尹行身和二:一喜一怒。

① 参见马承源主编:《上海博物馆藏战国楚竹书(六)》,上海古籍出版社 2007 年版。该篇整理者为曹锦炎。《天子建州》有甲、乙两个抄本,两者互补,保障了内容的完整性。甲、乙本图版分别见该书第 127 – 139 页、第 143 – 153 页,释文见第 309 – 338 页。由于甲本相对完整,学界多以甲本为底本。参见曹峰:《上博简〈天子建州〉“文阴而武阳”章新诠》,载《中华文史论丛》2013 年第 3 期。

在弥漫禁忌、警戒气息的《三德》中，同样可见相关论述：

知天足以顺时，知地足以固材，知人足以会亲。不修其成，而【简17】听其营。百事不遂，且事不成。【简15】

阳而幽，是谓大戚。幽而阳，是谓不祥。齐齐节节，外内有辨。男女有节，是谓天礼。敬之敬之，天命孔明。【简3】

《黄帝四经》与《天子建州》中的“文”指“养生”，“武”即“伐死”。虽然后者文献中未出现“刑德”，但使用了“文德”与“武德”，将“文”和“武”均视为一种恩德，而非如“刑德”那样仅将“德”作为恩惠，尤其是“文阴而武阳”的说法，与《十大经·姓争》中“刑阴而德阳”的表述正好相反。中国古代动静、刚柔和文武互相匹配，通常以主静主柔的文为阴，以主动主刚的武为阳。但在“刑德”的表述中，“春夏为德”，主生养，属于“阳”的范畴；“秋冬为刑”，主肃杀，属于阴的范畴。因此，基于使用场合的不同，两种说法都能够成立。至于《三德》，讲求的是一种因循天时、地材、民力各司其职的“无思”“无为”之治，无论是男女还是内外之别，都要合乎“天礼”。它虽然没有像《黄帝四经》那样具有明确的“阴阳”概念，但“平旦/暝”“幽/阳”等则与阴阳之旨意相近，指向人事行为与自然时序的协调。① “文武”“阴阳”“生杀”“刑德”等二元对立的概念可归根于天地之道；天道循环，时序周流，自然之规律与人事之法则应相时而动。

---

① [日]福田一也：《上博简(五)〈三德〉篇中天的观念》，载郭齐勇主编：《儒家文化研究：新出楚简研究专号》(第1辑)，生活·读书·新知三联书店2007年版，第284－298页。

黄老从对天时的因循,发展出静因无为的君术。《管子·心术上》云:“物固有形,形固有名,名当谓之圣人。故必知不言无为之事,然后知道之纪。”“无为之事”为何?“因也。因也者,无益无损也。以其形,因为之名,此因之术也。”“因”使万物自身“客观”地呈现出来,而不加以改变。事实上,凡黄老所言“因天之则”“因地以为资,因民以为师”(《称》),无不指向人与客观事物之间的这种关系。这就要求人君在心态上“无所求”,因为“无所求”,所以心中不会有“私”,故能用客观的态度面对万物。换言之,以“因之术”治国,也就是“无为之事”。

> 见知之道,唯虚无有。虚无有,秋毫成之,必有刑(形)名。刑(形)名立,则黑白之分已。故执道者之观于天下也,无执也,无处也,无为也,无私也。是故天下有事,无不自为刑(形)名声号矣。刑(形)名已立,声号已建,则无所逃迹匿正矣。(《经法·道法》)

在黄老看来,“因之术”要求人君应无所偏私地面对万物,人君因无私、无欲而可使万物自身彰显,得以了解万物的差异,因而能替其定“名”,即审核“形名”。圣人处静之重要,因心静断事才正确,审核形名才具公信力。“形名”确立之后,事物的特征、位置和是非标准也才能随之建立起来。人君顺应自然之物性,只需要静听万物自身的运作,观察万物运作的规则,即可获得事物运作之理,对国家作最好的治理。因此,黄老所强调之“术”也隐含着以“公”态度面对天下之意涵。统治者之所以能“安徐正静”(《十大经·顺道》)、“静以须人”(《十大经·观》),以此“审察名理”(《经法·名理》),正是出于这种因循时变的无为治术,才能“毋乱民功,毋逆天时”,从而成就理想社会。

二、“以时应变”：荀子论法的历史意识

对“时”的强调，也清楚表现在荀子的法思想尤其是礼法秩序的论述当中。[①]《天论》篇指出，“天有其时，地有其财，人有其治，夫是之谓能参。”天之所以能“参”，即人之所以能理解天及其蕴含的自然规律，是因为万物在时间中的种种变化是有迹可循的。[②]人能理解天，在于天“有其时”，天和时是一体两面之关系。换言之，天是一种时间性的存在。也只有在这个意义上，我们才能理解荀子所讲的人参天地的意涵，即人与万物共享着时间维度，人必须面对时间变化所带来的种种挑战，这也是人对天这一客观存在的可施为之处。

荀子分别从形而上的宇宙论和形而下的政体论角度凸显了“以时”的重要性。前者如《礼论》篇的论述：

> 天地以合，日月以明，四时以序，星辰以行，江河以流，万物以昌，好恶以节，喜怒以当，以为下则顺，以为上则明，万物变而不乱，贰之则丧也。

在荀子看来，既然宇宙万物皆需遵循特定的时序，人文活动与自然事物是相连的，自然事物的变化规律会影响人文活动，礼

---

① 人事必须配合天时，本来是儒家相当基本的政治思想，如孔子曰：“道千乘之国，敬事而信，节用而爱人，使民以时。”(《论语·学而》)这已经初步指出政治与时间的关系，将“使民以时”当作为政的原则之一。

② 对于“参”之意涵，《荀子》各家注本甚少作出解释。李涤生认为，“参”即“治”的意思，不是精神的融合。他认为，人的职责在于治理天地，人如果能治天时地财而善用之，就叫作“能参”。详见李涤生：《荀子集释》，台北，台湾学生书局2014年版，第365页。显然，李氏的理解抬升了荀子的理性色彩。笔者认为，“参”的字面义涵可能较为朴素，指的是对原本混沌的天、地、人等进行分析与理解，了解天有时、地有财、人有治；在理解的基础上，才能触及治理的问题。

的意义也在于为万物安排符合自然规律的秩序。[①] 由此，生命的长养紧扣时序的推移，顺时应时可保万物滋长，是生生之德的展现，“以时”与否便具有了道德判断的善恶之别。后者则见于《王制》篇：

> 序官……以时顺修，使夷俗邪音不敢乱雅，大师之事也。……以时决塞，岁虽凶败水旱，使民有所耘艾，司空之事也。……以时顺修，使农夫朴力而寡能，治田之事也。……以时禁发，使国家足用而财物不屈，虞师之事也。……以时顺修，使百姓顺命，安乐处乡，乡师之事也。……以时顺修，使宾旅安而货财通，治市之事也。……以时慎修，使百吏免尽而众庶不偷，冢宰之事也。

上文关于政体（官职）的叙述之中，存在诸多“以时顺修”或“以时……”的要求，百官不管其职掌政事内容为何，都离不开顺应时势变化处理政事这个原则。循此，理想的社会若要顺利运作，必然要求人事配合时序。“以时”要求人事社会的秩序安排、资源分配等都必须建立在对时间/时机的充分掌握之上。荀子理想的政制想象与安排亦由此展开。

> 月不胜日，时不胜月，岁不胜时。凡人好敖慢小事，大事至然后兴之务之，如是，则常不胜夫敦比于小事者矣。……故善日者王，善时者霸，补漏者危，大荒者亡。故王者敬日，霸者敬时，仅存之国危而后戚之……（《强国》）

“善”为“爱惜”之意。“大事”“小事”虽然指涉具体的事务，

---

① “礼文”建立在人们对自然时间的充分掌握之上，这与《管子》《吕氏春秋》《礼记·月令》等有关时令配合的思想颇有相合之处，但荀子是从更本质性的角度阐述人的行为需要“以时”的原因。

但每件事务背后都有其人、事、地、物的特殊脉络，内含着人进退取舍的考虑。“善日者王”“王者敬日”，即若要实现王道，人君应当提高“时”的意识，对时间有高度的敏锐感。那么，为何荀子将王道与时联系在一起呢？

综观《荀子》一书，专论政道治术的篇章为数众多，即使非以政治思想为主题的篇章，究其论述宗旨也无不与王道有着直接或间接的关联，王道可说是荀子思想的核心关怀之一。荀子将国家情势和处境分为数个层次：王道主张道德教化，施行礼义仁政，善待人民，使其安居乐业；霸道严明政令律法，政府执法公正不阿，足以取信于民，亦能维持政治清明，在乱世中保障人民之生存；下等者则是汲汲于争夺权势利益，有权者中饱私囊，危害人民。由此可以看出，荀子对“重法爱民”的霸道并非一味排斥，但“粹而王，驳而霸，无一焉而亡”（《荀子·王霸》），表明霸道虽然可保持国家一时不坠，但单凭律法和军力维持国家稳定，终究不如王道那样可以使福祉超越时间的限制，人民的生命与财产得以获得持久保障。

随之而来的问题是，如何实现王道呢？荀子的答案在于“以时应变”。

> 至道大形……《书》曰：先时者杀无赦，不逮时者杀无赦。（《君道》）
>
> 请问为政？……才行反时者死无赦。夫是之谓天德，是王者之政也。（《王制》）
>
> 本政教，正法则，兼听而时稽之，度其功劳，论其庆赏，以时慎修……（《王制》）

荀子认为，治道的原则包括崇礼重法，修正法度，选贤与能，行赏论罚，广纳各方意见，查考功绩，“以时顺修”；若“反时”“不逮时”，则“杀无赦”——基于前述“以时”的道德善恶之别，我们也就不难理解前述荀子为何同意“才行反时者死无赦”这样看似极端的判断了。可见，“以时”是荀子思考王道实践“时”的关键，一国之治乱与“时”存在密切的关系。荀子力陈，“养长时，则六畜育；杀生时，则草木殖；政令时，则百姓一，贤良服”（《王制》），但较之黄老因循时变的法天而治，他更关注人的自我转化的力量，淡化了黄老天道律则的权威性，松动了人事与自然连接的必然性，相应地，人的主体性与道义责任得以凸显。人之主体力量与价值，是为“应变”。

> 一废一起，应之以贯，理贯不乱。不知贯，不知应变。（《天论》）
>
> 与之举措迁移，而观其能应变也。（《君道》）

基于“以时应变”的认知，荀子在时间序列中形成了独特的历史与政治意识。

> 人何以能群？曰：分。分何以能行？曰：义。故义以分则和，和则一，一则多力，多力则强，强则胜物，故宫室可得而居也。故序四时，裁万物，兼利天下，无它故焉，得之分义也。……君者，善群也。群道当，则万物皆得其宜，六畜皆得其长，群生皆得其命。（《王制》）

荀子对“君者”的定义着眼于“群”的能力。在他看来，为了分配自然资源、促成社会和谐秩序，“群道”必须“明分”。“明分”是荀子法思想中的重要主张，具有丰富的意涵。首先，“明分”之“分”可能是荀子转化慎到及其他稷下学者的思想，①人类社会必

---

① 荀子“分”的概念来源于早期法家尤其是慎到理论的论述，可参见王进文：《“起礼义，制法度”——从“礼”的结构与功能探讨荀子对法家思想的吸收与改造》，载《孔子研究》2020年第4期。

须“分割而等异之”,才能“兼足天下”。因此,“明分”之必要性便源于人对自然资源的掌握与分享。《王制》《君道》篇均指出“生养”是“能群”的目标,“群道”若要得当,“明分”是必要条件。其次,荀子将“分”与“义”相结合,使之成为法的内容和功能之一,构成了基于道德原则和伦理关系的“资源分配论”①。由此,荀子以“分”入礼,伦理身份关系亦可看作是法律关系。② 而作为“分义”的法,可以使人把握“以义制事”“以义制利”,矫养人之情性,成为构架社会秩序的根本所在。最后,荀子强调“礼之理”作为社会生活的“群道”,它是基于“分义”而来的规范。基于天人之间的关联,自然秩序和人事秩序不能孤立看待。然而礼作为构成宇宙秩序的活动原理,乃是源自君子的道德智慧。既然宇宙之道德秩序所依据的“礼之理”乃是出自君子的道德智慧,荀子在此便蕴涵了一种全新的完全不同于黄老那种单向度的由天道到人事的观念,即不再从天道的宇宙法则,而以人的道德智慧所体认的时间向度之历史意识与空间向度之社会意识来解释人事生活的价值。

荀子的“群道”指出人们所组成的社会,只有在合于时序的状态下运转,万物才得以生养。人之所以能够参于天地之治,在于“以时应变”。由此,我们可以推论,即荀子(儒家)之法注重的是具体情境中的特殊性,而不是超越的普遍原则,这就必然强调圣人居间权衡、裁量伦理问题的重要性。③ 也正是在这个意义上,能

---

① [日]佐藤将之:《参于天地之治:荀子礼治政治思想的起源与构造》,台北,台湾大学出版中心2016年版,第326-339页。

② 参见俞荣根:《儒家法思想通论》,广西人民出版社1998年版,第6章。

③ 参见皮文睿:《儒家法学:超越自然法》,李存捧译,载高道蕴等编:《美国学者论中国法律传统》,中国政法大学出版社1994年版,第118-153页。

否“以时”、可否“应变”,成为一种具有道德性的行为。

第三节 “明通统类”:荀子法思想的深化与发展

荀子吸收转化黄老的天道,将其向人事推移。荀子认为,能将“人生而有欲”与“人生不能无群”两者合而为一者在于“礼义”,而“起礼义,制法度”者在于圣王。“圣也者,尽伦者也;王也者,尽制者也。两尽者,足以为天下极矣。”(《荀子·解蔽》)圣王具备完善的历史意识和社会意识,能将“天下之道”“百王之道”统合于一身,与其说他是现实中的君主,毋宁说是一种资格,是社会规范得以承先启后的因素。可以说,荀子这一认知,既扩增了法思想的义涵,又迈向了以人为本的现实政治。

一、“法先王”与“法后王”之辩

荀子的“群道”指出人们所组成的社会,必然受到时间变迁的影响,只有在合于时序的状态下运转,万物才得以滋长生养。许多个体才能组成社会,个体的行为模式往往决定一个社会的面貌与内涵,追本溯源,个体能否“合时应变”才是“群道”的关键,“合时”与“应变”与否成为一种具有道德性的行为。① “法先王,统礼义,一制度……是大儒者也。”(《荀子·儒效》)在荀子看来,隆礼义便是让社会可在合乎理性的规则当中运作,每个人都可以在此社会中过一种合理的生活。简言之,荀子所谓的大儒具有处理公共事务的能力,其身份本身就是建立在公共性之上,因此大儒更

① 佐藤将之分析古代的变化观,指出荀子之变化观与其伦理价值深有关系,掌握变化方能建立礼法社会。参见佐藤将之:《中国古代“变化”观念之演变暨其思想意义》,载《台湾政治大学中文学报》第3期(2005年)。

是必须“应时而变”。

彼大儒者……其言有类，其行有礼，其举事无悔，其持险应变曲当。与时迁徙，与世偃仰，千举万变，其道一也。是大儒之稽也。（《儒效》）

荀子也指出大儒之所以能应“千举万变”，是因为大儒心中对应变原则有所把握。然而，儒者主要是辅佐君主实现王道的角色，真正拥有权力的上位者毕竟仍是君主，荀子对于君主，也明确指出“应时而变”的重要性。

王者之人：饰动以礼义，听断以类，明振毫末，举措应变而不穷，夫是之谓有原。是王者之人也。（《王制》）

威有三：有道德之威者，有暴察之威者，有狂妄之威者。此三威者，不可不孰察也。礼乐则修，分义则明，举错则时，爱利则形，如是，百姓贵之如帝，高之如天，亲之如父母，畏之如神明……（《强国》）

“王者之人”必须“举措应变而不穷”。在荀子所阐释的三种“威”中，他认为若要到达最上层的道德之威，有礼乐修、分义明、举错时、爱利形等四个原则，由此明显可见“举错合时”的重要性不下于“礼乐教化”。

基于前述“以时应变”的历史意识，荀子对人之主体的力量与价值的阐发，形成了“法先王”与“法后王”并重这种看似矛盾实则统一的主张。

礼起于何也？曰：人生而有欲，欲而不得，则不能无求。求而无度量分界，则不能不争；争则乱，乱则穷。先王恶其乱也，故制礼义以分之，以养人之欲，给人之求……（《礼论》）

笔者曾经指出,上述关于礼的发生学意义上的起源论中,荀子对礼的人为性的论证与法家之法的起源叙事具有高度的相似性,属于“以法塑礼”。事实上,儒者以“先王”作为价值来源和立论依据是相当普遍的做法,“先王圣人安为之立中制节,一使足以成文理”“先王案以此象之也”“先王案为之立文”(《荀子·礼论》),但荀子将人之欲之乱寄托于先王“制礼义而分之”,则明显是视先王为礼义法度的创制者。先王带领人类脱离无序的状态,其重要性在于当下种种礼义法度等规范,都有先王之精神与经验在其中。通过对先王制定礼仪法度原则的观察与分析,适足“以近知远,以一知万”,而对古今历史经验的不断反思验证,也堪为判断“举措迁移”是否合适的标准。

> 先王之道,仁之隆也,比中而行之。曷谓中?曰:礼义是也。道者,非天之道,非地之道,人之所以道也,君子之所道也。(《儒效》)

先王之所以能够制礼,源自对人之情性的深刻理解,那么理解“礼”的历史,便可从中归纳变化的规律,应对当下的发展趋势。职是之故,只有循于“先王之道”,将“庆赏刑罚,通类而后应;政教习俗,相顺而后行”(《荀子·大略》),才能实现善治。但是,“先王制礼义”牵涉出一个重要的争论议题,即荀子的“法后王”观念。有趣的是,先秦儒家文献中,唯独荀子提出“法后王”的概念,先秦两汉思想著作更是极少使用“后王”一词,可见“法后王”在相当程度可作为荀子思想的特殊性来看待。

《非相》篇有言:

> 五帝之外无传人,非无贤人也,久故也。五帝之中无传政,非无善政也,久故也。禹、汤有传政而不若周之

察也，非无善政也，久故也。传者久则论略，近则论详，略则举大，详则举小。愚者闻其略而不知其详，闻其详而不知其大也。是以文久而灭，节族久而绝。[①]

《非相》篇指出法后王的原因在于“文久而灭，节族久而绝，守法数之有司极礼而褫。”然而，近代的君王治绩由于去古未远，因此可供稽考查证，作为当代的施政依据。“法后王”出于实际的政治需求，在“一制度”上后王对于“制”“度”“法”的确立是有实质帮助的。那么，后王是指什么？为什么要“法后王”？就前一个问题而言，“欲观圣王之迹，则于其粲然者矣，后王是也。”（《非相》）“后王”与其说是具体的王者，不如说是一个理想的可以映照圣王事迹的君主类型。[②] 就后一个问题而言，通过效法后王，可以丰富礼义法度的知识，而礼义法度针对的是人的欲求所作出的符合自然规律的秩序安排。

---

① 按照李涤生的批注，后王系指周文王与周武王。“文武之政，布在方策”，所以才说“粲然明备”。他进一步认为，荀子之法后王，即孔子之“从周”之义。法后王是为了反对像孟子那样言必称尧舜或道家那样称许尧舜以前的人物而提出的主张。以文武和尧舜或尧舜之前的人物对比，前者自然是后王。站在荀子所处的时代，则文武又是先王了。参见李涤生：《荀子集释》，台北，台湾学生书局 2014 年版，第 81 页。孙伟考察《荀子》篇章中有称扬文武的表述，故也认为系周文王与周武王，参见孙伟：《重塑儒家之道——荀子思想再考察》，人民出版社 2010 年版，第 197 页。王健文指出：“当先王与后王对称时，后王指周代圣王，先王则由周上数；若单言先王，却未必与后王是截然两分的，实指‘圣王有百’，凡古先圣王，皆谓之先王。”参见王健文：《战国诸子的古圣王传说及其思想史意义》，台北，台湾大学出版专业机构 1987 年版，第 109 页。关于“先王”“后王”孰重的讨论，东方朔（林宏星）则跳脱以往历史考证的框架，从哲学命题的角度指出，“如何保存先王之道”才是问题的核心，并由此阐明荀子“道法先王，法法后王”的历史意识，以证“先王”与“后王”相互关联的思考意义。参见东方朔：《合理性之寻求：荀子思想研究论集》，台北，台湾大学出版中心 2011 年版，第 339－368 页。

② 参见东方朔：《合理性之寻求：荀子思想研究论集》，上海人民出版社 2017 年版，第 303－308 页。

“百王之无变，足以为道贯。”(《荀子·天论》)“道贯”就是人类的普遍经验，它在消长更替的历史发展变量当中持续发生作用。圣王之迹虽然因时代久远而无法验证，但是“类不悖，虽久同理”，道的基本精神是先后一致的，具体的典章制度则是或有延续或有变革——所谓“后王之成名：刑名从商，爵名从周，文名从礼，散名之加于万物者，则从诸夏之成俗曲期”(《荀子·正名》)。这显示出荀子强调“道贯”必须通过不断理解而创新延续。正是这种延续，才是荀子意义上的“后王之道”。我们可以断言，“以道观尽，古今一度也”意味着“先王之道”和“后王之道”本质并无二致，均体现着恒久不变的人情事理。

因此，“法先王，统礼义，一制度”(《荀子·儒效》)与“略法先王而足乱世术，缪学杂举，不知法后王而一制度，不知隆礼义而杀《诗》《书》”(《荀子·儒效》)的叙述看似有所矛盾，但细察文意，可知后者并非批判“法先王”之事，而是批判只知“法先王”的俗儒，由于不知道后王的典章制度是具体可考的历史资源，也就使得“法先王”流于空谈。可以说，“法先王”与“法后王”都表现了荀子对于历史的重视，历史经验对于形塑群体的理想生活和人的自身命运具有实际的功能。不过，荀子对先王之道阐释的重点不在追踪远不可考的抽象理念，而是历史过程中承先启后依然可以发挥实质作用的礼义法度。“法先王”在于掌握先王治世的精神与原则，但是政治制度的建立不能仅仅依凭抽象的原理原则，它关系到当下的政治活动能否顺利进行，必须考虑成效与利弊。因此，制度的建立必须参酌近世的政治经验与法规律令，即“法后王”亦不得偏废也。

二、“类”的法理意涵与法伦理性格的展开

无论是“以浅持博，以古持今，以一持万”的“法先王”(《荀

子·儒效》),还是“以近知远,以一知万,以微知明”(《荀子·非相》)的“法后王”,都显示出荀子对于历史的实效性深具信心,人可以通过进入历史,超越当下的时空限制,在过去和未来的情境之间游历。而荀子这种“法先王”与“法后王”不得偏废的主张,成为与黄老迥然不同的变通的时间观。然则,更重要的是,如何使这种“以时应变”的法思想,达成整合社会和成就秩序的理想?对此,荀子顺承黄老理路,发展出“明通统类”的见解。

在《荀子》一书中,“类”获得极大的关注。① 具体而言,《劝学》篇中“类”呈现出“种类”和“分类”之意。“类”是依据事物之间的共同性进行分类活动的原则或基础,在此意义上,“类”已经隐含了某种所谓“理”的内涵。“理”之意涵基本指向“治理”、“条理”或“道理”,例如,《劝学》篇“……辞顺,而后可与言道之理”,《王制》篇“故天地生君子,君子理天地”等。《非十二子》篇所说的“其持之有故,其言之成理”,则含有规律化或秩序化的意思,《不苟》篇之“诚心行义则理,理则明,明则能变矣”与《臣道》篇之“忠信以为质……伦类以为理”,则关乎依据礼法精神而衍生的人伦系统。经由以上梳理,可以显示出“类”与“理”“义”之间的关联性。“理”与“类”相互依存,“理”蕴含于“类”之中,通过“类”而彰显,“类”则通过“理”而使人们掌握为可能,“义”乃辨别是非之能力,涉及对“礼”的运用。

然而,人间事物繁杂,仅靠“礼”势必不足,故而荀子提出“有法者以法行,无法者以类举”(《荀子·大略》)的主张。征诸历史事实,大凡成文法规抑或礼仪规制,往往无法适应或滞后于社会

---

① 先秦思潮自“墨辩学派”以下,“类”已在古代中国的学术领域之中,成为名辩或逻辑问题的基本讨论项目之一。参见刘长林:《中国系统思维》,中国社会科学出版社1990年版,第83-86页。

的变迁,如果制礼者或执法者拘泥于礼法成规,而不能“推类”,势必无法达到“宗原应变,曲得其宜”(《非十二子》)。职是之故,对于人类的政治秩序与伦常关系而言,发挥既定规范的作用外,还必须掌握规范之所以成立的原则或道理——在此意义上,“类”即所谓“法理”。那么,作为“法理”的“类”之内涵又是什么呢?

值得注意的是,在《荀子》中,“类”往往具有与“法”一起出现的特征。杨倞注曾引《方言》之说“齐谓法为类”,则法与类之义略同;但“类,谓礼法所无,触类而长者,犹律条之比附”,①意味着两者仍有所不同。申言之,“类”是介于“法之数”与“法之义”之间的依据礼/法精神而衍生的另一种“法”,既可以表示另一形式的“法度”,又可以表示作为礼法精神的“礼义”。荀子以“类”凸显“法度”“礼义”的融贯:就具体应用而言,“礼义”必然下贯为“法度”;就总体原则而言,“法度”必然上通于“礼义”。“人无法,则伥伥然;有法而无志其义,则渠渠然;依乎法而又深其类,然后温温然”(《修身》),只有“依乎法”而又“深其类”,才能真正“知礼义”。

以上是荀子重“法”而又回归“类”以求妥善处理规范问题的基本思路。除同样标举黄老提倡的法治外——荀子亦将规矩、绳墨、方圆、权衡等概念,作为法之公平、不可更易性的比喻来运用——认识到具体的法(乃至于礼)无论怎样完备,也无法永远保障其适宜性,所以,荀子极为重视能够“统类”而且善于“推类”的圣人或君子,强调“应事之变”即灵活运用制度的能力。

多言则文而类,终日议其所以,言之千举万变,其统

---

① 参见(清)王先谦撰:《荀子集解》,沈啸寰、王星贤点校,中华书局1988年版,第12页。

类一也:是圣人之知也。(《性恶》)

法者,治之端也;君子者,法之原也。……不知法之义而正法之数者,虽博,临事必乱。故明主急得其人,而闇主急得其势。(《荀子·君道》)

“统类”指统合与贯通,它与“圣人”并列出现,表明与“类”相关的事务只有圣人才可胜任。而“类不能自行,得其人则存,失其人则亡”(《荀子·君道》),最终必须推原于“知通统类”的圣王、君子。荀子强调“依乎法”而“深其类”,如此才能使一切政治措施教化训令曲得其宜。与之相反,荀子认为法家过度地“急得其势”。以“正法之数”这种强调法律条文如“权衡”等度量“械数”一般的途径树立政治权威,只是“治之流也,非治之原也”(《荀子·君道》),“蔽于法而不知贤”(《荀子·解蔽》),乃一偏之“道”。唯有深明礼法统类,才能“听断以类”“以类行杂,以一行万”“守道以禁非道”,使人民“壹于道法而谨于循令”,从而营构“明通而类”的理想秩序图景。

不过,我们仍需要补充的是,无论是出土文献《黄帝四经》中“道生法”的论述,还是传世文献《管子》中“法出于礼,礼出于治。治、礼,道也。万物待治,礼而后定”(《管子·枢言》)的阐发,“法”、“道”与“治”之间都呈现出一种发生学式的环环相扣的推论,但我们很难从中清晰地厘清三者的内涵和掌握“道”落实于现实社会的具体方法。荀子则明确提出,无论是作为形而上原则的“道”,还是作为实践主体的“君子”“圣人”,如果没有“礼义”,便无法达成“治”。换言之,“道”只有成为“礼义”才有助于“治”的达成,“礼义”是将“道”与人世间的统治者结合起来的必要环节。可以说,荀子较之于黄老的论述更为清楚,也更为可行。

一方面,“听断以类”的王者,在荀子那里是超越于规范之上的统治者。由于荀子所论述的王者是具有“参于天地”资格的人,这就意味着他并非法所施加的对象,而是能够“生法”的人。不过,有别于黄老由天道论所展开的“因循”人情之主张,荀子基于对秩序与平衡的追求,以“圣人积思虑,习伪故,以生礼义而起法度”为命题,着力于以礼法对人以及人性“听之衡”“听之绳”(《荀子·王制》)的矫正改造,展示出人作为行动主体的责任。可以说,法在荀子这里,既打破了社会阶层的封闭性,又成为治乱的关键,凸显了天下大争的战国时代儒家的既有立场和对国家治理议题的积极响应。另一方面,由“类”所达成的社会整合中,“凡爵列、官职、赏庆、刑罚,皆报也,以类相从者也”(《荀子·正论》)。“类”既是用以分判德行高下或才智优劣的标准,也成为君主评鉴人才的社会地位与角色时所应依循的方法原则。君主可以通过法来规制官僚,赏罚民众,即正官僚用“法”;但爵位和官职的授予则超出了法的范围,“取人之道,参之以礼”(《荀子·君道》),并将秩序与和谐普及于下层社会,即齐朝廷用“礼”。由此,便形成了礼法二元论的治理结构。

以出土黄老文献之分析为起点,从天人关系之论述切入,通过对“道”“法”“时”“类”等主题的比勘,凸显荀子对黄老的吸收与转化,形成一种辩证张力,有助于我们重新审视荀子法思想的特性。荀子虽取法黄老的天道格局,却全然没有前者的神秘色彩,亦不同于前者承天行治的立场,而是明显地向人道推移过渡,肯定人与天地并参的主体地位,导向由礼法损益而成的理想秩序。荀子经由对历史的反省,将法从黄老循天而治的天道限制中解放出来,并赋予其社会教化功能,呈现出政治性与伦理性结合的特征。不同于黄老的因循时变,荀子基于“以时应变”的认知,发展出“明通统类”的见解,更关注历史经验以及自我转化的力量,归本于“礼义之统”,由此彰显与深化了法存在的合理性基础,展现出荀子身为儒者的时代关怀。这既是荀子法思想的特色,也是与黄老的差异所在。通过出土黄老文献与荀子法思想的比较,不仅可以摆脱传世文献对比研究的局限,也为我们重新反省两者的异同,尤其是进一步理解荀子法思想承继与发展的意义提供了契机。

第五章　“起礼义，制法度”：荀子对法家思想的吸收与改造

作为战国时期最后一位儒学大师，荀子以儒家自居，终身也以维护儒学为职志。但不可否认的是，荀子思想与法家具有密切的亲缘关系，一个明显的例子便是，韩非与李斯皆曾跟随荀子，二人后来皆为法家之徒，以至于有研究认为荀子思想是替法家集大成者韩非建构了过渡的津梁。而事实上，如果我们检索《荀子》文本，“法”和“刑”共出现 285 次，明显可见在其思想中儒与法相交织，其对法与刑的重视程度并不亚于法家。尤其是他所主张的性恶论，招怨匪浅，以至于学者在探究荀子思想发展及其与法家关系的时候，往往沿着从荀子到韩非子的方向来思考。但是，令人疑惑的是，荀子与法家相近的思想特质，是否从儒家的传统中自然酝酿而成，还是受法家思想兴起的刺激而在对抗与批评中汇流？如果是前者，一则恐怕有过于简单处理之虞，一则涉及儒学自身发展的时代性，难以遽下论断；如果是后者，那么儒学中的何种因素或结构促成其规范理论向法家的转化或合流。在这一过程中荀子对儒与法是否进行了相应的改造，如果我们承认荀子以儒者自居的定位，则其“法”之主张与法家之“法”又是否相同；进而，荀子思想是否构成其身后法家理论的桥梁？针对前述问题，笔者试图从荀子所主张之“礼”的结构与功能探讨其对法家思想

的接纳，剖析“法”在荀子思想中的内涵，进而剖析其“礼治论”中法的定位与意义。

荀子所处的战国末期，“浊世之政，亡国乱君相属”（《史记·孟子荀卿列传》），为了解决社会政治危机，包括儒家在内的几乎所有的思想主张在理想、价值观和理念等层面不约而同地迈向了综合之路。在这方面，荀子的表现尤为突出。荀子是在批判诸子的基础上从根本层面进行思想建构的。①《荀子》之前的法家文献，大致而言，有《管子》《商君书》《申子》《慎子》，以及归类为兵家的《吴子》和早已失传的李悝所著之《法经》等，当然，也包括《史记》诸列传所载之相关内容。荀子“年五十始来游学于齐”（《史记·孟子荀卿列传》），可以想见必受稷下学宫之余风影响。慎到在稷下“著书言治乱之事，以干世主”（《史记·孟子荀卿列传》），而荀卿三为祭酒，稷下便成为两者学说的交汇之处。后来荀子游历秦赵，《议兵》篇有对商鞅变法的评论，《解蔽》篇则是对申不害的批判。由此，荀子必然对先前法家思想有过综合的认知与检讨。基于主题，笔者不拟对荀子的人性理论与社会理论中如

① 在最微观的万物生存构成领域，荀子思想中具有明显的老庄道家因素——“水火有气而无生，草木有生而无知，禽兽有知而无义，人有气、有生、有知，亦且有义，故最为天下贵也。”（《荀子·王制》）在荀子看来，群体生活是人类的特质，“力不若牛，走不若马，而牛马为用，何也？曰：人能群，彼不能群也。”（同前）人类的群体生活包含“分”和“义”的要素，并呈现为“礼”的秩序规范。这明显是在反驳庄子和惠施等把人和虫等混为一谈的主张，而其群体观为之前儒家所无，当是来源于墨家的“同”的概念。不过，荀子并没有像墨家那样把群体作为人类的共同目标，而是引入了“分”——其来源极有可能是法家的正名审分。但是，荀子的“分”并不是法家所主张的君主权力的实现，而是在这一概念之上还设计出统一群体的“礼”。因此，荀子的“礼”虽然是从儒家传统的人文秩序范畴中衍生或继承的，但其内容则具有相当的拓展。作为“群”与“分”的秩序规范，荀子的“礼”是个别性的“分”与全体性的“群”“群”的强制性与“分”的自由性以及其所主张的自然之“情”和后天之“伪”之间的辩证统一。

何综合各家之过程进行梳理,而是集中分析其对法家思想的接纳与改造。

第一节 以法塑礼:发生学意义上的礼的起源论

众所周知,“礼”的概念构成荀子思想的核心。系统的“礼”论或礼治论,是荀子思想的显著成就。除去篇名,《荀子》之中一共有 342 个“礼”字用例,其中超过半数是作为单词来使用的,其他的用法则是与另一个字组成复合词,包括用来指称特定仪式或社会习俗之名的情形,如六礼、客礼等,以及礼仪、礼节和礼乐等荀子思想中特有的用法。尤其是在后者的情形,表明荀子以礼的概念吸收并重组其他概念,由此发展出一种指向伦理目标且高度客观性的具有理论自洽意义的法政哲学。

一、荀子“礼”概念的继承性与拓展性

作为一种历史事实,礼源自战国时代或更早,可以被理解为西周早期的特定仪式和典礼。战国儒家认为西周的国家典礼及祭祀仪式代表了国家所要依循的理想,这促使战国秦汉时代的儒家编纂和撰写了《仪礼》。后来,汉朝知识分子在《周礼》一书中呈现了周代官制更完整的面貌。周礼的内容可以看作汉代的礼观投射于描述古代国家官制即西周的礼的典范,但是我们不应该认为周礼的所有素材都是虚构的。可以合理推测的逻辑是,《周礼》是通过收集当时知识分子所信赖和记载的旧国家官制的文献材料,经过相当长的时间逐步加以编辑而形成的。除了历史事实之外,礼还作为一种哲学价值而存在。哲学家或思想家试图塑造出抽象学超越特定历史脉络的礼的意义层面。这项工作可追溯

至春秋晚期至战国时期的儒家,特别是孔子与孟子。而由荀子建立的作为一种哲学价值的礼仪,对汉朝知识分子的礼的观念影响非常大。毋庸置疑的是,司马迁有关礼的理论性内容即《史记》中的《礼书》几乎全部摘录自《荀子》。

《论语》当中并没有关于礼的明确定义,不过,通过文本分析我们至少可以梳理出礼具有作为社会规范和制度、作为道德价值和作为教化统治者和人民的方法等三层次内涵。就社会规范和制度而言,宏观方面,诸如“夏礼,吾能言之,杞不足征也;殷礼,吾能言之,宋不足征也”及“礼乐征伐自天子出”,前者如果指的是不同朝代各种国家仪式的整体,后者则隐喻一个理想而正当的国家社会制度;微观方面,“生,事之以礼”“死,葬之以礼”等则是必须遵行的恰当的社会习俗或规范。就作为道德价值的礼而言,呈现为“恭”与“敬”等实践方式。而作为教化统治者和人民的方法的礼,则是承继陶冶个人道德价值之后,在政治实践层面的展开,即“上好礼,则民易使也”,“上好礼,则民莫敢不敬”,“道之以德,齐之以礼,有耻且格”。相较而言,孟子以提倡“仁”和“义”著名,“礼”在他的思想体系中显然不如前两者重要,大要不出行为举止和社会规范的属性,当然,孟子也探讨了礼作为伦理价值的更为深奥的心理层面的意涵。在把“礼”从君子个人规范扩大到治国方法时,荀子明显地呈现出将第三层面与第一层面结合的意图,或可名之为“礼治论”,即如其所宣称的“国无礼则不正。礼之所以正国也,譬之犹衡之于轻重也,犹绳墨之于曲直也,犹规矩之于方圆也,既错之而人莫之能诬也。”(《荀子·王霸》)如果说在孔子那里,礼与刑相对立而被提倡,即“道之以政,齐之以刑,民免而无耻;道之以德,齐之以礼,有耻且格”,则荀子与之不同在于,作为国家论性质的“礼”,其衡量标准并不与刑相对,而占据了更高层面，也正是在这一定位之下，“礼”与“法”在荀子那里并不构成对称的一对范畴，而是将后者视为前者的组成部分。不宁唯是，荀子还试图将作为个人规范的礼与国家规范的礼进行有机的结合。

《荀子》中有将天、地、君子（统治者）三者即“三才”并列在一起的论述，三者相连的模式可以说是《荀子》一书的主要论述架构之一。学界普遍认为，这一思维方式是稷下思想的特质。稷下学派的思想家探索了国家与社会之间的运作机制，或统摄天地和宇宙的终极法则，在此探索之中，原本被人格化却拥有无法理解之力量的天渐渐为人以“不变性”与“规律性”的比喻来掌握。进而，他们将天地的属性模拟于人体中的“心”以及社会中的君主，主张为了达成一国的整体秩序和谐，天地所呈现出的不变性与规律性的境界，应该也要在统治者的心中实现。因此，“身体”与“社会”之间的模拟联系应运而生——“天有常道矣，地有常数矣，君子有常体矣。”（《荀子·天论》）社会层面统治者与臣民的关系被放置在“心—其他生理器官”的模拟关系中阐释，“故人莫贵乎生，莫乐乎安；所以养生安乐者，莫大乎礼义。”（《荀子·强国》）荀子在其理论框架中，更进一步以礼将这些思想统合起来，自然世界、社会和人体之间的和谐，正是通过礼的实践才得以完成的。“礼”成为贯通全体“人”、“事”与“国家”的规范。

> 以治气养生则后彭祖，以修身自名则配尧、禹。宜于时通，利以处穷，礼信是也。凡用血气、志意、知虑，由礼则治通，不由礼则勃乱提僈；食饮，衣服、居处、动静，由礼则和节，不由礼则触陷生疾；容貌、态度、进退、趋行，由礼则雅，不由礼则夷固僻违，庸众而野。故人无礼则不生，事无礼则不成，国家无礼则不宁。（《修身》）

由此,修身即治国也。

如果说上述关于礼的论述基于儒家传统之礼而继承发展的话,荀子所阐释的礼尚在其他面向进行了拓展,突出地表现为礼的功能的“法度”标准论述。

> 故绳墨诚陈矣,则不可欺以曲直;衡诚县矣,则不可欺以轻重;规矩诚设矣,则不可欺以方圆;君子审于礼,则不可欺以诈伪。故绳者,直之至;衡者,平之至;规矩者,方圆之至;礼者,人道之极也。然而不法礼,不足礼,谓之无方之民;法礼,足礼,谓之有方之士。(《礼论》)

此处论述的独特之处在于,为了强调礼因具有规范的客观性和正确性而可以发挥判别“诈伪”的功能,与绳墨、规矩等度量工具相模拟,在之前的儒家思想脉络中是看不到的。但是,在荀子之前或与之同时代的法家思想中,将法比喻为绳墨、规矩的说法相当普遍,也相当具有说服力。例如:

> 尺寸也,绳墨也,规矩也,衡石也,斗斛也,角量也,谓之法。(《管子·七法》)
>
> 法律政令者,吏民规矩绳墨也。夫矩不正,不可以求方;绳不信,不可以求直。法令者,君臣之所共立也。(《管子·七臣七主》)
>
> 法者,国之权衡也。(《商君书·修权》)
>
> 有权衡者,不可欺以轻重;有尺寸者,不可差以长短;有法度者,不可巧以诈伪。(《慎子·逸文》)
>
> 道生法。法者,引得失以绳,而明曲直者也。(《黄帝四经·经法·道法》)
>
> 妇人左右前后跪起皆中规矩绳墨,无敢出声。(《史

记·孙子吴起列传》）

……悬衡而知平，设规而知圆，万全之道也。（《韩非子·饰邪》）

在法家看来，“法”之所以具有客观性与正确性，足堪判别“诈伪”，而与“权衡”和“尺寸”的功能相同。相形之下，儒家所主张的礼从来不具有作为度量标准的性质，而这一点恰是法家之法的题中之义。

当然，如果说仅凭此点便认为荀子的礼具有法家之法的特质，未免过于武断。① 前已述及，“礼”的概念具有悠久历史，在荀子之前已经出现了多种层面的含义，不但在传统儒家，而且在《晏子春秋》《庄子》《管子》等文献中也能找出具有形而上学意义的“礼”的概念。而荀子将“礼”设定为从个人到社会乃至国家都能贯通的系统性的伦理哲学。

凡礼，事生，饰欢也；送死，饰哀也；祭祀，饰敬也；师旅，饰威也。是百王之所同，古今之所一也，未有知其所由来者也。（《礼论》）

正是在礼当中，荀子看到了各种伦理、社会、政治问题的解答，包括人类欲望的控制、优良政府的运作方式、社会资源的分配以及社会秩序的建立途径等，从而，与其他概念相比，“礼”具有了存在的根源的意义。换言之，礼是一个宇宙论与本体论的范畴——“礼”维持所有存在物的秩序，宇宙全体的秩序本身即为“礼”。将礼提升到这一层面，亦不见于先前的儒家，而具有明显

---

① 事实上，有的研究便以此为论据，试图证明荀子思想的法家特质。参见［日］菅本大二：《荀子对法家思想的接纳：由“礼”的结构来考察》，［日］佐藤将之、张哲挺、卢彦男译，载《台湾政治大学哲学学报》第 11 期（2003 年）。

的法家(论法)思想的影子。为了说明此点,笔者有必要对荀子关于礼的起源的看法作一粗略陈述,进而就其思想中的礼与法之间的关联作出分析。

二、“法”之人为意涵与“礼”之起源

在荀子所建构的礼治论当中,礼之功用与礼之起源密切相关。

> 礼起于何也?曰:人生而有欲,欲而不得,则不能无求。求而无度量分界,则不能不争;争则乱,乱则穷。先王恶其乱也,故制礼义以分之,以养人之欲,给人之求。使欲必不穷于物,物必不屈于欲。两者相持而长,是礼之所起也。(《礼论》)

上述引文是我们在分析荀子的法思想时一再提及的——荀子认为,人生而有欲,欲望本身不应被否定,但是,如果放任欲望的扩张,则必然导致争夺与混乱,因此,必须进行“度量分界”,使所欲之物与欲望之间得到调和。那么,问题在于,用什么以及如何进行调和呢?在荀子看来,应对之道在于“制礼义以分之”,唯有如此,才能“使欲必不穷于物,物必不屈于欲”。限制欲望的“礼”便是“度量分界”之所在。

> 故古者圣人以人之性恶,以为偏险而不正,悖乱而不治,故为之立君上之势以临之,明礼义以化之,起法正以治之,重刑罚以禁之,使天下皆出于治、合于善也。是圣王之治,而礼义之化也。(《性恶》)

基于对人性“生而有好利焉”“有疾恶焉”“有耳目之欲,有好声色焉”的自然之情的认知,荀子认为人之性乃是“恶”。“恶”

者,“偏险悖乱也”,“古者圣王……是以为之起礼义,制法度,以矫饰人之情性而正之,以扰化人之情性而导之也,始皆出于治、合于道者也”。“礼”及“法度”的作用便是矫正与教化人类的性情,使“不能无群”的人类社会“出于治、合于道”。而礼便是荀子所主张的法度。

需要指出的是,荀子是从动物性的层面来说人性。所谓动物性,大抵是指自然情欲与自然本能而言。如果说孟子的“性善”论是先验性的命题,那么荀子则是通过对客观的具体行为的观察并加以归纳、演绎之后对善、恶分别作出界定,因此荀子所言之性恶,便不是绝对意义上的性本恶、情本恶或欲本恶,而是指在顺着人的动物性发展而无合理节制的情况下所导致的恶的行为结果。

无论是《礼论》中的礼还是《性恶》中的礼,在荀子那里都是一以贯之的,即人为制定的,乃“圣王为之”。当然,两者仍存在明显的不同:前者旨在定“分”即划分与确定(身份)秩序,这与作为宇宙论意义上的礼是相通的;后者的礼是矫正及教化的类似于度量标准的“法度”,倾向于伦理意涵。在荀子之前的孔子与孟子那里,并未提及礼的起源与成立的问题。可以说,荀子是儒家学者之中第一个提出礼的起源问题的人。而荀子之礼的起源问题的提出与论证方式,与法家之“法”的起源具有发生学上的高度相似性。

法家之“法”起源为何?回答这个问题,我们需要回到战国中后期思想界大环境的转变场域中。大致以孟子退出历史舞台为分界线,战国初中期的主流思想与经典文献——《论语》、《墨子》和《孟子》等所关注的议题和兴趣所指在于伦理目标的达成,而孟子到荀子之间即战国的中晚期之思想与文献,例如《管子》《慎子》与黄老帛书等稷下学宫或与稷下相关的论述中,乃至更晚的

《吕氏春秋》和《韩非子》等著作,则明显地集中于对社会和政制议题的分析,以及对“治乱之道”等形而上学议题的探求。按照佐藤将之的归纳,后者属于典型的“分析论述”,而前者则可视为“伦理论辩”。[①] 产生这一变化的原因,固然与当时愈演愈烈的大国竞争与兼并战争有关,而“伦理论辩”无法适应战国社会科层制的管理需要与齐国攻燕和乐毅伐齐等历史事件中夹杂着儒墨等学派之间的路线之争,而不以伦理实践为目标的秦国则逐步开疆拓土,在在显示伦理之实践与否越来越无法成为衡量与说明国家兴亡的有效尺度,“著书言治乱之事,以干世主”的思想家兴起,追求以“客观”且具有“理论性”的方式来检验国家治乱之原因,以“客观”的方式分析国家政制成为迫切需要。对伦理价值作为改变实现境况之有效手段的深刻怀疑,促使思想家们将注意力转向能够切实改善国家治理(术)的实用方法,且这些治国之术不一定必须要求伦理的实践。而春秋晚期至战国中期的思想家已经意识到,国家的治理与强盛不可以没有“法”这种工具。在《孟子》当中,并没有关于“法”的特别讨论,也没有从维护社会和政制层面对“法”加以界定——在使用“法”时,孟子大都是以动词的形式表述“效仿典范”的意涵。至于稍早于孟子的商鞅,确实在秦国大力推行变法,在其之前的李悝、吴起等相继主持了变法运动。可以推想,当时必然有作为实定法的“法”之概念存在。就法的发展而言,存在着实践运作和理论提升两个方向:前者旨在解决如何控制官僚系统及维系全部的社会体系;后者则是为统治者解决如何在治理国家时保持执行政策的客观性与公平性问题。经由后者的阐释,法从原本仅指实定法的具体法令转化为客观规范的

---

① 参见[日]佐藤将之:《参于天地之治:荀子礼治政治思想的起源与构造》,台北,台湾大学出版中心2016年版,第79-81页。

准则。

商鞅本人作为先秦法理论的执行者应无争议，但若视之为奠基者，可能言过其实。[①] 原因在于，商鞅本人务为“开塞耕战”，意在事功，其（法治）治理方式的重要性逐渐为人所察觉与承认，是在其身后秦国国力日益强大，因而被回溯性地塑造成一位主张以“法”进行治理的思想家——其生活行为方式与执政措施应与其之前或同时代的法家思想家类同。《商君书》基本上是商鞅之后的学者对其进行的后见式的理解。

牟宗三曾指出，“战国之精神纯为‘物量’之精神也”，[②]表明战国重利的时代特征，我们可从《墨子》《孟子》等明确看见该时代正转向重利之发展。[③] 重利的发展，使得社会道德沦丧，间接造成礼制崩坏。封建制度瓦解，礼制失去效力，郡县制出现，表明政治的彻底转变。郡县制的运作模式是集中权力，根据实际治理的成效层层授权。而这种政治模式的运作，也不再有礼的地位，取而代之的是法、术。

而就“法”作为组成政府强制力与运作方式的概念工具这一思想的发展来说，存在着商鞅、韩非和申不害、慎到两种思路。在

---

① 籾山明在研究春秋战国时代法的概念的发展时，主张法与当时战争方式的变化和军事规定的发展有关。因为军事规定的服从与否直接决定着战争的结果，因此在军队中建立明确的赏罚标准是赢得胜利的基本条件，商鞅变法在很大程度上便是将军中的刑罚规定引入政府的运作当中。参见［日］籾山明：《法家以前——春秋时期的刑与秩序》，载杨一凡、［日］寺田浩明主编：《日本学者中国法制史论著选·先秦秦汉卷》，中华书局 2016 年版，第 187－215 页。

② 牟宗三：《历史哲学》，台北，联经出版事业股份有限公司 2003 年版，第 118 页。

③ 如《墨子·节葬下》：“是故昔者圣王既没，天下失义，诸侯力征。南有楚越之王，而北有齐晋之君，此皆砥砺其卒伍，以攻伐并兼为政于天下”；《孟子·梁惠王上》：“孟子见梁惠王。王曰：‘叟！不远千里而来，亦将有以利吾国乎？’孟子对曰：‘王何必曰利？亦有仁义而已矣。’”

商鞅和与其同时的申不害所处的时代，秦国的强盛和三晋的衰退形成鲜明的对比，彼时的智识阶层逐渐发现“法”运行的好坏影响着国家的强弱，之后的慎到等学者则将秦国国力的增强归因于法的成功运用，并试图推导出更为普遍性的能够说明国家治乱之原因的理论。

与慎到相比，商鞅关注的主要是法的实际运作层面，较少进行理论性的论述。《解蔽》篇对慎到的评论是“慎子蔽于法而不知贤”。“尚贤”是早期的儒家与墨家的共同主张，歧见在于“贤君”的具体内容，而慎到反尚贤，主张尚法。在荀子看来，国家之成败不在于国君或宰相是否为贤人，而在于能否建立一个使所有人无论其能力大小都可以为国家效力的政治制度或原则；国家存续所需要的不是历史中偶然出现的尧舜一样的圣君，而是固定存在的法之执行。慎到认为，“法非从天下，非从地出，发于人间，合乎人心而已”，“以力役法者，百姓也；以死守法者，有司也；以道变法者，君长也”（《慎子·逸文》）。统治者与民众之间社会角色的划分，与法的“可变”“不可变”相对应，由于统治者是唯一能够制定与发布“法”的人，“法”乃人为之产物。①

而在《黄帝四经》中，首篇的《道法》便是对法的说明：“道生法……故执道者，生法而弗敢犯也，法立而弗敢废也。”法乃执道者即一国的统治者所颁行——不过，法在制定之后，其制定者也不能任意更改或废除。《管子》则主张“圣人能生法，不能废法而治国”（《法法》）。“故事督乎法，法出于权，权出于道。道也者，动不见其形，施不见其德。万物皆以得然，莫知其极。”（《心术

① 当然，这也预设了不可能有任何人为之“法”能够强迫身为“法”之权威来源的统治者受制于其下。“法”本身无法控制国君本人，成为战国中晚期政治论述中的核心议题。

上》)在这里,“法”从权衡产生,而权衡从“道”产生,“道”则是“万物皆以得然,莫知其极”。《商君书·算地》则有“圣人之为国也,观俗立法则治”的看法。可见,在法家的论述当中,“法”之起源兼有“人为”和“道”两种方式,而前者的重要性显然大于后者。这与荀子对礼的论述(尤其是从建构论的角度观察)具有相对应的关系。既然“礼”之起源不见于荀子之前的儒家论述,则至少有受法家影响之可能。那么,法家对荀子的礼的建构具有哪些影响,或者说荀子的礼接纳与改造了法家之法的哪些内容呢?笔者在下文将通过礼的结构与功能分别探讨。

第二节　荀子“礼治论”下的秩序观

前已述及,荀子的礼包含鲜明的秩序建构的功能,而实现该功能的工具在于“分”。“分”的概念在荀子思想中具有相当的重要性。“分”之出现,与战国中后期尤其是稷下学宫讨论“治乱之事”具有密切关系。

一、荀子“分”论的法家色彩

虽然在孟子那里已经提出了统治者与被统治者之间劳动与资源分配的“劳心者—劳力者”之区分,《尹文子·大道下》中也涉及人“欲”与社会资源划分之间的关系,不过,笔者认为,荀子的分的概念源于早期法家,尤其是慎到的理论。① 可以说,“分”在慎到那里才有了理论性的突破,他提出“治乱之分”,即以分来探

① 也有研究者认为荀子的“分”的概念来自黄老思想。参见余明光:《荀子思想与黄老之学》,载陈鼓应主编:《道家文化研究》第6辑,上海古籍出版社1995年版,第160-174页。

讨国家的安定问题。

慎子曰:“今一兔走,百人逐之,非一兔足为百人分也,由未定。由未定,尧且屈力,而况众人乎?积兔满市,行者不顾,非不欲兔也,分已定矣。分已定,人虽鄙,不争。”故治天下及国,在乎定分而已矣。(《吕氏春秋·慎势》)①

如果说在慎到看来,“分”侧重于社会资源之分配,那么《管子》之“分”所关注的是社会成员之间角色之划分。《管子》中则包含195个“分”字的用例。大致而言,主要包含三层意涵:一是将社会资源正确(恰当)地分配;二是将“德”与“能”作为配置政府官僚职位的依据;三是君臣父子等社会角色的区别。《管子》极为重视统治者作为政府职位分配者的角色,“圣人之所以为圣人者,善分民也;圣人不能分民,则犹百姓也”(《管子·乘马》),成为理想的统治者或作为统治者所不可或缺的任务,便是将“分”实现于天下。

治者所道富也,而治未必富也,必知富之事,然后能富。富者所道强也,而富未必强也,必知强之数,然后能强。强者所道胜也,而强未必胜也,必知胜之理,然后能胜。胜者所道制也,而胜未必制也,必知制之分,然后能制。是故治国有器,富国有事,强国有数,胜国有理,制天下有分。(《管子·制分》)

由此可见,随着时代的变化,“分”的概念随之发展,思想家所

① 需要指出的是,上述文献也见于《商君书·定分》与《尹文子·大道上》,可见“分”已经成为战国中后期思想中的重要术语。

论述的主语也从“国”转变为“天下”。至于荀子，则与管子具有很大的重合性，即夫妇、智愚、贵贱、圣人士君子、分职和亲疏等。相应地，分之功能如下：

治国者，分已定，则主相、臣下、百吏各谨其所闻，不务听其所不闻；各谨其所见，不务视其所不见。所闻所见诚以齐矣，则虽幽闲隐辟，百姓莫敢不敬分安制以化其上，是治国之征也。（《王霸》）

主相、臣下、百吏谨守自己的职分而不务其外，显然是官僚制的应有之义。对此，荀子阐释道：

故治国有道，人主有职。……若夫论一相以兼率之，使臣下百吏莫不宿道乡方而务，是夫人主之职也。若是，则一天下，名配尧、禹。之主者，守至约而详，事至佚而功，垂衣裳，不下簟席之上，而海内之人莫不愿得以为帝王。夫是之谓至约，乐莫大焉。（《王霸》）

君主和官僚之间的分工，固然在《孟子》那里也有阐释，但孟子之论述仅局限于“劳心”的“大人之事”和“劳力”的“小人之事”，其根据也并非基于“礼”或“分”。相比较而言，法家的相关主张便显得引人注目。

礼者，因人之情，缘义之理，而为之节文者也。故礼者谓有理也。理也者，明分以谕义之意也。故礼出乎义，义出乎理，理因乎宜者也。（《管子·心术上》）

圣王之治民也，进则使无由得其所利，退则使无由避其所害，必使反乎安其位，乐其群，务其职，荣其分，而后止矣。故逾其官而离其群者，必使有害；不能其事而失其职者，必使有耻。（《管子·法禁》）

而慎到关于官僚制度的角色分配，更像是荀子的先声：

君臣之道：臣事事，而君无事；君逸乐，而臣任劳；臣尽智力以善其事，而君无与焉，仰成而已。故事无不治，治之正道然也。人君自任而务为善以先下，则是代下负任蒙劳也，臣反逸矣。(《慎子·民杂》)

不过，荀子对慎到的批判也应引起我们注意：

尚法而无法，下修而好作，上则取听于上，下则取从于俗，终日言成文典，反紃察之，则倜然无所归宿，不可以经国定分……是慎到、田骈也。(《非十二子》)

之所以陷入“倜然无所归宿”的状况，在荀子看来，源自慎到没有明示其实际目标，没有更高一层的价值关怀，换言之，即“礼”也。那么，礼与分、礼与法、分与法之间的关系如何呢？

二、“礼”与儒家理想政制

荀子使用分的概念将人类社会与自然世界区别开来，即所谓的天人之分。不过，荀子论述的侧重点显然是在如何恢复人间秩序，即臻于“治”。在荀子看来，秩序的建构与天之运作有关。可能是受到道家思想的影响，荀子将本体论意义上的天转化为自然意义上的天，并用“道”来取代原本在天的概念中的本体意义。不过，如果我们将目光投向稷下学派的论述，在《孟子》中，“治”“乱”为仁政之施行或缺乏所导致的必然结果，意指一国之内特定的社会秩序状态，也被描述为天下是否达到太平或失序的状态，但其理论价值尚不具有最高性。相较而言，慎到提出了“治之道”与“乱之道”，将治与道联系起来，并与分相结合，进而认为产生治或乱的根本原因在于国家机构的运作法则完善与否，这对治乱概念的发展起到关键作用。

> 乱世之中，亡国之臣，非独无忠臣也；治国之中，显君之臣，非独能尽忠也。……亡国之君，非一人之罪也；治国之君，非一人之力也。将治乱，在乎贤使任职，而不在于忠也。（《慎子·知忠》）

简言之，国家之兴亡，不能归因于是否有少数忠臣存在，而与国家机构中各种职位是否得到适当分配有关。而《管子》中也有大量的讨论治乱的篇幅，“治”出现了370个用例，“乱”则有208个，以致从某种程度上讲，该书的核心议题便是讨论治乱之道。“国之所以治乱者三”，即“德不当其位”、“功不当其禄”和“能不当其官”（《管子·立政》）“法出于礼，礼出于治。治、礼，道也。万物待治礼而后定。”（《管子·枢言》）此处的治与礼成为同一层级的概念，不仅涵盖人类社会，而且及于自然世界。可以说，治是整个社会和万物所享有的整体性秩序的最理想状态。荀子的法政哲学是以人间的治乱议题为终极关怀的，所要解决的是人类社会的失序或防止社会混乱，并恢复秩序。“治乱，天耶？”在荀子看来，“日月星辰瑞历，是禹桀之所同也，禹以治，桀以乱；治乱非天也”（《荀子·天论》）。

按照荀子的思路，首先，治与本文前述“天—地—人”的三才架构有密切关系。在该架构中，治乃人类社会中“道”的体现。“天有其时，地有其财，人有其治，夫是之谓能参。”（《荀子·天论》）在这里，天的恒常秩序、地的厚载万物与人类社会的治共同构成和谐的整体世界。不过，与前两者即天地的规律性相比，人类社会的秩序的达成需要人为的努力。那么，如何建构媲美于天地的人类社会秩序呢？在于君子。

> 君子也者，道法之摠要也，不可少顷旷也。得之则治，失之则乱；得之则安，失之则危；得之则存，失之则亡。故有良法而乱者有之矣，有君子而乱者，自古及今，未尝闻也。(《致士》)

荀子秉持儒家的传统，根据道德素质划分“人伦”，即君子与小人，前者与治相对应，而后者则是乱的根由。“治生乎君子”(《荀子·王制》)，“无君子则道不举”(《荀子·致士》)。“械数者，治之流也，非治之原也；君子者，治之原也。官人守数，君子养原；原清则流清，原浊则流浊。”(《荀子·君道》)荀子虽然也承认作为实定规范或政府运作规则的法的重要性，即“无道法则人不至”(《荀子·致士》)，但法似乎尚未成为一个国家社会秩序的大本大源之所在。毋宁说，礼或礼仪才是将道与人类社会的治(秩序)连接起来的媒介。施行道或法的主体在于君子，只有负有伦理意涵的君子进行实际统治之时，治才会出现；统治者必须以礼仪修身才能成为君子，之后才能实现理想中的社会秩序。

> 天地生君子，君子理天地。君子者，天地之参也，万物之摠也，民之父母也。无君子，则天地不理，礼义无统，上无君师，下无父子，夫是之谓至乱。(《王制》)

因此，君子便是荀子心目中理想的统治者。通过礼，君子将心的理想状态与天地自然世界的秩序相结合。统治者需要体会天地的恒常规律，并思考如何将其实现于人类社会。一方面，礼为统治者提供一个使其心(道德)与行(举止)合乎伦理的可行方法；另一方面，统治者通过礼的实践可以启迪教化民众，使民众成为合乎道德之人。因此，社会秩序和国家安宁便在于统治者实践礼的要求。初看起来，这种主张无甚高论，然而，它却将原本限于修身的伦理层面的礼扩展到政制层面，使之成为达成社会秩序的政治方法。荀子的礼发挥了两项功能，第一，用人的依据，以礼为标准来发掘和选拔担任宰相的人才；第二，和谐秩序的扩展，即朝廷通过举行严肃的礼，将和谐秩序普及于下层社会。也只有在这种礼治论的框架下，我们才能理解荀子对法的论述，以及法的意涵和功能。

以往对荀子思想中法家倾向或因素的指责，想当然地预设荀子认同法的重要性，特别是其对秦政的评价，“古之民也”、“古之吏也”、“古之士大夫也”与“古之朝也”，认为“四世有胜，非幸也，数也”（《荀子・议兵》），故而认为荀子对法家政绩达成“治”的肯认，甚至更极端地推测荀子本为法家，将韩非对现实政治的提倡以及李斯的坑儒政策的执行等责任都归咎于他。这种理解，在很大程度上是将荀子置于受到秦国当时正要统一天下的局势以及法家独大的思想史脉络之中。那么，事实果真如此吗？笔者认为，欲回答或澄清这一疑问，我们必须厘清法概念在荀子思想中的意义与功用，以及法在其礼治论中的定位。唯有如此，我们才能判读荀子所使用的法概念与当时提倡法思想的法家之法的关系。

三、齐朝廷用“礼”，正官僚用“法”

前已述及，荀子在礼的建构过程中受法家思想的影响。《管子》云，“法者，所以一民使天下也”“简物、小未一道。杀僇禁诛，谓之法”“法者所以同出，不得不然者也。故杀僇禁诛以一之也”。就法的含义而言，一是指君主所颁布的政令，二是狭义的刑罚，三是对任何事情同等产生必然状况的手段。最后一层含义与慎到所持“法者，所以齐天下之动，至公大定之制也”（《慎子・逸文》）

相同,发展到韩非子,“无书简之文,以法为教;无先王之语,以吏为师”(《韩非子·五蠹》),骤然成为达成一元化统一的不二法门。不过就“法”本身而言,在荀子看来,其意义是比较狭窄的,至少应除去刑罚的意涵。

> 古者圣人以人之性恶,以为偏险而不正,悖乱而不治,故为之立君上之势以临之,明礼义以化之,起法正以治之、重刑罚以禁之,使天下皆出于治、合于善也。(《性恶》)

显然,刑与法是分别表述的。就荀子而言,对道德价值的提倡仍是其核心内容。在荀子关于王制的经典论述当中,“人何以能群?曰:分。分何以能行?曰:义。故义以分则和,和则一,一则多力,多力则强,强则胜物”(《荀子·王制》)。

显然,荀子坚信人类之所以能在自然世界中占有优势,就在于人能凭借义即伦理道德的力量实现统合,使原属于不同社会阶层和职业的社会成员的力量得到有机整合,而非如法家(尤其是韩非)那样指向国家力量的集中,完全排斥道德价值发挥作用的空间。

那么,荀子所使用的法,究竟意味着什么呢?回到礼治论,荀子认为圣人(统治者)以“势”确立君权,以“礼义”教化人之性恶,以法矫治“偏险而不正”,以刑罚禁悖乱。由此可见,法指的是官僚所应施展的各种规定。而在荀子那里,民众、官僚、君子—圣人(统治者)的身份划分之下,前两者应受法的约束,而后者基本上不受法的限制,其所适用者为礼。“德必称位,位必称禄,禄必称用,由士以上则必以礼乐节之,众庶百姓则必以法数制之。”(《荀子·富国》)士大夫以上的人是“礼”治的对象,士大夫以下则是“法”治的对象,“修礼以齐朝,正法以齐官,平政以齐民”(《荀子·

富国》)。与前述礼治论中的“分”相契合，根据身份的差别并行采用礼与法。因而，礼与法之关系便是“礼者，法之大分，类之纲纪也”(《荀子·劝学》)。理解这一点，可以说是我们理解荀子礼治论的基础，也是理解其法的意涵的肯綮，更是理解礼与法之关系的关键。

前述已经提及，在战国中晚期，人为制定之法本身无法控制作为生法者的君主。事实上，单一统治者即君主的地位不容置疑，也不可挑战，这是包括儒家和法家在内的先秦思想家的共识。“礼乐征伐，自天子出”的背后意味着统治者面临着严峻的现实，即他只能依赖自己的判断作出决策，在政府权限分配问题上的困境尤甚。迟至春秋末期，随着儒家的崛起，“尚贤”主张便应运而生。早期儒家学者主张以“仁”和“孝”等伦理价值作为判断贤人与否的标准，将过去只有世袭贵族才能拥有的权位开放给贤人；墨家虽然批评儒家判断贤人的标准，但他们比前者更强烈地主张尚贤的必要性。不过，正如后来庄子所怀疑的，儒墨两家都无法证明自己比对方贤能——“故有儒墨之是非，以是其所非而非其所是。欲是其所非而非其所是，则莫若以明。”(《庄子·齐物论》)慎到便认为，“国有贵贱之礼，无贤不肖之礼”(《慎子·逸文》)。统治者应如何分辨和确定谁更有才能呢？稷下学派发展出所谓的“心术”与“形名”的方法。尚贤的关键，从某人的贤与不肖转变为君主选贤的标准问题。而尚贤论涉及的更为现实的问题则是，如果君主不能放弃自己既有的权力，贤能之人如何才能有发挥其作用的空间？于此关节，荀子洞若观火——“人主之患，不在乎不言用贤，而在乎不诚必用贤。夫言用贤者口也；却贤者行也，口行相反而欲贤者之至、不肖者之退也，不亦难乎！”(《荀子·致士》)至于孟子所说的“国人皆曰贤，然后察之，见贤焉，然后用之"(《孟子·梁惠王下》),基本上没有可操作性。荀子提出的方法是"解蔽"。通过观察臣下实践礼的程度,君主得以衡量他们的德行,并据此判断贤与不肖。

那么,疑问随之而来,为何在士大夫以上层面只能适用礼而不是法呢?为了回答这个问题,有必要对荀子的"类"的概念进行考察。一般而言,类有相似、范畴或模拟推论的标准等意涵。在《荀子》中,类与法一同出现的情形,除了前述"礼者,法之大分,类之纲纪也",尚有"(君子)知则明通而类,愚则端悫而法"(《不苟》)、"故多言而类,圣人也;少言而法,君子也;多言无法,而流湎然,虽辩,小人也"(《非十二子》)、"(大儒)其言有类,其行有礼,其举事无悔,其持险应变曲当"(《儒效》)、"志安公,行安修,知通统类:如是则可谓大儒矣。大儒者,天子三公也;小儒者,诸侯、大夫、士也;众人者,工农商贾也。礼者,人主之所以为群臣寸尺寻丈检式也。人伦尽矣"(《儒效》)。在类与法的对比当中,前者是智力与能力都非常卓越的圣人的属性,而后者则是君子所能达到的层次,圣人显然比君子的层次更高。与类相关的事务,只有圣人才能胜任,而法或效法的履行,则是君子所能完成的任务。

在荀子看来,掌握类或统类是成为圣人的必要条件。唯有圣人,才堪当一国之君主或天下之君——"王者之人:饰动以礼义,听断以类,明振毫末,举措应变而不穷,夫是之谓有原。是王者之人也。""曷谓至足?曰:圣王。圣也者,尽伦者也;王也者,尽制者也;两尽者,足以为天下极矣。"(《荀子·解蔽》)可见,王者即圣人也。而称得上"天下极"的则非统治天下的君主莫属。王者/圣人行使类,意味着只有这一主体才有资格发挥类的功能。[①] 类的功能与统治者在人事方面的角色定位相关：

> 道者，何也？曰：君之所道也。君者，何也？曰：能群也。能群也者，何也？曰：善生养人者也，善班治人者也，善显设人者也，善藩饰人者也。……四统者俱，而天下归之，夫是之谓能群。（《君道》）

其间，统治者将某个政府职位和社会身份授予其臣民，使全体民众可以得到适当的养与饰，而养与饰则是礼的主要功能，因此，前述“四统”即四种人事上的功能便莫非礼所能担当。结合前述经由类的概念所达成的社会统合——“凡爵列、官职、赏庆、刑罚，皆报也，以类相从者也。一物失称，乱之端也。夫德不称位，能不称官，赏不当功，罚不当罪，不祥莫大焉。”（《荀子·正论》）统治者需要正确判断四项事务，即某人之德是否配得上其爵位，能力是否适合其官职，获得的奖赏是否与其功劳相称，受到的刑罚是否与其罪行相当。由于这四项事务基本上属于礼所要实现的目标，故而应以“类”为标准。类为君主在评估一个人应获得的政治与社会地位时所应遵循的方法或标准。荀子认为“以类相从”来授予爵位和官职，其权限业已超越了“法”的范畴，只有礼才能决定类。那么，礼是如何发挥“以类相从”的功能的？其与“法”的功能有何不同？

---

① 荀子主张，“故学者，以圣王为师，案以圣王之制为法，法其法，以求其统类，以务象效其人。”（《荀子·解蔽》）王者/圣人“听断以类”，也意味着他是超越于法规之上的统治者。换言之，与之前的慎到或黄帝帛书中主张圣人制法但统治者始终依赖于法的态度有异，荀子所设想的王者位于人类社会的顶点，且代表人类全体“参于天地”，其能生法，但并非法所施加的对象。这一点，也与荀子所主张的基于儒家传统的伦理价值作为从政基础的必要条件相契合。荀子始终是一个儒者，始终坚持伦理价值的优先性，也始终没有认为人为的、实定的法可以取代伦理的优越地位。

其取人有道，其用人有法。取人之道，参之以礼；用人之法，禁之以等。行义动静，度之以礼；知虑取舍，稽之以成；日月积久，校之以功。故卑不得以临尊，轻不得以县重，愚不得以谋知，是以万举而不过也。（《君道》）

统治者必须根据某个人实践礼的情形来观察，而之所以需要用“类”来区分人的素质或等级，是因为统治者需要依据人的品德来选任宰相和高级官员。荀子认为，只有先行调查某人在实践礼仪时所表现出来的品德，才能将人区分等级，而分别民众伦理德行等级的方法便是类。由于类具有这种功能，其重要性显然比法更高一层。君主可以通过法来规制官僚，可以通过刑来赏罚民众，但爵位和官职的授予由于涉及人才品德的评判，就超越了法所能发挥作用的范畴。

至此，我们可以将荀子思想中礼与法的关系理解为，“礼者，法之大分，类之纲纪也”——礼位于法之上，法则以个别的、部分的与具体的形态居于礼之下；经由法这样的设置，统治者实现了对整个国家的“礼治”，即齐朝廷用“礼”，正官僚则用“法”。而“法”之运用，理所当然地便成为“礼”治的一环。①

---

① 萧公权先生从政治发展的转变以及需求的层面分析荀子对礼、法的主张，认为“按封建宗法社会之中，关系从人，故制度尚礼。冠婚丧祭、乡射饮酒、朝会聘享之种种仪文，已足以维持秩序而致治安。及宗法既衰，从人之关系渐变为从地，执政者势不得不别立‘贵贵’之制度以代‘亲亲’。然礼之旧名，习用已久，未必遽废。于是新起制度亦或称礼，而礼之内容遂较前广泛，其义遂与广义之法相混。荀子之礼治思想即表现此过渡时期之趋势，故言礼而不为纯儒，近法而终不入申商之堂室也。”萧公权：《中国政治思想史（一）》，辽宁教育出版社 1998 年版，第 104 – 105 页。礼随着宗法制度的衰弱而褪色，当时因变法而迅速崛起的秦国“法治”势必引起注意。因此，无论基于时代需求还是面对“法治”的挑战，儒者若要守护礼制，则不得不反省，对礼制内容作出调整。荀子注意到法将取代礼，便对二者加以结合。但是，这种主张似乎并没有意识到荀子礼治观中礼、法并非并列的结构，而是法附属于礼之下。

四、礼法分治的二元化治理结构

除了为统治者提供选择宰相的标准，礼在荀子看来还有一项重要的功能便是促使民众将统治者的言行视为典范而遵循。由于君主独自掌握大权，其言行自然成为民众关注的对象，即便在实际规范中没有明文规定，也会成为“事实上的规范”。可以推论，如果统治者好礼或者切实地践行了礼的要求，民众也会随之而为。若一国上下都实践礼，则社会便能达成和谐良好的秩序。这也意味着，除非位于最高社会阶层的人能够妥善地实践礼，否则整个社会也不可能达成“治”。[①] 虽然前述已经揭示荀子的观点，即礼的执行主体仅限于士以上的阶层，但他似乎仍坚持认为国家最高层级中的礼的实现对官僚机构的运作和民众秩序的达成具有关键性的影响。

在荀子的法政理想当中，“人之命在天，国之命在礼。人君者，隆礼尊贤而王，重法爱民而霸，好利多诈而危，权谋倾覆幽险而亡”(《荀子·强国》)。而理想的治理结构则是“必将修礼以齐朝，正法以齐官，平政以齐民；然后节奏齐于朝，百事齐于官，众庶齐于下”(《荀子·富国》)。“朝”、“官”与“民”分别代表着不同的社会阶层或场域。无疑，“朝”占据了最为重要的地位，作为由国君所主持的且为国中大臣聚会的政治场合，必然伴随着庄重的国家仪式，代表着国家的整体道德形象，也呈现出国家伦理层面正当性的机会。只有“朝”的层面“修礼”，官与民的层面才能安心和尽力地执行其职责。此处所呈现出的礼与法的关系，清楚地

---

① 与此相比，似乎只有韩非才提出了极端的“人皆趋利”的观点，试图否定君主与臣民之间的这种影响，无论君主的动向如何，民众自始至终都会将利益作为行动指南。

表明了法是属于“朝”层面的“官”所属的官僚机构所应执行的各种规则法令。相较于一国之中只有一个朝,官则是派生的、多数的,因此,礼与法又呈现出一和多、高和低、源和流的关系;礼位于秩序的顶端,不可取代,而法则是礼的德性力量的展现。国家的官僚机构的法,都源于并统合于单一朝廷的礼。故而,“礼者,法之分也”之意涵便得以显现。

经由上述阐释,可见荀子对礼与法的基本认知。而两者关系的界定,也在一定程度上反映了荀子对道德和现实政治之间的关系的看法。就其所使用的“法”而言,也与法家之法不同。在理解以上荀子价值倾向的基本性格的前提下,分析《荀子》当中的法的概念,反而会显示出荀子对道德价值的肯定。荀子试图验证的是,与法、形名参同等现实政治伎俩的执行相比,道德的实践是更为有效的统治方式。然而,荀子并未对现实政治的伎俩保持沉默,并藉此来积极提倡道德政治的优势。荀子要求国君按照礼的标准执行所谓的形名参同。如此,原来有别于道德政治的几项(法家)政治主张因荀子的转化反而成为构成道德政治的一环。因此,可以说,在弥漫着现实主义思潮的战国中后期,荀子通过建构具备更高度分析性内涵的礼,作为合乎伦理政治的必要概念,在关于国家社会机制的分析的论述中重组并再次展开了提倡伦理价值的论述。法的作用与功能,也只有在这一宏观背景下才能被理解。

第三节 荀子对法家思想的改造与转换

在《荀子》文本中,我们可以发现,他对礼的重要性的主张是一以贯之的。荀子对于礼的阐释具有明显的(前期)法家之法的因素，法的重要性为荀子所承认，而君主的现实意义则为当时诸子各派所肯定，荀子的主张便体现为对法家在一定意义上的亲和性。尤其需要指出的是，荀子与法家分享了相近的人性论。但是，能否据此而认同后人所批判的“荀卿全是申韩”？在此，笔者认为有辨正澄清的必要。

一、荀子与法家理论的距离感

需要指出的是，荀子之法应为礼法，即以成文化、制度化与客观化的法来改造礼。从而，荀子与法家特别是以韩非、李斯等所代表的后期法家具有明显的距离感。

首先，早期法家，如慎到，并未全面否定伦理的价值，而是强调社会机制运作中固有的支配法则的重要性，“法虽不善，犹愈于无法”（《慎子·威德》）。既然法不必然是完美的治理工具，那么，他对礼的论述便值得我们注意，“法制礼籍，所以立公义也。凡立公，所以弃私也。明君动事分功必由慧，定赏分财必由法，行德制中必由礼”（《慎子·威德》）。礼与法彼此相辅，而非互相排斥。可见，慎到也同意，没有伦理的政治权威无法长久地维系下去。荀子则以礼为体，以法为用，建构起了制度化的礼治。不过，两人虽然分享了相近的人性论，但与荀子的以礼进行化性起伪的态度不然，在韩非那里，对礼则采取了完全排斥的态度，“去貌、径绝，而取缘理、好情实也”（《韩非子·解老》）。韩非认为，国家的政治目标与儒家（一定程度上包括墨家）所提出的伦理价值会互相冲突，仁义等恰恰是“治”无法实现的原因。人之所以贫困，源自自身的不努力，所以，救济弱者便是对强者的伤害（不公平），导致社会风气的败坏；而不惩罚有罪者，就是对无罪者的伤害，鼓励了社会上的犯罪之风。既然人性趋利避害，那么行仁政，必然导致懒惰、自私与暴乱，国家之治更是无由谈起。因此，“夫仁义辩智，非所以持国也”(《韩非子·五蠹》)。荀子认为慎到“尚法而无法，下修而好作”(《荀子·非十二子》)，只知成文法令而不知治道之根本，致使设计出来的法令沦为遵循君主旨意和流俗之见的结果，故而“蔽于法而不知贤”(《荀子·解蔽》)，即慎到徒知依法令而行庸政，却不知应由贤人在位。事实上，尚贤虽然为早期儒、墨两家所赞许，但有其实施上的难度。荀子主张以礼的实践程度来考察贤与不肖。因为贤能之人尤其是宰相之选任完全超出了“法”所能发挥作用的范围，这便为礼的发挥留出了空间。之后的韩非则基于维护君主统治的需要，完全否定尚贤。在他看来，如果统治者将权力分割给贤人，则贤人恐怕会反过来侵蚀统治者的权力基础。韩非以极为冷静的语言描述道：“今尧自以为明而不能以畜舜，舜自以为贤而不能以戴尧，汤、武自以为义而弑其君长，此明君且常与而贤臣且常取也。故至今为人子者有取其父之家，为人臣者有取其君之国者矣。”“舜以贤取君之国，而汤、武以义放弑其君，此皆以贤而危主者也，而天下贤之。”(《韩非子·忠孝》)

其次，在面对生法者无法受制于法这一时代难题时，如前所述，荀子主张以礼的教育作为统治者自我修身的方法，并预设在一个平庸的统治者无法以礼修身时，可以通过观察对礼的实践而择相，并命其统揽国政。至于面对暴君，则应“崇其美、扬其善，违其恶”(《荀子·臣道》)。当然，荀子似乎肯认汤武革命的必要性，但那属于极为特殊的历史教训了。以我们今天的后见之明可以发现，在韩非那里，君主不受法之束缚为其题中之义，为了确立君主的至高无上和绝对权威，有必要以“势”为权力之源泉，以“术”为统治方法。但是，其间的矛盾在于，韩非或法家的预设是，奉行法家之治的优越之处在于，即便是庸主，依法而行便可以实现优良治理，但能掌握势与术以驾驭群臣的便不能是庸主。庸主无法实现法家之治，而权臣反过来会挟制君主。君主的人格和位格之间，存在着不可忽视的落差。法家的政制设计，实际上严重依赖于明君在位。而明君“千世而一出”(《韩非子·难势》)，那么，无异于“千世乱而一治”(《韩非子·难势》)。

最后，在理想的社会秩序层面，在荀子那里，对道德价值的提倡为其核心思想，其理想的治理图景是礼治论。荀子将分和儒家传统的义等观念相结合，主张按照礼的规范来实现社会角色与资源分配的公正性。相应地，礼在其中也起到了满足人类欲望、提升人格素养和作为政府与民间政治运作依据的作用。其间，法的作用则体现在士君子以下政府机构和民间秩序的维护，朝廷之礼与政府之法相得益彰，而礼的层次则高于法。由于践行了礼，人类社会秩序得以与天的恒常秩序和地的厚载万物比肩而立，天—地—人和身体—社会之模拟连接在礼治论的理想图景中得以实现，即“明于天人之分，则可谓至人矣”。之后的韩非则将治乱之关键系于“法术之士”与“明君”。耐人寻味的是，在韩非的理想社会秩序中，从以法为教、以吏为师的“明主之国”，到上无殷、夏之患，下无比干之祸的“至治之国”，最终是为了实现“法如朝露，纯朴不散；心无结怨，口无烦言”的“至安之世”(《韩非子·大体》)。

二、回归“礼治论”的理想政制

在《儒效》篇中，秦昭王之“儒无益于人之国”的发问，与“孟子见梁惠王”有异曲同工之处。秦昭王念念于“益”与梁惠王执着于“利”，均为功利性的考虑。而应侯范雎见荀子时一句“入秦何见？”如果我们能代入式地还原当时的场景的话，无论是秦昭王还是范雎君臣,可能面对荀子这位儒者,那并不是一种询问式的疑问句,而是奉行法家之治坐拥天下第一强国的居高临下式的判断句。而荀子的态度值得我们重视。

对于秦国与秦政,荀子多有讨论。荀子认为人性趋利避害,好逸恶劳,如果顺之纵之,则必然人人争利,而物不能赡,必致争夺暴乱、忘恩负义,诈伪横行,所以,需要用人的知明之能制作礼乐法度来调和归正人的性情。而秦则“其使民也酷烈,劫之以势,隐之以阸,忸之以庆赏,鳍之以刑罚”(《汉书·刑法志》),无异于释放人性中趋利的本性,虽然做到了“四世有胜”,实际上是一个“諰諰然常恐天下之一合而轧己也,此所谓末世之兵,未有本统也”的国家,无法实现长治久安。没有实现道德力量的统治者,不具有统一天下的资格与能力。[①] 在荀子看来,理由非常简单,秦国兵力虽强,但远不及汤武通过“仁义”之德来统一天下的方式——“人皆乱,我独治;人皆危,我独安;人皆丧失之,我按起而治之。故仁人之用国,非特将持其有而已也,又将兼人。”(《荀子·富国》)

前已述及,“治”是荀子法政思想中用来观察当时战国时期的实际情况,以评估一国之政制良善与否的主要标准。荀子对王、霸的态度,经历了从“尊王贱霸”到“尊王取霸”的发展过程。在《仲尼》篇中,荀子认为,“然而仲尼之门人,五尺之竖子言羞称乎五伯,是何也?曰:然。彼非本政教也,非致隆高也,非綦文理也,非服人之心也”。但是,随着时局的动荡与阅历的增长,荀子对霸逐渐持肯定态度。在《王霸》篇中,荀子阐述道,“故用国者,义立

---

① 具有讽刺的是,在某种意义上,荀子正确地看到了秦国历代国君虽然经常取胜,却保持了“常恐天下之一合而轧己也”的警惕性,而这种警惕性或许是秦国在战国时代保持独强的重要因素。

而王，信立而霸，权谋立而亡”。在给予霸以肯定的同时，荀子坚持以“信”作为霸天下的必要前提，亦即将霸置于儒家的义理与规范当中。荀子认为推行礼乐教化的王道优于霸道，但在战国中晚期时局的激烈变局当中，后者在一定程度上能为人们提供一个相对稳定的秩序。虽然他以“治”来描述其所见到的秦国的社会状况：“佚而治，约而详，不烦而功，治之至也，秦类之矣”（《荀子·强国》），但稍具讽刺意味的是，“其殆无儒”的秦国，反而具有良好的社会秩序——如果我们回到法家慎到的理论框架，这样秩序井然的政制，如果能扩大到天下，即为天下统一。荀子虽然承认诉诸法家理论实践的秦国的社会秩序和国力具备压倒其他国家的可能性，但当时其他国家都陷入混乱之中，秦国的国力优势来自良好的社会秩序，不过，秦国即便做到了“四世有胜”，还是处于“諰諰然常恐天下之一合而轧己也”的困境，充其量只是“末世之兵”。何为末世？亦即秦国的整个国势只是代表它面对的是混乱时期的尾声，在这种优势当中，荀子并没有看出统一天下的前景。我们可以推想，秦国所达到的“治之至”与荀子所构想的“治”，存在着巨大的差距。我们甚至可以合理推测，秦国离荀子所预设之“霸”道，尚有不足。

我们知道，荀子的“治”与其“天—地—人”三才架构相联系。首先，在这一架构当中，“治”是显现人类社会的“道”——“天有其时，地有其财，人有其治，夫是之谓能参。”正如天的恒常秩序与地的生产万物一样，人类社会所要达成的是“治”，即社会的和谐。与天地相比，人类社会的秩序还处在无法达成的状态。这是荀子思考“治”的前提。其次，荀子认为，为了实现人类社会的和谐秩序，需要有能够“参于天地”的君子—大儒。在荀子的伦类设想当中，“有俗人者，有俗儒者，有雅儒者，有大儒者”，而大儒“则百里之地,久而后三年,天下为一,诸侯为臣;用万乘之国,则举错而定,一朝而伯”(《荀子·儒效》)。如果联系到儒家传统中君子和小人之分,前文业已述及,两者分别对应“治”和“乱”的成因。没有君子,便无法达到“治”。那么,我们可以将君子仅仅视为实行“道”或“法”的人吗?如是,则与《黄帝四经》中对“道生法”的圣人相去无几。而荀子的特殊之处在于,无论是形而上学的“道”“法”或“道法”,还是作为实践主体的“君子”,如果没有礼仪这样根本的方法,便无法达成“治”。最后,在荀子的法政哲学当中,礼仪是将形而上学原则的“道法”与人类社会的“治”结合起来的环节。只有秉具伦理意涵的君子来进行实际的统治,良好的社会秩序才能实现;而只有当统治者必须先以礼仪修身的时候,才能成为君子,在此之后才能实现理想的和谐社会秩序。由此可见,礼仪成为连接“道”/“法”与“治”的环节。对荀子而言,唯有通过礼仪的伦理价值,社会才能达成“治”的理想,因此,缺乏儒者、君子这类通过实现礼仪来达成“治”之角色的秦国,当然没有统一天下的资格。

由于统治者是人类社会中唯一能够发布法的人,也就不可能有任何人为的法可以使身为法的权威来源的统治者屈居其下。那么,荀子是怎样解决这个问题的呢?——之所以要考察这个问题,是因为荀子所使用的“法”与法家之法存在不同。

对前述问题的回答,慎到是将法的基础归于不变的“道”。“以道变法者,君长也”。法基本上是为了使赏罚公平,故而其执行原则不会因对象是普通民众或政府官员而有所变化。在法的实行当中,慎到不允许统治者任意改变法所规定的事项。这也意味着,君主亦应遵循其所制定出来的法。不过,在必要时,君主可以将原来的法改变为更符合于“道”的自然规律。而在《黄帝四经》与《管子》当中，同样强调了法是维持政治与社会秩序不可或缺的要素，统治者虽然是“生法”的权威，但在法已经颁布之后，不可随意地改动。《管子》中的“虽圣人能生法，不能废法而治国”与《黄帝四经》中的“执道者，生法而弗敢犯也，法立而弗敢废也”，都指出了法的双重性，即统治者为法的来源，然而在制定出法之后就不能随意改动。

但是，上面的论述不乏理想化，且具有内在的矛盾性，既然统治者生法，也便意味着其可以废法，废法也是生法的一种类型。事实上，无论是《管子》还是《黄帝四经》，引文中的陈述反过来证实了战国时代“法”并不足以阻止统治者操弄权力以废法。荀子非常清醒地认识到没有一个“法”的规定能够控制统治者本身。“君子……得之则治，失之则乱；得之则安，失之则危；得之则存，失之则亡，故有良法而乱者有之矣，有君子而乱者，自古及今，未尝闻也。”（《荀子·致士》）如果我们将君子视为统治者，则他无疑是在“法”的限制之外，人格能维持其超凡道德的统治者。而作为“道法之摠要”的君子，可看作“道生法”的重申。荀子主张统治者即道与法的来源，那么，“良法而乱者有之”便意味着虽然有良法，人们仍然会违反。如果这是指人们违法的状况，荀子尚不忧虑，因为君主可以用刑罚进行治理。真正的问题在于，违反“法”的可能正是统治者本人，且没有任何“法”可以处罚他，这就代表了“乱者有之”的状况，因此国家也无可避免地走向衰亡。由此可见，对于前述法家所主张或期盼的统治者也能遵守法的意愿，荀子实际上是持批判态度的。

那么，面对这一难题，荀子的解决之道是怎样的呢？还是回到礼治论的框架。荀子寄希望于对统治者的教育和自我修身，将礼当作可行且实际的方法。由于礼的实践与内化，所有接受礼的教育的统治阶层的成员被期待成为有德之君。但是,如果统治者未能充分实践礼的话又应该怎么办呢?荀子的主张是:“虽王公士大夫之子孙也,不能属于礼义,则归之庶人。虽庶人之子孙也,积文学,正身行,能属于礼义,则归之卿相士大夫。”(《荀子·王制》)可见,荀子所着眼的是在一个平庸的统治者自己无法以礼修身时,可以选拔出最能以礼来呈现出自己品德的人,付诸国政。至于极端的汤武革命,则似乎存而不论。不过,可以想见的是,荀子是持认同态度的。

荀子对其之前的法家思想有过深刻的认知与检讨,其思想中蕴含着丰富的法理论,但并不必然导向法家学说。荀子一方面接纳与改造了法家之法的客观性与公正性的特征,强调礼的“法度”标准之功能,另一方面借鉴法家之法的人为性特征,建构起发生学意义上的礼的起源理论,进而把礼从个人规范扩大到治国方法,形成独具特色的“礼治论”。“礼治论”具有二元化的治理结构:“礼”包含着建构秩序的功能,其实质在于定“分”,其目标在于“治”;“法”则有别于“刑”,主要指的是官僚所应施展的各种规定。在“天—地—人”三才架构中,礼、法分治:齐朝廷用“礼”,以礼为标准来发掘和选拔人才,并将秩序与和谐普及于下层社会;正官僚用“法”,“法”之运用,理所当然地便成为“礼”治的一环。荀子的“礼治论”的政制理想与先秦法家有着相当的距离,也成为自西汉以后社会政制架构的基础。“荀子无疑是中华帝国政治文化的最重要的建筑师。他综合了儒家传统的道德准则和战国晚期的具体政治需要,吸收并且创造性地重新阐释了前代的思想——他经常与之进行共时性和历时性的辩论。”①

---

① [以]尤锐:《展望永恒帝国:战国时代的中国政治思想》,孙英刚译,上海古籍出版社2013年版,第105页。

荀子去世后不久，秦国便以压倒性的军事力量完成了兼并战争，实现了天下一统。而秦王朝的迅速崩溃、惨烈的楚汉相争以及之后在一介布衣刘邦手中恢复秩序，在在出乎荀子的预期。但荀子的思想最终获得认可与采纳，成为汉王朝社会政制架构的基础。可以说，先秦以前的礼论皆汇流于荀子的礼论，而秦汉后的礼论更是自荀子而来。具有讽刺意味的是，荀子的理论虽然最终获得了胜利，但其胜利也意味着其思想的历史任务的终结。不过，笔者还是认同萧公权先生对荀子的论断——“生平持论，虽不与孔孟尽同，然其欲以礼义之言易强暴诡诈之术，则强聒不舍，始终如一，实不愧为儒家之后劲”①。

① 萧公权：《中国政治思想史（一）》，辽宁教育出版社1998年版，第80页。

第六章　古典政制的回归：荀子的“明”论与光明思想

我们注意到，荀子行文论述，多征引《诗》《书》。《诗》《书》为西周时代形成的文献，记载了当时的生活经验、情感与历史记忆，具有浓厚的历史意识。[①] 而荀子征引《诗》《书》，多有光明意象，例如：

> 《诗》曰：“雕琢其章，金玉其相，亹亹我王，纲纪四方。”此之谓也。（《富国》）
>
> 《诗》云：“如霜雪之将将，如日月之光明，为之则存，不为则亡。”此之谓也。（《王霸》）
>
> 《书》曰：“克明明德。”《诗》曰：“明明在下。”故先王明之，岂特玄之耳哉！（《正论》）

荀子认为，引诗必陈“此之谓也”，而“大雅之所以为大雅者，取是而光之也”（《荀子·儒效》）。先秦时代存在着具有久远历史的光明思想，经典中凡称“明德”，或用“明”“昭”“显”等组合的

---

① 有关《尚书》的历史意识，可参见王灿：《〈尚书〉历史思想研究》，中国社会科学出版社2013年版，第一章第二节。

一系列词语极有代表性地说明这个问题。[①] 周人赋予“受命文王”以上天之载之穆穆光明，凸显出周人之上帝与文王为全天下之天神与共主之意。殷周鼎革过程充满了血流漂杵的残酷与使民战栗的肃杀，周人的光明意象便不会只是停留在温暖临照，而是具有明察秋毫、武力征伐的可畏可怖形象，从而，光明具有刑德二元的双重意涵。《尚书》围绕“明德慎罚”之主题，告诫君王应当向人民彰明自己的德行，以德治世才能确保长治久安。《诗经》在歌咏君主帝王之美德时，往往形容美德宛如日月光华，足以感动人心。随着周文疲弊而逐渐解体，由《尚书》《诗经》而来的光明意象传统，已不占重要地位，而荀子却使用了大量与“明”“光明”相关的语汇，那么，光明思想的内涵是什么，为何是被后世学者视为儒家歧出的荀子继承了光明传统，荀子是如何阐释光明思想的，光明思想在荀子整体理论关怀中占据怎样的地位，荀子的光明思想与其政法理论之间存在怎样的关系等，这些问题需要我们作出回答。

第一节　先秦光明思想之缘起与内涵

光明思想最早可以追溯至《诗》《书》。《诗经》形容文王“明明在下，赫赫在上”。《尚书・尧典》称颂尧“钦明文思安安，允恭克让，光被四表。格于上下”，《尚书・泰誓下》中有“惟我文考若日月之照临，光于四方，显于西土”，《尚书・康王之诰》中有“用昭明于天下”等，显示出光明意象，隐喻圣王临照四方。《尚书・洪范》云“视曰明”，《逸周书・谥法解》载“照临四方曰明，谮诉不

① 参见姜亮夫：《光明崇拜及其在封建政治中的痕迹与作用》，载姜亮夫：《古史学论文集》，上海古籍出版社 1996 年版，第 189 页。

行曰明”。“明”逐渐转变为君王之德;圣王具有视之明,可以推行仁政,光照天下。由此可见,光明意象在儒家经典中,基本上不离君王德性的政治意涵,具备了统治临照和明察是非的双重意涵。

一、周人对文王光明形象的建构

儒家祖述尧舜,“《尚书》独载尧以来”(《史记·五帝本纪》),不过,对帝尧的身份,《论语》、《左传》和《国语》仅有只言词组的记录。① 从《尚书·尧典》“克明峻德”“光被四表”“百姓昭明”的形容和后世学者发掘《尧典》所传递的历法意涵而言,尧的光明性格与太阳光明有着密切的关系——“中国的日神神话最大的作用乃是他们光明之属性被儒家吸收,转化为人的理想的道德心灵。就像阳光照亮了黑暗,呈显了万物,世界以‘秩序’貌呈现出来。”②虽然儒家圣王系谱自帝尧开始,但就信史而言,当断自周人克殷。

周人以肇国在西土的蕞尔小邦打败大邑商,随即面临武王早逝、成王年幼、周公摄政后引发的“三监之乱”等危机,这促使统治集团为塑造自身的统治合法性而进行意识形态信仰的文化改造。周人割断了殷人与至上之神即上帝之间的血缘关系,构建出一套“以德配天”的天命理论。天命本是靡常,德行乃是最关键的要素。纣王丧德,文王有德,“天乃大命文王,殪戎殷,诞受厥命”

① 例如,《论语·泰伯》“唯天为大,唯尧则之”、《左传·昭公七年》“昔尧殛鲧于羽山”、《国语·鲁语上》“尧能单均刑法以仪民”等。杨宽认为,尧等古帝传说本为上帝(天神)的演变,这与海外学者的研究多有辉映。参见杨宽:《中国上古史导论》,载《古史辨》(第7册上编),上海书店1989年版,第129页。马伯乐、白鸟库吉、加藤常贤、御手洗胜等人咸以为帝尧的原始身份带有天神的成分,参见杨儒宾:《黄帝与尧舜——先秦思想的两种天子观》,载李学勤、林庆彰等:《新出土文献与先秦思想重构》,台北,台湾书房出版有限公司2007年版,第362-363页。

② 杨儒宾:《黄帝与尧舜——先秦思想的两种天子观》,载李学勤、林庆彰等:《新出土文献与先秦思想重构》,台北,台湾书房出版有限公司2007年版,第363页。

(《尚书·康诰》)。为了把握天命,敬慎明德的忧患思想贯穿在周初文献中,“王其疾敬德……祈天永命”(《尚书·诏诰》)、“永言配命,自求多福”(《诗经·大雅》)。文王被塑造为受命之主,是周人政治神学的奠基者,《诗经·大雅》中充满了周人对文王的赞颂,例如,“文王在上,于昭于天,周虽旧邦,其命维新。有周不显,帝命不时,文王陟降,在帝左右”。其间,除了强调文王“在帝左右”这种与上帝的亲密关系外,文王也具有“于昭于天”的光明异彩。这样的光明形象反复出现,从“惟此文王,帝度其心,貊其德音,其德克明,克明克类”(《诗经·大雅》)、“惟乃丕显考文王”(《尚书·康诰》)、“以觐文王之耿光”(《尚书·立政》)等的形容,大略可见文王“光明丕显”的形象深烙于周人心中。周人的至上神即上帝虽承袭自殷商,却被赋予绝对至上的包容性,成为全天下人之上帝。周人以文王为上帝代言人,赋予文王光明临照的属性,太阳的普照光明转喻文王区别商王之部落领袖,成为溥天之下的共主。因此,周人开国之初的光明神话中,上帝并不专为周人所垄断,而是以德为依归,崇尚“明德”,学习光明德行,维护统治秩序的稳定。

不过,如果我们注意到,《尚书·尧典》称颂帝尧之德,“曰若稽古帝尧,曰放勋。钦明文思安安,允恭克让,光被四表,格于上下”,或可意味着春秋战国之时儒家知识分子以尧舜圣王仁君的理想形象对抗以黄帝为首的系谱价值观。殆自战国之际,剧烈的兼并战争,导致各国唯武力是求,除了法家所提倡的刑赏制度外,一种结合道家思想,托言黄帝的黄老之学逐渐产生。马王堆汉墓出土的黄老帛书便勾勒出战国之际结合道家思想托言黄帝的黄老学说,其强调“刑杀”作为自然规律的一部分,是个体生命乃至天下秩序所需之必要的自然手段,暴力征讨有其自然本源的依据。

春夏为德,秋冬为刑,先德后刑以养生。(《黄帝四经·十大经》)

因天之生也以长生,谓之文;因天之杀也以伐死,谓之武。文武并行,则天下从矣。(《黄帝四经·经法》)

黄帝身遇蚩尤,因而擒之。剥其皮革以为干侯,使人射之,多中者赏。剪其发而建之天,名曰蚩尤之旌。充其胃以为鞠,使人执之,多中者赏。腐其骨肉,投之若醢。(《黄帝四经·十大经》)

上述引文皆意在强调刑杀作为自然规律的一部分,是个体生命乃至天下秩序所需之必要、自然手段。换言之,暴力征讨有其自然本源的依据。黄老帛书对黄帝擒杀蚩尤的画面描述是极为残酷血腥的,对应到战国时期各国之间的残酷征战,强调刑杀,将暴力征讨合理化,或许正是反映了这样的历史事实,也符合时代所需。然而荀子仍然强调德治,“古者帝尧之治天下也,盖杀一人、刑二人而天下治”(《荀子·议兵》)。

儒家视“周文”为永恒的文化遗产,而“周文”肇始于“明明在下,赫赫在上”的文王光明形象。尧以其光明形象出现,除了“克明峻德”的道德人格之外,同时具有照耀寰宇、统御四方的政治意涵,尽管《诗经》中并没有帝尧的记载,不过《诗经》中代表儒家圣王之文王确实符合帝尧所描绘的光明形象。在神话的世界里,帝尧具备太阳天神的光明性格。而在历史的国度里,帝尧不啻文王光明形象的另类改写。[①] 不管是神话世界还是历史国度,儒家文明的叙事皆以光明之姿的开端大放异彩。

① 考虑到帝尧在春秋之际尚不见其光明形象,而至战国之际,尤以《尚书·尧典》为主,光明形象方才成为帝尧的特殊属性,帝尧的光明形象当是仿照文王而来,如此一来,光明形象就从古史传说跨入信史的范畴。

二、周人之“德”与光明意象的连接

文王既是开国之君，更是受命之主。《诗经》形容文王“明明在下，赫赫在上”。文王之德是光明的展现，是天命观的产物。西周封建，宗法秩序与政治秩序紧密结合。《尚书》《诗经》中常见“明德”一词，光明德行已开放成为一种被期待学习的统治目标。① 而周人不断地塑造文王具同上帝般由上而下的显赫临照之姿，有意识将原本在金铭文中的“王曰”或“王若曰”逐渐改为“王命”的形式，塑造出“王命”与“天命”具有同源的威吓力量：

> 别求闻由古先哲王，用康保民。弘于天，若德，裕乃身，不废在王命。
>
> 汝惟小子，乃服惟弘。王应保殷民，亦惟助王宅天命，作新民。

上述两句引文引自《尚书·康诰》，是武庚之乱平定之后，成王封康叔于卫之诰。②

第一句是训勉诸侯要充裕美德，用康保民，否则将会被王命罢黜，而与王命对应的正是天。第二句是勉励诸侯弘王、保民，协助天子完成上天的使命，在此王命与天命同源。王命具有裁罚之力，这对应着受命之王光明形象的另一种意涵——

> 天聪明，自我民聪明；天明畏，自我民明威。（《尚

---

① 徐复观认为，“周人建立了一个由‘敬’所灌注的‘敬德’、‘明德’的观念世界，来照察、指导自己的行为，对自己的行为负责，这正是中国人文精神最早的出现”，参见徐复观：《中国人性论史·先秦篇》，上海三联书店 2001 年版，第 21 页。

② 《左传·定公四年》“命以《康诰》，而封于殷墟”。历来学者或谓《康诰》为周公、成王封康叔于卫时所作，或谓《康诰》为武王初封康叔于康地时所作，本书从前者之说。

书·皋陶谟》)

今天其相民,矧亦惟卜用。呜呼!天明畏,弼我丕丕基。(《尚书·大诰》)

我有周佑命。将天明威,致王罚,勅殷命终于帝。(《尚书·多士》)

惟帝不畀,惟我下民秉为,惟天明畏。(《尚书·多士》)

上述引文中,无论“畏”或“威”,都是畏惧害怕之意。天具有明察之能,审视万物,操赏罚之权,《尚书》所谓“明德慎罚”“德威惟畏,德明惟明”,大致可以说明“明”在临照包容之外的明察之威。光明乃天命观的产物,而天命观与德相关照,周文屡屡出现“明德”字样,则欲厘清西周之“德”与光明的关系,有必要对“德”进行考察。

三、“德”之字源与刑德二元思想略论

研究者多认为,德的原始含义与行为有关。从字体结构上看,德从心以后,则多与人的意识、动机、心意有关。从西周到春秋,德的基本含义有二:一是指一般意义上的行为、心意;二是指有道德意义的行为、心意。由此衍生出的德行,德行则分别指道德行为和道德品格。许慎在《说文解字》中将“悳”作为“德”字的声符,“德,升也。从彳悳声。”“悳,外得于人,内得于己也。从直从心。”不过,许慎所录“悳”乃战国篆文,孙诒让通过对甲骨文的研究,认为  即“省”,乃“德”之古字。① 许慎将“悳”作为“德”之古字,是因为“直”上方从“十”与“省”上方从“中”,在小篆改古

① 参见(清)孙诒让:《契文举例》,齐鲁书社1993年版,第81页。

文时发生混淆。

闻一多认为，“省”具有巡狩、巡视、田猎等的意涵，小仓芳彦在闻一多研究的基础上，结合《左传》中“德”与“刑”的记载，认为甲骨文中之方，“省”方，即巡狩征伐之义。“德”与王者的“省”事有意识上的关联，后者也存在相当于“刑”的行动的意涵。“省”与春秋时期德刑有一脉相传的近缘关系，“‘省’就是王者为确立自己的权威，以及促进对方纳贡而亲自（或命其代理者）赴对方土地的行为。”[①]例如，《左传》中“叛而伐之，服而舍之，德刑成矣。伐叛，刑也；柔服，德也”的记述，便可概括从西周时期到春秋时期刑德二元论的政治文化特色。

王国维先生认为，“殷周之兴亡，乃有德无德之兴亡”，暗示“德”观念乃周人的发明。顾颉刚认为，“德实际是西周统治者意识形态方面的一个范畴。殷代没有此德字，因为殷代尚没有形成而且也不具备德的观念，他们用杀戮的权威和上帝的权威来进行统治。他们把上帝的权威看作是绝对的，一切休咎祸福是凭上帝的意旨无条件降下的，并不根据人的愿望来降祸福。他们遇事要占卜，就是在探明上帝旨意后去做任何事情，而不问其德还是不德”[②]。周人天命有德说兴起之后，“省”包含了更多怀柔与政治理性，周人之德形成了武力征讨与怀柔教化相杂糅的双元思想。

① ［日］小仓芳彦：《〈左传〉中的霸与德》，载刘俊文主编：《日本学者研究中国史论著选译》（第7卷），许洋主等译，中华书局1993年版，第10－11页。“省”所代表的武力和怀柔的双重意涵，确实可以与刑德二元论展开联结，然而“省”是否就为“德”的甲骨文古字，或存在讨论的空间。不过，两者在字形与字义上确实有其近缘性的关联。郑开通过分析《国语》《战国策》中的“德申”“德赵”“德魏”等文献，认为“德”具有征讨的意涵，可能是卜辞“省”字征讨意涵下的遗绪。参见郑开：《德礼之间——前诸子时期的思想史》，生活·读书·新知三联书店2009年版，第144页。

② 顾颉刚、刘起釪：《尚书校释译论》（第2册），中华书局2005年版，第1035－1036页。

“《周书》数文王之德,曰:‘大国畏其力,小国怀其德。’言畏而爱之也。”(《左传·襄公三十一年》),由此,自天命观而来的文王光明形象就有了双重意涵:一方面是“惟我文考若日月之照临。光于四方,显于西土”(《尚书·泰誓》);另一方面是“率土之滨,莫非王臣”(《诗经·小雅》)。若有阻挠礼法,则伴随着军事力量的惩罚。《逸周书》云:“照临四方曰明;谮诉不行曰明”,《尚书·吕刑》之“故乃明于刑之中”,以及《尚书·多士》之“将天明威,致王罚”等,均反映了西周光明思想德刑二元的双重意涵,也是最具周人文化特色的政治思想。

从西周至春秋时期,德偏重于外在的礼仪形式。“敬慎威仪,以近有德”(《诗经·大雅》)说明了“德”与“威仪之礼”的紧密关系。《诗经·大雅》记载:“韩侯受命,王亲命之:‘缵戎祖考,无废朕命,夙夜匪解,虔共尔位。’”韩奕接受宣王任命,被封为韩侯。需要注意的是,韩侯受命不仅仅是受宣王之命,更是接续祖考连绵不绝祖德之命,而祖德之命来自王命,王命则来自天命。《国语》中所记载的“异姓则异德,异德则异类”“同姓则同德,同德则同心”,指出“德”具有强烈的氏族血缘政治意味。西周宗法封建制造就了周人的宗族生命共同体,其合法性可以诉诸“德”。周人之“德”融氏族血缘与天命秩序于一体,所形成的共同意识超越了政权的兴衰,具有长久的文化凝聚力。

春秋之际,周室衰微,仍能延续数百年之久,不得不归功于周人天命与德的巧妙设计。但是,伴随着天命政治结构而来的光明思想,显然不符合东周社会发展变动的需要。“德”脱离了氏族血缘系统与受命原则,从刑德二元论逐渐演变为“在心为德,施之为行”,成为独立个体皆有的内在性价值。“德”与“礼”结合,前者提升为精神价值和伦理原则,后者通过人人皆有的内心之德,被重新赋予文化意涵价值。没有经过“德”所认可的“礼”,仅仅是没有生命意涵的外在仪式——“尔爱其羊,我爱其礼”(《论语·八佾》)便说明了“礼”的精神与“仪”的外在模式之间的差异。“德”转向内在,光明思想也随之瓦解,刑德二元的双重意涵被削弱。我们可以发现,《尚书》《诗经》中屡屡言及的光明意象传统,到了《论语》《孟子》等已不占重要篇幅。然而,到了战国中晚期,天下一统局面即将呈现之际,荀子著作当中却出现大量的光明思想与意象。

第二节 荀子对光明思想的承继与发展

在《礼论》中,荀子认为:“明者,礼之尽也。”杨倞注为“明察者,由尽礼也。”明察是“视曰明”“谮诉不行”的语意承继,“礼之尽”即礼的极致为光明的展现。荀子引用《诗经·小雅》“礼仪卒度,笑语卒获”进行印证,原诗为《诗经·小雅·楚茨》。该诗文在荀子的认知脉络里,具有强烈的秩序安排意涵,荀子主张,“人无礼则不生,事无礼则不成,国家无礼则不宁”(《修身》),即社会生活各个层面皆需依礼而行。

一、礼制秩序与刑德二元论的接榫

> 礼起于何也?曰:人生而有欲,欲而不得,则不能无求。求而无度量分界,则不能不争;争则乱,乱则穷。先王恶其乱也,故制礼义以分之,以养人之欲,给人之求,使欲必不穷于物,物必不屈于欲。两者相持而长,是礼之所起也。(《礼论》)

上述引文是我们一再提及的荀子关于礼之起源论述的文本。

我们之所以一再提及,源自其在荀子规范秩序理论中的基础性。在荀子看来,先王发明礼义,以分配资源、节制欲望,如此秩序方能建立,社会方可长久。职是之故,礼义的发明就带有秩序建构的意涵。荀子理想的社会是光明通透的,那么,这种秩序是如何确保的呢?“以善至者待之以礼,以不善至者待之以刑。两者分别,则贤不肖不杂,是非不乱。贤不肖不杂,则英杰至;是非不乱,则国家治。”(《荀子·王制》)在荀子的理论系统中,礼与刑相辅相成,前者是理想的原则性的宣示,后者是具体的操作性保障,荀子强调两者有别而不可偏废。尤其值得注意的是,他将后者提升至王者治国纲要的高度,认为“令行禁止,王者之事毕矣”(《荀子·王制》)。在他看来,“故古者圣人以人之性恶,以为偏险而不正,悖乱而不治”(《荀子·性恶》),必须依靠“明礼义以化之,起法正以治之,重刑罚以禁之”(《荀子·性恶》)。不过,需要指出的是,荀子之重视法、刑仍是站在儒家而非法家立场上而言的,他检讨与批判列国充满功利主义的做法,“兼是数国者,皆干赏蹈利之兵也,佣徒鬻卖之道也,未有贵上安制綦节之理也。”“凡人之动也,为赏庆为之,则见害伤焉止矣。故赏庆、刑罚、势诈,不足以尽人之力,致人之死”(《荀子·议兵》)。前述种种,仅能获得短暂的功用,真正的王者乃是“仁人上下,百将一心,三军同力”。由此而言,荀子之礼除了强调以刑为依靠,侧重点仍在于对其内在价值的认同。

> 三德者诚乎上,则下应之如景向,虽欲无明达,得乎哉!《书》曰:“乃大明服,惟民其力懋,和而有疾。”此之谓也。(《富国》)
>
> 因其惧也而改其过,因其忧也而辨其故,因其喜也而入其道,因其怒也而除其怨,曲得所谓焉。《书》曰:

> “从命而不拂,微谏而不倦,为上则明,为下则逊。”此之谓也。(《臣道》)
>
> 下亲上则上安,下畏上则上危。故主道莫恶乎难知,莫危乎使下畏己。传曰:“恶之者众则危。”《书》曰:“克明明德。”诗曰:“明明在下。”故先王明之,岂特玄之耳哉!(《正论》)

上述三则引文的共同之处在于,荀子皆引用《书》中的光明意象。《富国》中荀子引“大明服”之语加以说明,“言君大明以服下,则民勉力为和调而疾速,以明效上之急也”,即国君若具备忠信、调和、均辨,则民众就如同影随形般快速响应。《臣道》中荀子引佚书说明人臣之所以“从命而不拂,微谏而不倦”,原因在于“为上则明”,即君上具有圣明之德,主张为臣之道须使其君“改其过”“辨其故”“入其道”“除其怨”,最终“化易君性”。《正论》中荀子引“克明明德”“明明在下”,主张国君要以光明正大的态度摒除“周密幽玄”,呈现清澈明白的“宣明端诚”之德。不过,需要注意的是,三则引文所征引的光明意象明显不同于“明者,礼之尽也”所呈现出的秩序意涵,而是强调君的光明德行,呼应的是前述《正论》中“主道明则下安”的观点。

经由上述分析,我们可以发现,荀子的光明意象包含着双重意涵:一是“明者,礼之尽也”所呈现的秩序意涵,二是君主具有的令人向往的德性力量。这种威德兼具的意涵在荀子的文本中表现得非常明显。例如,他认为,“人主有能明其德者,则天下归之,若蝉之归明火也”(《荀子·致士》);人主还要有“衡听、显幽、重明、退奸、进良之术”(《荀子·致士》)。君王之“明德”固然使百姓向往归顺,但徒具感召尚不足以治国,王者之事在于不失刑赏。荀子强调刑罚与教化,显然是延续自西周以降所发展的刑德二元论,自然接榫同样强调威吓与向往的光明思想。

不过,在早期儒家的政治学说中,也有不失刑赏的表述,例如,“名不正,则言不顺;言不顺,则事不成;事不成,则礼乐不兴;礼乐不兴,则刑罚不中;刑罚不中,则民无所措手足”(《论语·子路》),为何光明意象没有得到凸显呢?原因可能在于,在儒家以“仁”为核心的思想体系中,外在的规范秩序虽然重要,但是与内在的道德信念相比,后者显然更具有根本性。“道之以德,齐之以礼”(《论语·为政》),作为内在道德秩序的礼,其价值与意义远不是刑罚所能比拟的,因此,儒家改造社会的路径便将重点放在如何阐发、实践内在之仁层面。孔子以仁为中心,提倡具有浓厚身心修养色彩的礼,“一日克己复礼,天下归仁焉”(《论语·颜渊》),这与光明感化的力量有相似之处。这种看重内在价值的类似光明意象的感召力量为孟子所继承——“充实之谓美;充实而有光辉之谓大,大而化之之谓圣”(《孟子·尽心下》)。孟子主张,君子修德以践形,作为个体的个人要以直道养心,就可以使身心呼应,进而改变外在形体,成就圣贤之效。显然,孟子的道德价值论述与《尚书》的“明明在下”具有延续性。但是,孟子全然消除了光明意象中的秩序与威吓面向,只保留了道德感召力。其所崇尚的“不嗜杀人者能一之”(《孟子·梁惠王上》)之理念,强调的是通过内圣的感化工夫来达到外王秩序。反观荀子,“明者,礼之尽也”,除了强调道德教化,亦坚持“起法正以治之,重刑罚以禁之,使天下皆出于治、合于善也”(《荀子·性恶》),堪为对刑德二元的光明思想的回归。

二、荀子对稷下心术论的吸收与转化

荀子继承西周的光明政治学说,试图建构理想的政治秩序。

为了应对战国时期百家思潮的挑战，荀子以儒家立场为根基，结合稷下黄老的心术论，发展出缜密的光明工夫论体系。

根据司马迁在《史记》中的描述，战国中后期的许多稷下思想家都曾受到黄老之学的影响。《管子》为稷下之集大成者，虽然该书内容庞杂，但其论述确实常常围绕着治乱、安危等的主题展开。《管子》的《心术上》《心术下》《白心》《内业》等四篇是颇受人注目的篇章，学者一般称呼此为“管子四篇”。四篇不同于《管子》的其他篇章，展现出独特的哲学思辨与工夫论述。①

心之在体，君之位也。九窍之有职，官之分也。心处其道，九窍循理。嗜欲充益，目不见色，耳不闻声。故曰：上离其道，下失其事。毋代马走，使尽其力。毋代鸟飞，使獘其羽翼。毋先物动，以观其则。动则失位，静乃

① “管子四篇”往往与《黄帝四经》一道被视为黄老思想的代表作。不过，这种处理方式不无可商榷之处。一则虽然“管子四篇”中确实会发现某种可以与《黄帝四经》相呼应的高度完整的思想型态，不过，相较于后者，前者着重探讨的修养论问题，正对应着《黄帝四经》中缺失的对于君主条件的规定，而更适合从宇宙论话语的角度来看待。再则“管子四篇”之间存在的差异及其隐含的问题脉络，似乎不应被预设为一个整体。笔者持这一主张的原因有二。第一，虽然《白心》从篇名来看与其他三篇具有高度的呼应性，但其实际内容未必足以与《管子》其他篇章拉开决定性的距离。陈鼓应先生认为，《白心》所谈的某些内容为《内业》所无，且将“形名”与“法”“修养”结合的做法是综合了《内业》《心术上》的结果，因此判定其在四篇中最为晚出，参见陈鼓应：《管子四篇诠释——稷下道家代表作解析》，商务印书馆2006年版，第26－27页。其实，《白心》的这些特质恰恰与《内业》《心术上》拉开了距离，而与《君臣上》《形势》等更加接近。第二，《心术下》的内容在很大程度上与《内业》重合，自郭沫若以来就有前者是后者副本的说法，虽然陈鼓应指出两者的差异，即《心术下》谈“形名”，而《内业》则否（《管子四篇诠释——稷下道家代表作解析》，第24－25页），不过，“形名”其实是《心术上》的重点，而这种差异似乎不足以构成《心术下》的特有风格。真正具有代表性和自身特色的当属《内业》与《心术上》。《内业》提出了著名的精气说与养心论，《心术上》却并未真正出现这两个说法，两者各有其自洽的思想系统。

自得。

作为《心术上》篇的开头，“心之在体，君之位也”，它将“心体”结构作为一个核心隐喻，展开了由“心术”到“主术”的推论。通过强调心相对于各具体官能的枢纽性位置，《心术上》篇凸显出了“君—臣”结构中的“位”与“分”。官能因欲求而产生的扰乱作用，决定了心的运作方式就是要去除私欲而不反受感官之动所牵累，并由此推出了“主静”原则。顺着“主静”，《心术上》篇进一步引出了“道”与“虚静”这两个要素：

> 道不远而难极也，与人并处而难得也。虚其欲，神将入舍。扫除不洁，神乃留处。人皆欲智，而莫索其所以智乎？智乎智乎，投之海外无自夺，求之者不得处之者夫。正人无求之也，故能虚无。虚无无形谓之道。化育万物谓之德……

《心术上》篇提出以“虚”作为修养原则，使“神”得以留存，而“神”的留存正呼应着“道”的获得，即唯有以“虚”的姿态去除私欲之追求，才有望达致虚无无形的“道”。

《内业》篇提出了著名的精气论，并由此展开一种富有动态感的宇宙论框架：

> 凡人之生也，天出其精，地出其形，合此以为人……精，气之精者也，导乃生，生乃思，思乃知，知乃止矣。
>
> 凡物之精，此则为生。下生五谷，上为列星。流于天地之闲，谓之鬼神。藏于胸中，谓之圣人。是故民气……是故此气也……敬守勿失，是谓成德。德成而智出，万物果得。

“精”是一个在《黄帝四经》和《心术上》篇都曾出现的概念，

例如，“服此道者，是谓能精”(《黄帝四经·道原》)，“世人之所职者精也，去欲则宣，宣则静矣。静则精，精则独立矣”(《心术上》)。不过，两者只是被附带地提及，并未取得关键性的地位，更没有像《内业》篇这样被标举为宇宙本原式的存在。而“精”与“气”这一《黄帝四经》与《心术上》篇均未出现的概念结合，蔚然成为《内业》篇的主导性概念。在精—气宇宙论架构后，《内业》篇又连接起了另一个在《心术上》篇出现的“心”这一关键性概念：

> 凡心之刑，自充自盈，自生自成。其所以失之，必以忧乐喜怒欲利。能去忧乐喜怒欲利，心乃反济……夫道者，所以充形也，而人不能固。……不见其形，不闻其声，而序其成，谓之道。

上述文字的论述几乎都与《心术上》篇相呼应。一方面，心与感官之情感欲求的关系被提出，也由此导出应去除私欲的指导原则；另一方面，“道”在此也被视为某种难以把握其形却与万物俱生的存在。此处对“道”的界定出现了“所以充形也”的说法，或许意味着精气宇宙论的脉络下，“道”与“形”之间已经有了某种更为实质性的关联。不过，真正关键性因素应是“心”与“气”的结合：“凡道无所，善心安爱。心静气理，道乃可止。……修心静音，道乃可得。道也者，……所以修心而正形也。”《内业》通过“心”与“气”的结合，修养论所作用的对象从外物之“形”转向了修养者自身之“形”，使“道”止于修养者之身。

《管子》这番言论置于先秦诸子天人合一的传统上，确有其思想脉络可循。荀子主张性恶论、天人之分，自然与这样的传统绝缘。不过荀子虽然强调性恶，却并非意指本质上为恶，“化性起伪”有其可能性与可行性。荀子亦是主张天地万物藉由“气”所构成,而只要以“治气养心”之术锻炼、调适个体之气,最终可以“积善成德,而神明自得”,进而“通于神明”,通过联络沟通于外在神明,最后成就遍照万物之“大清明心”。

> 心未尝不臧也,然而有所谓虚;心未尝不满也,然而有所谓一;心未尝不动也,然而有所谓静。人生而有知,知而有志。志也者,臧也;然而有所谓虚,不以所已臧害所将受谓之虚。心生而有知,知而有异,异也者,同时兼知之。同时兼知之,两也;然而有所谓一,不以夫一害此一谓之壹。心,卧则梦,偷则自行,使之则谋。故心未尝不动也,然而有所谓静,不以梦剧乱知谓之静。(《解蔽》)

“虚”和“静”出自道家,稷下黄老对此多有致意。荀子吸收其虚静工夫意涵,在神明圣心的基础上,进一步发展为大清明心。不过,如果完全依照道家虚静工夫,那么大清明心即会进入无分别、万物齐一的“常心”,将会丧失掉其听类以断、类化世界的立场,荀子隆礼义之治世学说也无由展开。① 因此,荀子,保留“臧”“两”“动”等心灵意识活动的认知作用,“不以所已臧害所将受”“不以夫一害此一”“不以梦剧乱知”,达到既要涵纳虚静之效,又要坚持类化之别的效果。

在荀子的《王霸》《性恶》《劝学》《正名》等篇中,心仅仅表示一种生理感官功能的存在,而大清明心则大异其趣。在《解蔽》

---

① 我们注意到,《内业》通过聚焦到圣人的养心工夫,将关注的重点转向自身之“形”,进而通过“气”的宇宙论架构与万物建立直接性的互通关系。它使圣人通过“心—气”的修养工夫通达“精”这一宇宙本原,进而以“气”建立与万物的关系。《内业》正是荀子由“治气养心”之术“积善成德,神明自得”“通于神明”,最后成就“大清明心”的改写。

中,“心”有统类与知的能力,大清明即“心”能充分发挥它的各种认知能力,以此知晓万物内在质性,思虑万物合宜关系。荀子以“见四海”“论久远”“明参日月,大满八极”等超越时间和空间的语言,描述大清明心已进入了物我合一、参于天地的精神境界,“经纬天地”“材官万物”“制割大理”“以近知远,以一知万”,最终成就儒家理想的道德秩序。

荀子大清明心实具有超越凡俗经验的道体高度和对现象认知的运用双重功能,因此,荀子体道往往被划入黄老类型的工夫论型态中。不过,在虚静状态的政治运用层面,两者并不一致。“先王贵当、贵周”(《管子·枢言》)。“人主不可不周,人主不周则群臣下乱。寂乎其无端也,外内不通,安知所怨?关闭不开,善否无原。”(《管子·九守》)黄老虽亦言“光”,但此“光”仅仅是证道过程的神秘展现。黄老将“道”运用于君御臣之术,“光”的意象消失,代之以幽暗周密的御臣之术。

荀子虽亦强调变化,但主张的是“天地合而万物生,阴阳接而变化起,性伪合而天下治”(《荀子·礼论》),焦点在于个人修德上“化性起伪”,以及君王修德后风行草偃、“化”民之效,不失儒家本色。荀子虚静工夫证成的是光明通透的“大清明心”,主张“主道治近不治远,治明不治幽,治一不治二”(《荀子·王霸》),以此光明心,照亮黑暗,“积善成德,而神明自得”(《荀子·劝学》),“治明”自然“幽者化”,通过努力修“礼”,“为上则明,为下则逊”(《荀子·臣道》),“上明而下化”(《荀子·解蔽》)的政治秩序自然形成,也显示出荀子以儒家光明思想改造稷下精气论述的用心。

第三节　荀子光明思想的工夫论与政治论

荀子的工夫之道是积学礼义，“化性起伪”。“伪”乃作为之意，“化”乃是积学工夫所成。荀子侧重的是积善成德的累积工夫，工夫论述的重点在于积，“积善成德，而神明自得，圣心备焉”(《荀子·劝学》)。荀子之“化”与其性恶之说息息相关，强调积习礼义，因此“化性起伪”，化作为工夫进程中的裁化，带有用以转化性恶之性、矫治的意味。“故明君临之以埶，道之以道，申之以命，章之以论，禁之以刑。故民之化道也如神。”(《荀子·正名》)

一、以“类”表彰“德”的时代性

荀子工夫境界聚焦如何以神明之心灵掌握变化之道，主张君子积善成德、神明自得。在《哀公》篇中，荀子通过孔子之口阐述道，“所谓大圣者，知通乎大道，应变而不穷，辨乎万物之情性者也。大道者，所以变化遂成万物也”。这里呈现出荀子所认为的大圣者乃需具备“应变而不穷”的能力，才能“辨乎万物之情性”，而这样的大圣者所具备的变化能力与荀子工夫境界神明自得的变化意涵相同。由此，我们可以断言，荀子的工夫境界仍是着眼于外王的理想政治秩序之上。

荀子主张，“志意致修，德行致厚，智虑致明”(《荀子·荣辱》)；“故乐行而志清，礼修而行成，耳目聪明。”(《荀子·乐论》)聚焦于君子智慧思虑而产生的清明通达，是周人光明传统的延续，不过，荀子发展出不同于西周传统的光明思虑。“知则明通而类”(《荀子·不苟》)，“志安公，行安修，知通统类”(《荀子·儒效》)等论述，呈现出“类”的概念。“类”是荀子礼学中的重要概念,如果说荀子承继了《诗》《书》光明传统中怀柔与威吓的双重意涵,那么“类”即是此光明思想更细致的呈现。

> 然则何缘而以同异?曰:缘天官。凡同类、同情者,其天官之意物也同……心有征知。征知则缘耳而知声可也,缘目而知形可也,然而征知必将待天官之当簿其类然后可也。五官簿之而不知,心征之而无说,则人莫不然谓之不知,此所缘而以同异也。(《正名》)

在人事世界中,人类靠着天官(耳目等感官)来区别同异。由天官“当簿其类”,逐渐扩大到整个生活世界,建立起一套“明贵贱,辨同异”“贵贱明,同异别”的礼制社会,而这样的礼制社会,正是由“知则明通而类”的君子以其大清明心裁量万物,使“众异不得相蔽以乱其伦”,形成完整的理想政治秩序。

前已述及,西周光明思想在政治上呈现出刑德二元的双重意涵;天命观的瓦解,也昭示着“德”与“礼”的分离。荀子重礼,礼崩乐坏之际,“德”脱离外在之“礼”而逐渐内化,被一种包容性、涵盖面更广的“道”取代。荀子依礼而行的明通意识的工夫论,蕴含了恢复“德礼合一”的光明思想古义,因此,我们可以看到,荀子将礼崩乐坏的内在德行之义再度拾起,“行义以礼,然后义也”(《荀子·大略》)。“义”并不是抽象的内在道德,而是“以礼行义”,通过具体的礼来实践的外在规范。“以国齐义”“义立而王”(《荀子·王霸》),“义及国而政明”“临事接民,而以义应变”(《荀子·致士》),“义者,所以限禁人之为恶与奸者也”“义者,内节于人,而外节于万物者也”“天下之要,义为本”(《荀子·强国》)等论述,或可表明义礼是一致的。荀子虽然将内在道德性之“义”还原为外在之“礼”,但并未对内在心灵世界有所忽视,而是强调“知通统类”(《荀子·儒效》)之心,从心灵的认知出发,援入诸子“道”的工夫意涵，使心灵具有“知通统类”“兼物物”（《荀子·解蔽》）的道体高度。

不过，一个不可忽视的问题是，西周之“德”代表着封建宗法的氏族血缘政治结构，东周以降，这一政治结构早已破坏殆尽，荀子又该如何安排与定义“德”？我们看到，荀子否定了宗法血缘关系中的“德类”划分，转而强调“人”这一种属的同一性，“水火有气而无生，草木有生而无知，禽兽有知而无义，人有气、有生、有知，亦且有义，故最为天下贵也”（《荀子·王制》）。人与人之间不再是“德类”的血缘之别，而是彼此均为“有气、有生、有知，亦且有义”。可以说，这是荀子通过“义”赋予人类以尊贵性，指向的是平等意向，但“义”仍然保留了阶层划分的意涵，这就呈现出包容创新与守旧因循的矛盾。不过，荀子自有其观察的视角：

> 势位齐而欲恶同，物不能澹则必争；争则必乱，乱则穷矣。先王恶其乱也，故制礼义以分之，使有贫富贵贱之等，足以相兼临者，是养天下之本也。《书》曰：“维齐非齐。”此之谓也。（《王制》）

从经验角度出发，人人等齐的社会状态并不适应战国时期的时代背景，荀子征引《尚书·吕刑》“维齐非齐”之语，阐明要做到上下“齐一”，就必须有“不齐”的等级差别。然而，既宣称平等，又强调等差，其间的矛盾就需要“礼”进行调节。荀子主张圣王“制礼义以分之”，“使有贵贱之等，长幼之差，知愚、能不能之分，皆使人载其事，而各得其宜”（《荀子·荣辱》），针对周礼之蔽，则认为“虽王公士大夫之子孙也，不能属于礼义，则归之庶人。虽庶人之子孙也，积文学，正身行，能属于礼义，则归之卿相士大夫”（《荀子·王制》）。这就使得阶级得以流动，“涂之人可以为禹”（《荀子·性恶》）——虽然这只是人性论上预设，却具有相当的说服力。

荀子将德之“类”扩大为全天下之人,如此一来,礼义便具有了普遍的包容性。在保留上下阶级贵贱区分的同时,通过礼的公平性调节阶级的流动,保障社会秩序的稳定就具有了现实的可行性。而礼制社会所面对的正是“类”的世界,荀子在周人光明意涵的基础上,吸收稷下精气理论,通过虚静的工夫论,使心具有“知通统类”“兼物物”“疏观万物”“参稽治乱”的能力,进而呈现“知其情”“通其度”“材官万物”“宇宙里矣”的妙用。由此,荀子的工夫论即时代的政治论也。

二、“神明自得”与“通于神明”的贯通

荀子主张,积习礼义则“知明而行无过矣”(《荀子·劝学》),“知则明通”(《荀子·不苟》)。在积习礼义的工夫下,会产生一种“通”而“明”的状态;而对应于积善成德之心灵,则具有“神明”。在荀子的理论中,“神明”具有沟通天地的特殊意涵。“并一而不二,则通于神明,参于天地矣。”(《荀子·儒效》)“积善而不息,则通于神明,参于天地矣。”(《荀子·性恶》)

众所周知,荀子守天人之分,割裂了上天对人事的影响,但是并没有否定人们对上天的崇敬之情。“天地者,生之始也”(《荀子·王制》),“天地者,生之本也”“天地合而万物生”(《荀子·礼论》),“功参天地,泽被生民,夫是之谓权险之平,汤、武是也”(《荀子·臣道》)等表述,均表现出对天的赞扬与希冀参于天地之治的想法。荀子没有否认天人之间的关联,人与其所生活的自然世界并非完全分离,而是统一于“道”。如果再考虑到荀子“化性起伪”的最终之境是与此天合而为一,“通于神明”后则“参于天地”,那么,“神明”便是连接君子与天地之间的桥梁。

荀子讨论“礼”的本源指出“天地者,生之本也;先祖者,类之

本也；君师者，治之本也”（《荀子·礼论》）。不过，尽管“天地生君子”，但天地的创生之德仅属于发生学上的次序意义，“天能生物，不能辨物也，地能载人，不能治人也；宇中万物生人之属，待圣人然后分也”（《荀子·礼论》），也在于传达天地创生之德仅具有程序性的意义，而在荀子看来，“无君子，则天地不理，礼义无统，上无君师，下无父子，夫是之谓至乱”（《荀子·王制》）。换言之，“君子理天地”即由君子来实践礼义才是重点所在，现实世界还必须由君子、圣人来创造。“圣王之用也：上察于天，下错于地，塞备天地之间，加施万物之上，微而明，短而长，狭而广，神明博大以至约。”（《荀子·王制》）荀子强调的是君子积善修德而入圣人境界，“仁厚兼覆天下”“明达用天地”（《荀子·君道》），达到神明之大用，进一步将天地收摄于礼义之中，由内在神明自得，进而通于神明；神明博大，参于天地，皆是由积善践礼之君子锲而不舍地累积所成就的。“天地生之，圣人成之”（《荀子·大略》），在荀子看来，世界是由礼裁化完成，物我因礼而有等差，呈现出秩序的面向，而君子则需通明之智、神明之心，才能应变类断，才会形成理想的秩序图景。

荀子从人性到培养典范人物议题的论述，带有工夫以及变化色彩，关系到先秦思想背后的基础，诸子对宇宙与身体的看法也影响并形塑着荀子的思想体系。前已述及，稷下《管子》之《内业》发展出了著名的精气论，并由此展开一种富有动态感的宇宙论框架①：“凡物之精，此则为生。下生五谷，上为列星。流于天地

① “精”是一个在《黄帝四经》和《管子·心术上》都曾出现的概念，例如，“服此道者，是谓能精”（《黄帝四经·道原》）“世人之所职者，精也，去欲则宣，宣则静矣。静则精，精则独立矣。”（《管子·心术上》）不过，两者只是附带提及，并未取得关键性的地位，更没有像《管子·内业》中那样被标举为宇宙本原式的存在。而“精”与“气”这一《黄帝四经》与《管子·心术上》均未出现的概念结合，蔚然成为《内业》的主导性概念。

之间,谓之鬼神。藏于胸中,谓之圣人。……是故此气也,……敬守勿失,是谓成德。德成而智出,万物果得。”在“精—气”宇宙论架构之后,《内业》又连接起另一个在《心术上》篇出现的“心”这一关键性概念:“凡心之刑,自充自盈,自生自成。其所以失之,必以忧乐喜怒欲利。能去忧乐喜怒欲利,心乃反济……夫道者,所以充形也,而人不能固。……不见其形,不闻其声,而序其成,谓之道。”通过“心”与“气”的结合,修养论所作用的对象从外物之“形”转向了修养者自身之“形”,使“道”止于修养者之身。“管子四篇”特别提出圣人修德之方法,即藉由修养“精气”能获“德”而体“道”。荀子与稷下关系密切,他汲取稷下精气论来填补和丰富儒家下学而上达的工夫论述应是常理的推断。荀子虽然强调性恶,但指的是人性只有在没有节制的情况下方才为恶,因此人性并非本质上为恶,“化性起伪”方为可能。荀子主张天地万物由气构成,只要以治气养心之术锻炼、调适个体之气,最终可以“积善成德,而神明自得”,进一步“通于神明”,联络沟通于外在神明,最后成就遍照万物之“大清明心”。《解蔽》篇云:“圣人知心术之患,见蔽塞之祸,故无欲、无恶、无始、无终、无近、无远、无博、无浅、无古、无今,兼陈万物而中县衡焉。是故众异不得相蔽以乱其伦也。”荀子同黄老皆强调变化,但荀子侧重于个人德性上的化性起伪以及君王修德后风行草偃,“主道治近不治远,治明不治幽,治一不治二。主能治近则远者理,主能治明则幽者化”(《荀子·王霸》)。他秉持儒家德治传统,主张“治明”,“明者,礼之尽也”,努力修礼,“乃大明服”(《荀子·富国》),“上明而下化也”(《荀子·解蔽》),理想的政治秩序自然形成。

总之,荀子之礼承袭周人天命观模式,武力征伐与道德教化的德刑二元观念在荀子的礼法理论中得到完整的呈现。荀子讲求天人之分,以礼作为天地万物存在的依据,具有周人上帝至上之神的影子。荀子将“礼”镶嵌入原本属于虚格上帝的位置,取消周人天命观之下天子受命的限制,赋予其包容、涵盖万物的特征,天地万物以礼裁化才得以流行,才具有意义。荀子继承刑德二元的光明思想,结合稷下精气说,形成有儒家特色的工夫论,并将虚静的“大清明心”指向君臣关系的政治论,在强调礼法外力之时,不偏废内在的德行教化,从积善成德所成就的内在“神明自得”,到沟通外在“通于神明”,构成了基于儒家立场与个人特色的实践论述。

第七章　荀子见秦昭王与儒家政论的展开

在一般的印象中，东周以降是个极度混乱的时代，《史记·太史公自序》转述孔子之言："春秋之中，弑君三十六，亡国五十二，诸侯奔走不得保其社稷者不可胜数。"不过，引导我们产生这种印象的，基本是《左传》《国语》以及诸子战国时期写定的文献。换言之，在这些文献追述、评判春秋历史的时候，难免带有战国时期支持君主集权体制的政治立场，因此春秋时期的混乱状况直接被认为是负面的政治现象。顾亭林先生对春秋战国之变的叙述，则呈现出另一种笔调——"自《左传》之终以至此，凡一百三十三年，史文阙轶，考古者为之茫昧。如春秋时，犹尊礼重信，而七国则绝不言礼与信矣；春秋时，犹宗周王，而七国则绝不言王矣；春秋时，犹严祭祀，重聘享，而七国则无其事矣；春秋时，犹论宗姓氏族，而七国则无一言及之矣；春秋时，犹宴会赋诗，而七国则不闻矣；春秋时，犹有赴告策书，而七国则无有矣。邦无定交，士无定主，此皆变于一百三十三年之间……不待始皇之并天下，而文武之道尽矣"。(《日知录·周末风俗》)战国时期残酷的兼并战争，已不同于以争夺霸权和人口为目的的"无义战"之春秋时代，个人的生存环境更加逼仄。动荡战乱的社会导致思想家们纷纷支持将权力集中到君主身上，并由此确立稳固的政治秩序。虽然君主集权自春秋战国之际已成为时代趋势,但战国早期国君的政治支配力并不稳固,而直接推动这种倾向的,是战国时期各大国之间激烈竞争的形势;战争状态强烈要求国家内部秩序的稳定,而军事实力也需要通过一个强有力的权力来提升。于是在这一持续战争的紧急状态下,“治乱”问题逐渐上升为主导性的政治议题,实现天下之治最理想的途径就是将政治秩序的决定权集中于一个绝对性的终极原理,以及握有这一原理的圣王身上。在战国动荡、残酷的环境中,强化政治支配力以维持更稳固的政治秩序,就能更好地保障国民的生活,避免国家灭亡的危险,这在当时无疑具有一定的合理性。甚至可以说,在剧烈的战争状态与社会结构变动中,权力集中于君主一人成为大势所趋。

第一节　荀子之入秦与时代的秦国观

上述历史背景也决定了彼时诸子的政治取舍与理论建构。我们可以看到,即使是推崇复兴周制的儒家孟子,也不将重建礼乐秩序的任务寄托于周天子身上,“定于一”者,行仁政者为之。孟子与荀子之间虽然相隔不过数十年,但这段时间是百家思想蓬勃发展的一个时期,荀子所面对的问题结构,已与孟子有了很大不同——孟子所面对的君主,分别来自国力鼎盛的强国齐国、国力衰退的大国魏国以及岌岌可危的小国滕国,孟子对这三种国家都寄予了仁政王道的期许。到了荀子登上历史舞台之时,滕国早已灭亡,魏国沦为秦国的附庸,而齐国则经历了几乎灭亡的命运,劫后之余唯求自保,不再过问列国事务。继之而起的,是秦、赵两强对抗的局面。荀子曾面见的君主亦正是秦昭襄王与赵孝成王。如果说孟子还对小国抱有期望,甚至尤其推崇小国仁政而王天下的话,荀子则已明确将实现政治理想的希望寄托在当时最有实力的大国之上。与此相应的是,孟子心目中的理想典范是行仁政而终得天下的文王,而荀子所推崇的却是在周人得天下之后辅佐幼主的大儒周公,前者的关键所在是得民心,后者则是平治天下。①

一、"天下之君"的塑造:荀子入秦的时代意义

"当是之时,秦用商君,富国强兵;楚、魏用吴起,战胜弱敌;齐威王、宣王用孙子、田忌之徒,而诸侯东面朝齐。天下方务于合从连衡,以攻伐为贤"(《史记·孟子荀卿列传》)。面对"海内之地,方千里者九"(《孟子·梁惠王上》)的战国列邦,孔子尊周之主张不复具有现实意义;孟子所求是新王之崛起,但其拘泥于不嗜杀者一之,"地方百里而可以王"(《孟子·梁惠王上》),瞩目魏齐,甚至积弱如宋、地小如滕,都犹言尧、舜,劝师文王,其说难以实现。荀子则深察世变,慧眼独具,两次入齐,主政稷下,三为祭酒,谏齐湣王修礼义;出楚入赵,与赵孝成王、临武君议兵;特别是西行入秦,奏对应侯范雎,会秦昭王,阐释治国之道。虽然其言不为用,但在与秦昭王的会谈之中,他所提出的主张与思索的问题,则成为日后政治哲学的源泉。

而荀子并非迂阔不通世变之人,其所一再坚持的治国不可无儒,也不能仅仅从表面上进行肤浅的理解,而应从其全部主张之背景下,投射到时代环境之中进行分析,梳理其理论内部的张力与矛盾。可以说,荀子对时局的观察更加深刻,不再拘泥于不敷世用的道德礼乐之上,显得更加通达透彻,其政论主张也极具可行性。荀子的特殊之处不仅仅在于他是先秦诸子里面唯一一位

---

① 相较于孟子认为齐宣王具有统一天下资格的观点,荀子反而不认为当时的秦国具有在短期内统一天下的条件,不得不说,这是个耐人寻味的对比。

亲身考察过被目为“虎狼之地”的秦国并提出具体建议的人(身陷囹圄的韩非除外),也不仅仅在于他以一代儒学宗师而成就了韩非和李斯两位一从理论一从实践中“佐成秦治”的法家弟子,更在于他对政治的主张,成为统一后的切实实践,而其之所忧虑,则成为现实。他为避免儒家空言道德和法家急功峻刻的理论设计,竟然完全落空,这固然有后世对荀子思想的误解,更有其理论的不周。如果放在这种背景之下,考察荀子与秦昭王之间的对话,便会有更深层次的理解。

关于荀子游秦之事迹,《史记》并未记载,但有见于《孙卿新书》,“孙卿之应聘于诸侯,见秦昭王。昭王方喜战伐,而孙卿以三王之法说之,及秦相应侯皆不用也”。荀子在秦国不仅见到了秦昭王,也与应侯范雎有过对话。这段游历秦国的经验可供后人了解战国晚期的秦国社会,以及荀子如何看待秦国政治,如何省思儒家和法家治术之分别等问题。

荀子大约于秦昭王四十三年(公元前264年)入秦,①时距战国时代最为惨烈的秦赵之间的长平之战尚有数年,而兼并战争的残酷是每个思想家所必须面对的。与兼并战争的残酷性相比,或许更为重要的是对未来天下局势的擘画与安排。在进入秦昭王统治的晚期,荀子似乎并不否认已拥有压倒性威势和广大领土的秦,未来能提升为“天下之君”所统治的天下型国家的可能性。②

---

① 根据钱穆的考证,荀子入秦当在秦昭王四十一年至五十二年之间,且荀子游秦尚在赵国邯郸之役前,最有可能的时间点在周赧王五十一年(秦昭王四十三年)(264B. C.)。参见钱穆:《先秦诸子系年》,台北,台湾联经出版事业股份有限公司1998年版,第529－530页。本书暂取最有可能之时间点进行分析。

② 事实上,在荀子《儒效》《王制》《富国》《王霸》《君道》《议兵》等篇中,我们可以明显发现,荀子的关照视角具有明显的“天下”色彩。

二、“儒无益于人之国”与秦国的儒家观

荀子与秦昭王的会谈并不成功,“儒无益于人之国?”(荀子·《儒效》)秦昭王直截了当的发问,虽并无对当世大儒的轻蔑,但也深深流露出对儒者的极度不信任。而荀子本人,似乎对与秦昭王的会面亦不抱乐观。入秦之前,虽然在稷下学宫三为祭酒,“最为老师”,但以富国强兵为急务的列国,“苏、张一派,专务仕进,猎利禄,其行谊最卑鄙”,而荀子对自己的学说主张亦有清醒的认识。在此之前,荀子在齐时曾向齐湣王进言,行王道政治,争取一统天下。“处胜人之势,行胜人之道,天下莫忿,汤、武是也;处胜人之势,不以胜人之道,厚于有天下之势,索为匹夫不可得也,桀、纣是也。”(《荀子·强国》)之所以建议行王道,乃是因为当时齐强,“霸必有大国”(《孟子·公孙丑上》),行王道具有道义上的优越性,具备行王道统一的条件,但齐在吞并宋国之后,兵势强盛,居功骄傲,听不进荀子的建议。在荀子看来,“及以燕、赵起而攻之,若振槁然,而身死国亡,为天下大戮,后世言恶,则必稽焉!是无它故焉,唯其不由礼义而由权谋也”(《荀子·王霸》)。但是现在所面临的由春秋时“不与中原会盟”,被目为戎狄之国,经商鞅变法急耕战之务、不修礼义而骤然强大起来的秦,并不知礼义为何物,商君的政令施行百年,其合理性并未受到怀疑,“以秦人从情性,安恣睢,慢于礼义故也,岂其性异矣哉!”(《荀子·性恶》)那么,在荀子看来,秦昭王的提问与其说是秦昭王的虚心求教,不如说是深深的怀疑。

从秦昭王的立场而言,其治世(公元前 306 年—公元前 251 年)是秦国发展史上一个极为重要的时代。众所周知,秦国在孝公时推动商鞅变法,国力开始增长。昭襄王十九年(公元前 288

年)“王为西帝,齐为东帝,皆复去之”(《史记·秦本纪》),齐滑王灭宋后“欲并周室,为天子”(《史记·田敬仲完世家》),导致五国伐齐。复国之后的齐国已失去威、宣时代的强国光环,秦国获得独强的压倒性优势。“齐夺梁霸之局面已转为赵代齐强,而秦势更趋壮盛,并吞六国之期亦愈迫近而已。”①秦昭王执政五十六年,是历代秦君中在位期最长的统治者。昭王曾为人质于燕,在其统治的前期,其母宣太后当权,贵族外戚骄横,大权旁落。昭王四十一年,他采取断然措施驱逐专权的贵族外戚,废黜太后,大权独揽——考虑到昭王统治前期,宣太后执政,大肆封君授土,“四贵”坐大,秦国遭遇了被赵国挫败的低谷期,则昭王的强力收权、驱逐“四贵”、抑制分封、打击外戚等措施,可被视为强化宣太后时转衰的中央集权,或者说是使秦国重新回到商鞅变法的政制轨道。昭王时期秦国日益东进,“天下皆西向稽首”(《史记·穰侯列传》),任用范雎,确立远交近攻谋略,成功的外交策略和凌厉的军事打击,使秦疆域之大,六国罕有匹敌者,楚、齐、赵三强被秦严重削弱,楚、赵几乎被灭国,“韩王入朝,魏委国听令”(《史记·秦本纪》)。秦昭王五十一年(公元前256年),“秦王使将军摎攻西周,赧王入秦,顿首受罪,尽献其邑三十六,口三万,秦受其献,归赧王于周”(《资治通鉴·卷五》)。值得注意的是,同年,“楚考烈王伐灭鲁。顷公亡,迁于下邑,为家人,鲁绝祀。顷公卒于柯”(《史记·鲁周公世家》)。周鲁王统绝祀,天下秩序从以周鲁为权威象征的体制进入“后周鲁时代”(post - Zhou - Lu Era)。② 当然,这是荀子在与秦君臣会面时所不及见的。秦灭周不仅表明秦

① 萧公权:《中国政治思想史(一)》,辽宁教育出版社1998年版,第79页。

② 参见佐藤将之:《后周鲁时代的天下秩序:〈荀子〉和〈吕氏春秋〉政治哲学之比较研究》,台北,台湾大学出版中心2021年版,第51-72页。

统一天下的决心和意志,更显示了秦已具备击败东方各国联合进攻的雄厚实力。秦国在贯彻施行商君富国强兵政策,向兼并统一大业迈出关键一步之时,踌躇满志的秦国君臣,无论是秦昭王还是应侯范雎,对名满天下的荀子的来访,并未表现出过多的热情。因而,秦昭王"儒无益于人之国"的提问,与其说是个疑问句,不如说是个判断句更为恰当。

秦昭王显然对这次荀子的来访并不感兴趣,如果不是史书记载的阙漏的话,则是秦昭王并没有理解荀子在他面前推崇儒者作用的背后意思。在荀子论述完儒者当国的种种益处之后,昭王曰:"善!"善则善矣,却是迂阔不堪,这不禁使人联想到百余年前,另一位人物——商鞅见秦昭王的祖父秦穆公时的场面,"孝公既见卫鞅,语事良久,孝公时时睡,弗听。罢而孝公怒景监曰:'子之客妄人耳,安足用邪!'景监以让卫鞅。卫鞅曰:'吾说公以帝道,其志不开悟矣。'后五日,复求见鞅。鞅复见孝公,益愈,然而未中旨。罢而孝公复让景监,景监亦让鞅。鞅曰:'吾说公以王道而未入也。请复见鞅。'鞅复见孝公,孝公善之而未用也。罢而去。孝公谓景监曰:'汝客善,可与语矣。'"(《史记·商君列传》)秦昭王这一声言不由衷的"善",则表明他所关注的乃是能够取得战争胜利进而统一天下的"霸道"。荀子的回答则是远及统一后的制度设计,从这一意义上说,这是一次超前半个世纪的对话。然而通过荀子的回答,我们可以看到他对大儒之效精彩宏论的阐释。荀子所希冀的并非当时秦国的改弦更辙,放弃富国强兵通过兼并战争统一天下的主张和行动,而更多是对秦政的建议与希望。"儒者法先王,隆礼义,谨乎臣子而致贵其上者也。人主用之,则势在本朝而宜;不用,则退编百姓而悫"(《荀子·儒效》)。

无论是对"最为老师"的荀子,还是在位长达半个世纪,运用成功的外交与军事策略进行兼并战争的秦昭王而言,这次对话并不因为在当世未起实质性的作用而黯然失色;两人对话的主题背后是两种不同的政治走向的较量,隐匿其中的对话则是一个不容回避的课题,即统一后的治国之道的选择。秦昭王所虑及的是当下的攻韩略赵,争城夺地;荀子思考的则是政由一统之后的为政之道,治乱之理。通达睿智如荀子,当然明白对秦昭王讲礼义儒效的结果,无非“顾左右而言他”。但如前文所分析,荀子主张法后王,寄望秦国实现统一局面,对于自身的政治主张,亦有清醒认识:“君子治治,非治乱也。”“国乱而治之者,非案乱而治之之谓也,去乱而被之以治;人污而修之者,非案污而修之之谓也,去污而易之以修。故去乱而非治乱也,去污而非修污也。”(《荀子·不苟》)在明确了这点之后,荀子对自身所处的时代更有深刻的体察,眼见从诸侯异政向天下一统的完全转变,目睹从众多诸侯国家之一的秦国即将发展为秦帝国,荀子不能无动于衷。荀子西行入秦本身,就具有明显的倾向性,而与秦昭王的会谈,实是开启了由其学生韩非与李斯所佐成的秦治在统一后的抉择的争论。那么,荀子的为政之道就不应仅仅局限于隆礼、尊君、爱民、行王道的主张,它既对当时的乱世进行了批判,又对将来怀有深深的警惕。

第二节　荀子的“观国”之法与大儒之效

通过荀子与秦昭王的对话,我们看到,荀子所关注的是在战争这种非常态下的隐患,虽然“佚而治,约而详,不烦而功,治之至也,秦类之矣”(《荀子·强国》),但“然而县之以王者之功名,则倜倜然其不及远矣”(《荀子·强国》),那么,不及者除了“无儒”

之外，在荀子看来，还有更为重要的，那就是“粹而王，驳而霸，无一焉而亡。此亦秦之所短也”（《荀子·强国》）。寻求荀子的应对之策，首先要探询在荀子的心目中，秦到底是个什么样的国家。

一、“尊王取霸”与荀子对秦政的态度

荀子在见昭王之外，与应侯范雎有一番对话——

> 应侯问孙卿子曰：入秦何见？

荀子回应道：

> 其固塞险，形势便，山林川谷美，天材之利多，是形胜也。入境，观其风俗，其百姓朴，其声乐不流污，其服不挑，甚畏有司而顺，古之民也。及都邑官府，其百吏肃然，莫不恭俭、敦敬、忠信而不楛，古之吏也。入其国，观其士大夫，出于其门，入于公门；出于公门，归于其家，无有私事也；不比周，不朋党，倜然莫不明通而公也，古之士大夫也。观其朝廷，其朝闲，听决百事不留，恬然如无治者，古之朝也。（《强国》）

不同于荀子与秦昭王的论辩，荀子与范雎两人讨论的主题在于儒者的职责。范雎提出的问题是荀子在秦国看见了什么。这段对话起始的焦点并非政治思想的差异，而是一个国家所呈现的社会风貌，因此，荀子的回答，就代表他对秦国社会的整体观察。荀子对秦国现况的评估含有正负两面。荀子赞美秦国的地理深富战略优势，自然资源丰富，先天条件优越；举目所见，秦国社会上自士大夫，下至普通百姓，无不尽忠其职守，整个国家生产丰隆，衣食无匮，秩序井然，政治清明，“佚而治，约而详，不烦而功”，看起来“恬然如无治”，荀子用地处“形胜”，“古之民”“古之吏”

“古之士大夫”“古之朝”加以描述，“故四世有胜，非幸也，数也”(《荀子·议兵》)。就表象而言，秦国的社会和儒家心目中那合乎秩序、人人各安其位、各尽其职的社会相当接近。用古之民、古之吏、古之士大夫、古之朝来赞赏秦国的内政清明，这在现存的《荀子》篇章中是少有的情况。而秦国内政之所以能获得荀子的赞赏，其原因可能在于秦孝公与商鞅推行的变法。因此，荀子虽然指称许秦国有古之民、古之吏、古之士大夫、古之朝的风范，实际上是间接地赞许商鞅变法的成效。商鞅定制出耕战为首的基本国策，取消世卿世禄，压制宗室，整治吏治，强化中央集权，“民勇于公战，怯于私斗，乡邑大治”，“而令民父子兄弟同室内息者为禁。而集小乡邑聚为县，置令、丞，凡三十一县。为田开阡陌封疆，而赋税平。平斗桶权衡丈尺。”(《史记·商君列传》)秦民顺朴，秦吏公信，庙堂之上无朋党营私，法令行政严谨高效，是治理的至高水平。

在《富国》篇，荀子显示出其独特的“观国”之法——

观国之治乱臧否，至于疆易而端已见矣。其候徼支缭，其竟关之政尽察，是乱国已。入其境，其田畴秽，都邑露，是贪主矣。观其朝廷则其贵者不贤，观其官职则其治者不能，观其便嬖则其信者不悫，是闇主已。凡主相臣下百吏之属，其于货财取与计数也，顺孰尽察，其礼义节奏也，芒轫僈楛，是辱国已。其耕者乐田，其战士安难，其百吏好法，其朝廷隆礼，其卿相调议，是治国已。观其朝廷则其贵者贤，观其官职则其治者能，观其便嬖则其信者悫，是明主已。凡主相臣下百吏之属，其于货财取与计数也，宽饶简易，其于礼义节奏也，陵谨尽察，是荣国已。贤齐则其亲者先贵，能齐则其故者先官，其臣下百吏,污者皆化而修,悍者皆化而愿,躁者皆化而悫,是明主之功已。

荀子观一国兴衰治乱之法,显然与春秋末期孔子的“入其国,问其政”有别。荀子身处战国晚期,列国为救国图存,纷纷针对各自国情进行程度不一的变法,故各国早已非孔子所处的春秋晚期尚见的“周制”局面。但是秦国之所以可以获得荀子的赞赏,溯其缘由,在于秦孝公以穆公霸业为志,支持商鞅厉行变法。荀子目睹秦国势力不断壮大的历史事实,法家治术似乎逐渐取得政治上的胜利。而荀子以古之民、古之吏、古之士大夫、古之朝来表示对秦国政教的赞赏,显示出其对“霸道”的肯认。

衡诸史迹,荀子对王、霸的取舍,是由“尊王贱霸”逐渐向“尊王取霸”发展的。《仲尼》篇云:“仲尼之门,五尺之竖子言羞称乎五伯。是何也?曰:然!彼诚可羞称也。齐桓,五伯之盛者也,前事则杀兄而争国;内行则姑姊妹之不嫁者七人,闺门之内,般乐奢汏,以齐之分奉之而不足;外事则诈邾,袭莒,并国三十五。其事行也若是其险污淫汏也,彼固曷足称乎大君子之门哉!”荀子以列举的方式,指出五霸之首齐桓公杀兄夺国,淫乐奢侈,诈邾袭莒,不足以称道于孔子之门。接下来,该篇又指出:“然而仲尼之门,五尺之竖子言羞称乎五伯,是何也?曰:然!彼非本政教也,非致隆高也,非綦文理也,非服人之心也。”依儒家为政原则,荀子指出齐桓公治国并没有平治其政刑教化,没有积极推展礼乐之道,不是具有节文调理的,不是足以服人之心的。在儒家道德标准之下,荀子“尊王贱霸”的立场与孟子是一致的。然而,为何荀子后来会对“霸”的意义正面肯定呢?笔者认为,回答这一问题,必须从荀子所处的战国中晚期的局势进行考察。战国距春秋霸政已远,“高岸为谷,深谷为陵”(《诗经·小雅·十月之交》),无论三家分晋还是田氏代齐，以及愈演愈烈的兼并战争，儒家恢复周礼的立场受到的挑战最为严峻。特别是秦国的崛起，予诸子以强烈的震撼。秦孝公以“复缪公之故地，修缪公之政令”（《史记·秦本纪》）为目标，遂用卫鞅变法强秦，在当时严峻的国际形势下辗转腾挪，“（秦孝公）十九年，天子致伯。二十年，诸侯毕贺”《史记·秦本纪》。儒家原有的“尊王贱霸”的主张，似乎成为一种背离现实、过度理想化而致不切实际的主张。荀子生平的后期经历和政治时局的变动使他对于“霸”的思考愈加成熟，进而对“霸”持一种更加肯定的态度。①

不过，荀子主张，“义立而王，信立而霸”（《荀子·王霸》），在给予“霸”肯定的同时，仍试图以“信”作为霸天下的依据，将“霸”置于儒家的规范之中。针对“信立而霸”，荀子阐述道：

> 德虽未至也，义虽未济也，然而天下之理略奏矣，刑赏已、诺，信乎天下矣，臣下晓然皆知其可要也。政令已陈，虽覩利败，不欺其民；约结已定，虽覩利败，不欺其与。如是，则兵劲城固，敌国畏之，国一綦明，与国信之，虽在僻陋之国，威动天下，五伯是也。非本政教也，非致隆高也，非綦文理也，非服人之心也，乡方略，审劳佚，谨畜积，修战备，齺然上下相信，而天下莫之敢当。故齐桓、晋文、楚庄、吴阖闾、越勾践，是皆僻陋之国也，威动天下，强殆中国，无它故焉，略信也。是所谓信立而霸也。（《王霸》）

这应该是荀子务实的政治态度下所作的改变，也促成儒家思

① 参见孙伟：《重塑儒家之道——荀子思想再考察》，人民出版社2010年版，第186页。

想更贴近现实面。在战国中晚期时局的激烈变动中,推行儒家王道文化的理想变得极其困难,而霸道在某一程度上,则能为当时的人民提供一个相对稳定的社会和国家。在荀子看来,一个能将礼义推展施行于政治的统治者,可以称为"天下之君"。但是,倘若不能按照先王礼义来治国,却能做到在国家内部建立法度秩序,对外取信于盟邦,也可以算是"霸"。至于依赖权谋诡诈治国,毫无标准可言,则是必须予以谴责的。荀子对王、霸态度的转变,显示出时代的转变迫使儒家内部的观念必须修正。不过,荀子认为儒家推行礼乐教化的王道优于秦国"非本政教也,非致隆高也,非綦文理也,非服人之心也"(《荀子·仲尼》)的霸道,这来自他对人的情感的细腻体察。换言之,施行王道的上位者,必须是一个能体察人民情感的人,如此一来,他才能知道自己为政的方向是王道而非落入霸道。

二、"治之至""秦类之"而已

荀子在《王制》篇整理出王、霸、安存、危殆、灭亡五种治国样态,"善择者制人,不善择者人制之。善择之者王,不善择之者亡。夫王者之与亡者,制人之与人制之也,是其为相县也亦远矣",《王霸》篇亦认为"善择者制人,不善择者人制之"。如果将"善择者"、制人与王者连接起来,便可以显示出最高明的选择乃是王道。《议兵》篇,荀子又阐释道,"君贤者其国治,君不能者其国乱;隆礼贵义者其国治,简礼贱义者其国乱"。荀子区分了治国的三种阶层,"隆礼效功,上也;重禄贵节,次也;上功贱节,下也,是强弱之凡也"(《荀子·议兵》)。他还通过比较说明,齐国兵制崇尚功利,"是事小敌毳,则偷可用也,事大敌坚,则涣然离耳",故为亡国;魏国虽有选拔强大士兵的机制,但是养兵制度无法长久,"地虽大,其税必寡”,故为危国;秦国则是制度完整且最尚功效,“是最为众强长久,多地以正”,因此强大。(《荀子·议兵》)不过,最后的评价仍是比不上崇尚原则且注重制度的齐桓、晋文之尚节安制,而齐桓、晋文二者又比不上以仁义为中心的商汤与周武王。

由此,我们可以联系到荀子对秦的负面评价。荀子居赵国,与孝成王、临武君议兵时,曾对秦作如下评判:“秦人其生民也陿阸,其使民也酷烈,劫之以势,隐之以阸,忸之以庆赏,䲡之以刑罚,使天下之民,所以要利于上者,非斗无由也。”(《荀子·议兵》)荀子认为秦的统治相当严苛,只是他也似乎承认,这样严苛的统治,“故四世有胜,非幸也,数也”(《荀子·议兵》)。由此,秦强则强矣,但缺乏的是道义的优越性,所以,当其学生李斯询问:“秦四世有胜,兵强海内,威行诸侯,非以仁义为之也,以便从事而已。”(《荀子·议兵》)荀子回答道:“秦四世有胜,諰諰然常恐天下之一合而轧己也,此所谓末世之兵,未有本统也。”(《荀子·议兵》)在此,荀子相当不客气地回应李斯,他将当时几乎常胜的秦军贬称为“末世之兵”,认为秦国的力量虽然逐渐凌驾于六国,却始终畏惧六国联合起来压迫自己,徒然让自身陷入恐惧忧患之中。荀子认为这足以显示秦国的威势只会是一时的,他甚至以商汤周武为例,说明仁义之兵才是国家力量的根本。在他看来,像秦国这样纯然建立在“力”与“利”之上的国家是难以长久的。《荀子》篇章中处处可见其反思秦国治术的合理性,极力批判秦政的缺失。

荀子回应范雎,“治之至”的境界,“秦类之”而已。虽然秦国可以实现霸道,却仍非荀子心目中的王道。那么,这一论断的原因何在?——“则有其諰矣”。荀子从秦人“其諰”推出“粹而王,驳而霸”,得出“此亦秦之所短”。由此或可推知,荀子分判王霸之别的关键就在于“諰”。“諰”到底意味着什么呢？需要指出的是，“諰”在先秦文献中并不多见，《说文》也仅将其解释为“思之意。从言从思。”似乎并未对其意涵进行充分的说明，杨倞在作注时则直接将其解释为“惧”。在《荀子》中，“諰”凡三见，《强国》亦提及“力术止，义术行，曷谓也？曰：秦之谓也。威强乎汤、武，广大乎舜、禹，然而忧患不可胜校也。諰諰然常恐天下之一合而轧己也，此所谓力术止也”，指出秦的弊病在于不断追求武力的强盛，却始终忧虑六国联合起来威胁自己，即使拥有再多的力量，然无法免于内心的恐惧。由此可见，“諰”可能指思虑过多，而思虑过多来自恐惧、忧患。荀子回答范雎，“百姓朴……甚畏有司而顺”（《荀子·强国》），足以证明荀子认为秦人普遍存在“諰”之心理状态。恐惧是一种相当普遍的情绪，是人们因为外在事物所引发的一种内在感受。荀子之所以断言秦的统治不是理想治世，是因为将其与儒家的王道对比，后者是使人免于恐惧的理想政治。那么，荀子的这一判断是否言过其实呢？笔者认为答案可能是否定的。荀子漫长的一生，在齐国经历过从宣王到滑王的扩张和破灭，“索为匹夫不可得也，齐湣、宋献是也”（《荀子·王霸》），同样也目睹了楚国的都城被秦军攻下，“楚人鲛革犀兕以为甲……然而秦师至，而鄢、郢举，若振槁然”（《荀子·议兵》）。由此，国运盛衰转换的不确定性，使得荀子眼中的秦国对“天下之一合而轧己”的恐惧感是相当具有现实性的。

秦国高效能的生产机制，来自严密的社会制度、法令、规章。固然，荀子意识到单靠道德价值去要求人们遵守礼义是行不通的，所以在《性恶》《大略》等篇论及具体的礼义教化时以礼义与法度并举，“圣人积思虑，习伪故，以生礼义而起法度”，“无三王之法，天下不待王，国不待死”，法度具有公开性、强制性与规范性，以法度上下一同的管理方式严格要求人们遵守礼义，俨然成为一种新的道德律法。那么，为什么荀子不赞同法家（商鞅类型的）以更有效率的法治模式来治国呢？原因可能在于以下两点。一是荀子认为作为“人道之极”的礼具有不可动摇的地位，“礼者，治辨之极也，强固之本也，威行之道也，功名之总也”（《荀子·议兵》），“礼也者，理之不可易者也”（《荀子·乐论》）。由荀子对礼的态度可知，法度之存在绝非对礼之内涵加以补足，而是在礼的施行上的一种加强，其地位是“理”，是无法被取代的。二是荀子对“法”的态度。虽然他对采用“法治”而迅速强大起来的秦国予以肯定，“佚而治，约而详，不烦而功”，但也指出秦国“諰諰然常恐天下之一合而轧己也”。通过对秦国的检视与反省，他指出“君法明，论有常，表仪既设民知方”（《荀子·成相》），“杀人者死，伤人者刑，是百王之所同也”（《荀子·正论》），其“法之数”是狭义的“法”。变法国家的执政者在推行法令、施行制度时更有效率，秦国发展之迅速便可为证，但法之治有着致命的缺点，其没有建立在礼义原则之上。荀子认为：“故赏庆、刑罚、势诈，不足以尽人之力，致人之死。为人主上者也，其所以接下之百姓者，无礼义忠信，焉虑率用赏庆、刑罚、势诈，除阨其下，获其功用而已矣。大寇则至，使之持危城则必畔，遇敌处战则必北，劳苦烦辱则必奔，霍焉离耳，下反制其上。”（《荀子·议兵》）

赏庆与刑罚是为法家所言之二柄。荀子认为，这种施法手段只关心效益而漠视了礼义忠信等价值精神，长久下来会给国家造成更大的危害。如果只崇尚功利效益而不重礼义教化，或许在短期内会有效且快速地发展，但却没办法长治久安，以我们的后见之明，秦王朝二世而亡的事实足以证明这一点。

通过对秦国的检视与反省，荀子认为，秦的统治距离理想中的王道非常遥远，“用国者，义立而王，信立而霸，权谋立而亡”（《荀子·王霸》）。而秦只是信立而霸，能做到的仅仅是“非本政教也，非致隆高也，非綦文理也，非服人之心也，乡方略，审劳佚，谨畜积，修战备，齺然上下相信，而天下莫之敢当”（《荀子·王霸》）。问题在于，秦虽强，不行仁义，不修礼义，以攻略为务，那么，即使是秦完成了统一，也不能够实现“正名”。这是因为，虽然能够实现兼并统一，“诛乱除害”“灭诸侯成帝业”，但建立“无不臣者”纳入正轨的统一帝国的话，它不能解决“处士横议”“士有二心私学”的挑战。也就是说，当下的政制固然能做到“义立而王”，而当统一实现后，以耕战为急务的政策就失去了所指，就会导致“綦国以呼功利，不务张其义，齐其信，唯利之求，内则不惮诈其民，而求小利焉；外则不惮诈其与，而求大利焉，内不修正其所以有，然常欲人之有。如是，则臣下百姓莫不以诈心待其上矣。上诈其下，下诈其上，则是上下析也”（《荀子·王霸》）之局。在荀子看来，这就又回到了“饰邪说，文奸言，以枭乱天下，矞宇嵬琐，使天下混然不知是非治乱之所存者有人矣”（《荀子·非十二子》）的状态，无异于重启乱源。

三、大儒之效与荀子的儒家君臣政论衍义

荀子通过应侯向秦昭王转达了秦国距离理想中的王道非常遥远的原因——徒恃“力术”而“殆无儒邪”。“力术”只会不断引起其他国家的人民对秦的仇恨，秦攻取的领土越大，恨怨秦的人也就越多。为了让秦国脱离“力术”，荀子给出的方案是“义术”，“力术止，义术行”，主张为政者应以礼义教化为目标，而“义术”则需要“端诚信全之君子治天下焉，因与之参国政”。荀子坚信，秦国唯有用“大儒”、行合“义术”，才能达成“治理天下”的蓝图。

那么,荀子心目中的大儒是怎样的呢?

> 大儒之效:武王崩,成王幼,周公屏成王而及武王以属天下,恶天下之倍周也。履天子之籍,听天下之断,偃然如固有之,而天下不称贪焉。杀管叔,虚殷国,而天下不称戾焉。兼制天下,立七十一国,姬姓独居五十三人,而天下不称偏焉。教诲开导成王,使谕于道,而能揜迹于文武。周公归周,反籍于成王,而天下不辍事周;然而周公北面而朝之。天子也者,不可以少当也,不可以假摄为也;能则天下归之,不能则天下去之,是以周公屏成王而及武王以属天下,恶天下之离周也。成王冠,成人,周公归周反籍焉,明不灭主之义也。周公无天下矣,乡有天下,今无天下,非擅也;成王乡无天下,今有天下,非夺也,变势次序节然也。故以枝代主而非越也;以弟诛兄而非暴也;君臣易位而非不顺也。因天下之和,遂文、武之业,明主枝之义,抑亦变化矣,天下厌然犹一也。非圣人莫之能为。夫是之谓大儒之效。

上述引文是荀子《儒效》篇对儒者在治理国家中的定位。在战国诸子的文献当中,各家对周公的兴趣并不大,除了儒家(早期的孔子)之外,特别以赞扬为目的而引述周公故事者只有《墨子》和《吕氏春秋》。荀子特别推崇周公,《儒效》一文之开篇便以周公辅佐成王及制礼作乐之史事来阐释大儒之效。荀子以周公为大儒之典范,着重于论述其稳定政局、成就人民安居乐业的能力。由于武王克商后旋即驾崩,成王仍未取得殷遗民和周王室贵族的认同,国家仍在政治纷乱之中,因此荀子对于周公之赞许推崇,来自周公是周代礼乐文化真正的奠基者。正如《非相》篇所说:“欲知上世,则审周道;欲审周道,则审其人所贵君子。故曰:以近知远，以一知万，以微知明，此之谓也。”周代文化足以说明礼乐仁政之治世成效，自然是后人向历史取法的首要对象。此处荀子以“审其人所贵君子”的方式来“审周道”，更说明回顾历史的视角应当包括人的道德修养。荀子将周公列为“天下之君”，在具有“大儒之效”的命题下叙述周公也当过天子。结合《礼记·文王世子》之“昔者周公摄政，践阼而治”与《礼记·明堂位》之“周公朝诸侯于明堂之位”的记载，荀子对周公的赞扬便不只像《论语》和《孟子》中所叙述的其对周王室统治之稳定的协助角色，而是将其看作“文王诛四，武王诛二，周公卒业，至于成王，则安以无诛矣”（《荀子·仲尼》）的君主，隐含着建立周公→孔子→子弓这一大儒治理天下的系谱。周公几乎是以臣位而行天子之事，才稳固天下。如果再联系《非十二子》篇荀子对得位圣人与不得位圣人的区分，那么并非真正君主的周公，实际上是一位不得位的圣人，他借位而行得位圣人之事，正是这种特殊的结构成就了荀子心目中的大儒形象。当然，荀子对当世君子的艰难处境有着清醒的认识，“故明君临之以埶，道之以道，申之以命，章之以论，禁之以刑。故其民之化道也如神，辨说恶用矣哉！今圣王没，天下乱，奸言起，君子无势以临之，无刑以禁之，故辨说也”（《荀子·正名》）。

《荀子》中将理想人格区分为士、君子、圣人。除此之外，荀子特别针对儒者的身份进行论述。如果我们细考文本，则会发现，君子、儒者、圣人都与能否合时应变有关：“君子崇人之德，扬人之美，非谄谀也；正义直指，举人之过，非毁疵也；言己之光美，拟于舜、禹，参于天地，非夸诞也；与时屈伸，柔从若蒲苇，非慑怯也；刚强猛毅，靡所不信，非骄暴也。以义变应，知当曲直故也。”（《荀子·不苟》）“少事长，贱事贵，不肖事贤，是天下之通义也。有人也，势不在人上，而羞为人下，是奸人之心也。……故君子时诎则诎,时伸则伸也。”(《荀子·仲尼》)以上两则引文,说明荀子论述君子时,主要从个人的生活情境着眼,事涉个人的自我修养工夫,君子并不一定背负着公共事务的责任。但是,荀子对“大儒”的用例,几乎全部出现在《儒效》篇。他对于大儒的定义,在于能够协助王者实现王道的理想,“法先王,统礼义”,使社会可在合乎理性的规则当中运作,每个人都可以在此社会中过一种合理的生活。身为大儒,“其言有类,其行有礼,其举事无悔,其持险应变曲当”,“与时迁徙,与世偃仰”。大儒之所以能应“千举万变”,是因为其心中对应变原则有所把握。

除周公之外,荀子亦从当世知识分子中,分成俗人、俗儒、雅儒、大儒四类。孔门之中,荀子认为只有孔子、子弓可以称得上是大儒。大儒之下,以德行和修养而分为雅儒、俗儒。从经验实效的政治地位而论,则有小儒、众人之别——“逢衣浅带,解果其冠,略法先王而足乱世术,缪学杂举,不知法后王而一制度,不知隆礼义而杀《诗》《书》;其衣冠行伪已同于世俗矣,然而不知恶者;其言议谈说已无以异于墨子矣,然而明不能别;呼先王以欺愚者而求衣食焉,得委积足以揜其口则扬扬如也;随其长子,事其便辟,举其上客,億然若终身之虏而不敢有他志:是俗儒者也。”(《荀子·儒效》)按照荀子的看法,俗儒类似孔子所说的“小人儒”,《非十二子》篇提及,“略法先王”与法先王有本质上的不同。俗儒不懂得法先王的真正要义,只得“略法先王”之名号而乱世术,在行为上与世俗之人几乎相同。“略法先王”的俗儒,仅仅可以使“万乘之国存”。有别于“小人儒”、俗儒,雅儒行为符合礼法,遵循礼义,但因所学不足而“知不能类也”。“不能类”则不知变,不能取比类而通之,无法顺应时代的潮流而作出决断。雅儒虽不能知通统类,却已然可以令千乘之国平安,俗儒只能令国存,这是一种对社会人伦稳定的肯定。荀子认为,大儒乃是所有儒生的终极效法对象,其所言之大儒,可对应孔子所谓的君子儒——“子谓子夏曰:‘女为君子儒,无为小人儒。’”(《论语·雍也》)

大儒之效远比俗儒、雅儒明显,“用百里之地,而千里之国莫能与之争胜;笞棰暴国,齐一天下,而莫能倾也。是大儒之征也”。“故人主……用大儒,则百里之地久,而后三年,天下为一,诸侯为臣;用万乘之国,则举错而定,一朝而伯。”在荀子的脉络中,大儒本质上已是圣人,具有圣人的才能——“因天下之和,遂文、武之业,明主枝之义,抑亦变化矣,天下厌然犹一也。非圣人莫之能为。夫是之谓大儒之效。”大儒有别于雅儒之处,在于能够知通统类,“举统类而应之,无所儗怍”,“志安公,行安修,知通统类”。因为其具有知通统类的能力,对于礼义法度也能够“张法而度之,则晻然若合符节”,由此,大儒“情安礼,知若师,则是圣人也”(《荀子·修身》)。荀子以周公诠释大儒之效:周公杀管叔以明礼制,教成王以展现教化,对成王展现其忠,还政于成王展现节用。因此,荀子把论述重点放在以礼制帮助君主成就霸业,大儒一方面能够帮助帝王称霸,一方面又必须合乎礼义,甚至因地制宜,应变得当。而大儒能够做到的重点在于知通统类,并能“与时迁徙”。此一统类,也已然是儒家内部最高的道德人格之效法标准。荀子顺此阐明,所属统类之者,必须各守其分,安居其位,“大儒者,天子三公也;小儒者,诸侯、大夫、士也;众人者,工农商贾也”(《荀子·儒效》)。荀子从统类的层面诠释战国末期的大儒形象,目的在于利用大儒形象论述儒者时下所效法之对象,从中得出统类的分辨其实有助于大儒对于非大儒者的教化。《儒效》篇展现的虽是荀子对儒学的统类与批判,但也是建立一终极的大儒人格形象,以供后学儒者效法。阶段性的名分则成为君主用儒时的评判准则,亦是儒者自我修养时一个客观的评鉴准则。

历史发展到战国时期,孟子与荀子都承认了一个事实,即当时天下需要一个新的王,并认定新的王应遵从仁义之道,但当时是天下混乱,还没有一个遵从先王之义的王出现。如果荀子希望在诸多霸主之中实现政治思想,当面对诸侯自立为王时,谁才有可能是荀子心目中的圣王呢?如果我们站在荀子的立场上,审视《荀子》文本中的君主,亦即本书前文所讨论的法先王与法后王议题,便会发现,荀子提倡“法后王”是在强调君主在效法先王仁义之统下,执行礼义之统的必要性,也是在强调君主的地位。从正面肯定君主的角度来看——这样的强调在战国时代很可能是一种必要的自保方式,也是辩论之所需——荀子对于君主有一个治理上的道德理想标准,“君者,民之原也;原清则流清,原浊则流浊”(《荀子·君道》)。“圣王在上,决德而定次,量能而授官,皆使民载其事而各得其宜。”(《荀子·正论》)荀子藉由圣王形象的塑造来表达对于君主的最高理想,但同时也表示出圣王的相反面向;君主背弃仁义道德的时候,礼是唯一能够控制君主的规范。“请问为人君?曰:以礼分施,均遍而不偏。请问为人臣?曰:以礼侍君,忠顺而不懈”(《荀子·君道》)。从君主的“均”与臣下的“忠”来看,两者都必须合乎礼的规范。因此,礼是一个不可动摇的原则,是君臣之义的最大限制。

在礼的框架下,“通忠之顺,权险之平,祸乱之从声,三者,非明主莫之能知也。争然后善,戾然后功,出死无私,致忠而公,夫是之谓通忠之顺,信陵君似之矣。夺然后义,杀然后仁,上下易位然后贞,功参天地,泽被生民,夫是之谓权险之平,汤、武是也”(《荀子·臣道》)。因时代与地位的关系,荀子只能言说,君王的地位并非永恒,“天下归之之谓王,天下去之之谓亡”(《荀子·王霸》)，以此强调君王应“爱民而安，好士而荣，两者无一焉而亡”(《荀子·君道》)。不过，当君王真的背弃了礼义时，臣又应该采取什么样的手段避免国家走上灭亡的道路呢？荀子通过周公、管仲等的形象作出了回答。

> 有大忠者，有次忠者，有下忠者，有国贼者：以德覆君而化之，大忠也；以德调君而辅之，次忠也；以是谏非而怒之，下忠也；不恤君之荣辱，不恤国之臧否，偷合苟容，以之持禄养交而已耳，国贼也。若周公之于成王也，可谓大忠矣；若管仲之于桓公，可谓次忠矣；若子胥之于夫差，可谓下忠矣；若曹触龙之于纣者，可谓国贼矣。(《臣道》)

臣子以礼作为行动的准则，的确有干涉君王权力的面向。不过，荀子认为，干涉君王权力，并不代表侵略君王的地位；而且，“逆命而利君谓之忠”(《荀子·臣道》)。荀子所言之忠，绝非集中君权，而是出于道德的目的追求且不是利己而是利君的行动。以臣的形象来看，周公的地位是立于君王之上的，而当其身为臣却行使君王的权力，之所以不会被认为是国贼，忠是关键的因素。管仲为次忠，因为管仲做不到圣臣之事，“上则能尊君，下则能爱民，政令教化，刑下如影，应卒遇变，齐给如响，推类接誉，以待无方，曲成制象，是圣臣者也”(《荀子·臣道》)。伍子胥为下忠，原因在于其不能受王之用。“若曹触龙之于纣者，可谓国贼矣”(《荀子·臣道》)。以忠换取政治上权力的突破，藉以成为君王的限制与辅助，而忠所表现出来的不是一个对君王绝对服从的概念。臣并不是单纯地顺应君王的心意，作为一个臣子的本分绝对是要将君王导向正途，《荀子》文本中不断强调君王的决策并非永远是对的，反而是需要更多的贤人辅佐。而在探讨礼的框架之下臣的能动性必须知道礼建立的准则,“礼有三本:天地者,生之本也;先祖者,类之本也;君师者,治之本也。无天地,恶生?无先祖,恶出?无君师,恶治?三者偏亡焉,无安人。故礼上事天,下事地,尊先祖,而隆君师。是礼之三本也”(《荀子·礼论》)。礼之三本将人的地位提高。人出于欲来行动,而礼是为了节欲而制定。“故君人者,欲安、则莫若平政爱民矣;欲荣、则莫若隆礼敬士矣;欲立功名、则莫若尚贤使能矣。”(《荀子·王制》)先王所生之礼、君王安定国家的欲望、臣约束君王的能力,追溯到起源状态皆是欲的表现,那么约束欲的准则为何?答案是义。“汤武者,修其道,行其义,兴天下同利,除天下同害,天下归之。”(《荀子·王霸》)“圣王在上,决德而定次,量能而授官,皆使民载其事而各得其宜。不能以义制利,不能以伪饰性,则兼以为民。”(《荀子·正论》)《儒效》篇以周公形象来论证义可以代君行事;《王霸》篇主张义立而王,一个国家的富强需要的是义,臣守义之后才是侍君。由此,忠与义成为礼制之下的长治久安之道。

我们再回到“法先王”与“法后王”的议题,先王与后王之间最大的分别是仁义与礼义,“儒者法先王,隆礼义,谨乎臣子而致贵其上者也”(《荀子·儒效》)。但并非后王就没有仁义,而是后王必须要以先王仁义道德为积累。这就隐含了一个问题:既然后王的仁义不如先王——先王可以依靠自己做到仁义之统、以仁义制礼作乐,而后王如果没有臣的辅佐是难以做到的。后王做到的是将礼法因革损益进行改进,或者是延续先王的仁义。在这样的情形下,也就意味着后王有所不足。可以说,荀子将先王形象塑造得越是完美,则君臣之义的能动性就越强。为此,需要内在的道德约束,使君臣不会为了获取权力,而落入了假以大义之名的权力争斗。荀子一再警示君王,贤明的君王有忠臣辅佐就可以达到富国强兵,相反昏君身边有国贼就会亡国。礼制之下的君臣之义仰赖君臣同时都遵循着“礼义法度”。在礼义的框架之下,臣以忠而对君王有所制衡,同时利用先王的形象给予君王一个较高的道德标准。“从政治方面说,则理性之运用表现便是儒家德化的治道。”①

第三节　荀子政法理论的整体性审视

虽然荀子对秦国现况的评价有褒有贬,但如果与他对楚国的评估只有负面对照来看,似乎他认为未来能够治理天下的国家只有秦国。尽管荀子向秦昭襄王提倡秦国要用“大儒”,但奇怪的是,荀子却没有指出当时哪些人称得上“大儒”。荀子是否有自荐之意?荀子与秦昭襄王的问答,是否遭到其后学的删除,以呈现出荀子并没有向秦国求职?根据相关文献的记载,得以确定的是,荀子在秦并没有受到任用,而是之后受春申君之聘,出任鲁国故地的兰陵令。荀子视“大儒”为可以“调一天下,制疆暴”与“笞棰暴国,齐一天下”(《荀子·儒效》),而从历史结果来看,并不是楚国达成“齐一天下”的功业。不过,太史公还是留下了一句“当是时,楚复疆”的记载。

一、隆礼重法的内在不自洽性

重新审视荀子对当时秦国的看法,荀子给秦昭王君臣提出的建议,实则包含荀子整体性的理想政治秩序规划与主张。对于如何顺利实现“定于一”这一命题,在荀子的视野中存在制天命、法

① 牟宗三:《政道与治道》,台北,台湾学生书局2010年版,第48页。

后王、尊君、隆礼与正名等环环相扣的五点。不法先王而法后王，为的是尊君；隆礼则将君主权力进行必要的限制，最终目的是实现正名。然而制天命意味着人定胜天，天与天命对人世的支配被消解；法后王所导致的尊君意味着君主可以以个人意志行事，虽有隆礼相制约，但天命的约束被消除，易导向绝对专制，所形成的正名则并非以学术对学术，而君主假手政治定于一是，则是荀子所始料不及的。

荀子认为，“天行有常，不为尧存，不为桀亡”（《荀子·天论》），即天与政治人世无关；其以非天命破灾异，意在消除天命对君权的限制，“在天者，莫明于日月；在地者，莫明于水火；在物者，莫明于珠玉；在人者，莫明于礼义。……故人之命在天，国之命在礼。君人者，隆礼尊贤而王，重法爱民而霸，好利多诈而危，权谋倾覆幽险而尽亡矣”（《荀子·天论》），而为法后王张目，以收尊君之效。为实现王道政治，达到天下归一的状态，势必法后王，进而尊君。在荀子看来，秦所进行的兼并战争，“定于一”的趋势不可逆转，这也符合“正名”之义。之所以“今诸侯异政，百家异说，则必或是或非，或治或乱”（《荀子·解蔽》），种种秩序紊乱局面的出现，在于周文疲弊。要拯救斯民，要定于一，在荀子看来手段有二，一为正名，一为尊君。正名则“王者之制名，名定而实辨，道行而志通，则慎率民而一焉。”（《荀子·正名》）但事实是“今圣王没，名守慢，奇辞起，名实乱，是非之形不明，则虽守法之吏、诵数之儒，亦皆乱也。若有王者起，必将有循于旧名，有作于新名。”（《荀子·正名》）荀子所认为的王者，不会是周天子，而是能使天下“定于一”的君主，于是尊君势在必行，尊君、正名二者实为相辅相成，缺一不可。在孔子时代，君臣关系并非绝对的上下等级，而孟荀倡尊君之论，除就战国时代国大君威的时势外，在思想内容上，“儒者法先王，隆礼义，谨乎臣子而致贵其上者也”（《荀子·儒效》）。尊君固为儒家之主张，则至少有如下三点为其张目：一为前述提及的礼三本之说：“天地者，生之本也；先祖者，类之本也；君师者，治之本也。”荀子主张上事天，下事地，尊先祖，而隆君师。二为定分，“故人生不能无群，群而无分则争，争则乱，乱则离，离则弱，弱则不能胜物；故宫室不可得而居也，不可少顷舍礼义之谓也。能以事亲谓之孝，能以事兄谓之弟，能以事上谓之顺，能以使下谓之君。君者，善群也。”（《荀子·王制》）三为“人之生，不能无群，群而无分则争，争则乱，乱则穷矣。故无分者，人之大害也；有分者，天下之本利也；而人君者，所以管分之枢要也。”（《荀子·富国》）统而言之，尊君意义在于群生，在于秩序的维系。但这又是荀子理论中的一环，即“人之性恶，其善者伪也。”由于人性为恶，“故必将有师法之化，礼义之道，然后出于辞让，合于文理，而归于治”（《荀子·性恶》）。荀子进而论道，“故圣人化性而起伪，伪起而生礼义，礼义生而制法度；然则礼义法度者，是圣人之所生也”，那么，“故古者圣人以人之性恶，以为偏险而不正，悖乱而不治，故为之立君上之势以临之，明礼义以化之，起法正以治之，重刑罚以禁之，使天下皆出于治，合于善也”（《荀子·性恶》）。这样一来，就实现了逻辑上的统一与理论上的自洽。

然而，这并不能解决为什么在孔子那里主张的是尊奉周室实现正名，而在现世则弃周天子于不顾，而纷纷事魏齐，行王政。荀子的解释是“法后王”。所谓法后王，即“辨莫大于分，分莫大于礼，礼莫大于圣王。圣王有百，吾孰法焉？曰：文久而息，节族久而绝，守法数之有司，极礼而褫。故曰：欲观圣王之迹，则于其粲然者矣，后王是也。彼后王者，天下之君也”（《荀子·非相》）。此时的天下之君，环顾当世，齐则威、宣、滑，楚则顷襄，赵则孝成，秦则昭王,而荀子眼中的后王莫过于眼前的最有可能统一天下的秦昭王。由此,秦昭王与荀子的对话并非正面交锋,而恰是在不同语境下的错位。

不过,问题在于,荀子赋予君主以“使群”的权力,将尊君凸显,同时又意识到君权应加以限制,以隆礼作为制约手段,“人君者,隆礼尊贤而王,重法爱民而霸,好利多诈而危,权谋倾覆幽险而亡”(《荀子·强国》)。而在理论上,法后王的主张实际上又将隆礼的制约取消,形成了君权不受限制的局面。而在最终的指向上,无论是尊君还是隆礼都以正名为归依。在荀子的设计中,尊君与隆礼相辅相成,又互相制约,形成了“王者之制名,名定而实辨,道行而志通,则慎率民而一焉”(《荀子·正名》)的架构,其所“循于旧名”的乃是孔子儒学中的“复礼”,而“有作于新名”的乃是“正名之法”。故而荀子初衷仍旧以礼为本、以法为末,申韩重法之论为其表象,以礼义规制性恶纷争、强暴诡诈之术为其根本。就荀子与秦昭王君臣对话而言,荀子未始不有规劝之意。

但如前文所分析,隆礼与尊君并不能契合无间,天命可制的观念消解了对君权的制约之后,法后王将君权推向几乎不受制约的状态,形成了尊君优于隆礼的局面,进而在实现正名的过程中,不是二者互相配合,而是由尊君一途实现,表现在理论上,集先秦法家之大成的韩非,也即荀子的学生,则继承这一偏锋:“夫耕之用力也劳,而民为之者,曰:可得以富也。战之为事也危而民为之者,曰:可得以贵也。今修文学,习言谈,则无耕之劳而有富之实,无战之危而有贵之尊,则人孰不为也?是以百人事智而一人用力,事智者众则法败,用力者寡则国贫,此世之所以乱也。故明主之国,无书简之文,以法为教;无先王之语,以吏为师;无私剑之捍,以斩首为勇。”(《韩非子·五蠹》)在实践中,则在秦昭王以后特别是秦统一后的政策取向中表现得尤为明显。秦的统一，实现了由“天下”向“国家”的转变，《史记·秦始皇本纪》引录的碑文中赞颂始皇帝统一天下的成就，“皇帝之德，存定四极。诛乱除害，兴利致福。节事以时，诸产繁殖。黔首安宁，不用兵革。六亲相保，终无寇贼。欢欣奉教，尽知法式”；“今皇帝并一海内，以为郡县，天下和平”。而为巩固统一，始皇帝和荀子的另一位学生李斯，政道上行郡县制，子弟为匹夫；治道上则禁绝私学。李斯上始皇帝书，“异时诸侯并争，厚招游学。今天下已定，法令出一，百姓当家则力农工，士则学习法令辟禁。今诸生不师今而学古，以非当世，惑乱黔首。丞相臣斯昧死言：古者天下散乱，莫之能一，是以诸侯并作，语皆道古以害今，饰虚言以乱实，人善其所私学，以非上之所建立。今皇帝并有天下，别黑白而定一尊。私学而相与非法教，人闻令下，则各以其学议之。入则心非，出则巷议，夸主以为名，异取以为高，率群下以造谤。如此弗禁，则主势降乎上，党与成乎下。禁之便。臣请史官非《秦记》皆烧之；非博士官所职，天下敢有藏《诗》、《书》、百家语者，悉诣守、尉杂烧之；有敢偶语《诗》、《书》者弃市；以古非今者族；吏见知不举者与同罪。令下三十日不烧，黥为城旦。所不去者，医药、卜筮、种树之书。若欲有学法令，以吏为师”（《史记·秦始皇本纪》）。假如荀子在有生之年，已经必须思索如何对抗秦国及其法家思想的倾轧，进而为儒家思想辩护，那么对于荀子后学来说，秦统一六国后，给予儒者史无前例的打击，儒者不仅政治理想落空，甚至连信仰的来源也被摧毁，不知荀老夫子将做何感想。而之所以出现这种情况，荀子的正名理论内在的不自洽性实难辞其咎——或许我们可以说得更为极端一些，早在秦火之先，荀子已经发出整肃舆论场的呼声。钱穆先生曾言，“故凡秦一代之政，皆源于荀、韩，而百家之学遂定于一尊。盖诸子之兴,本为在下者以学术争政治。而其衰,则为在上者以政治争学术。其最著者,为焚书坑儒之二事”①。虽然,我们以理解的同情,大可以认为这并不是荀子所希望看到的。

二、合法性与正当性的追问

荀子与秦昭王的会谈无果而终,似在理所当然,两人并非站在同一层面上进行对话,然而,荀子所代表的学统由其弟子韩非、李斯加以施行,秦昭王的统一霸业则在始皇帝二十六年得以实现,即陈寅恪先生所称“儒者在古代本为典章学术所寄托之专家。李斯受荀卿之学,佐成秦治。秦之法制实儒家一派学说之所附系。《中庸》之‘车同轨,书同文,行同伦’(即太史公所谓‘至始皇乃能并冠带之伦’之‘伦’),为儒家理想之制度,而于秦始皇之身,而得以实现之也”②。然而,荀子所忧虑的事情,即正名问题,则在尊君与隆礼的内在冲突中未得到最终的解决,申言之,则是统一政权的合法性与正当性问题未得解决。事实上,秦国的确没有对新兴的制度进行足够的理论构建,在统一后的国家哲学建构上过于生硬而无所粉饰,缺乏理论依据和道德说服力,面对质疑与挑战,更是一味地堵而不疏。在秦国高效的国家机器的运作下,君王如果是贤君,就会行以德服众的王道。如果兼取道义和利益,则是霸道。两者皆无,必然会亡国。秦专任刑罚,或可作为这种冲突的一个表现。这一问题的解决则有待于汉儒的努力,“天人三策”或可作为对荀子理论的补充与发展。

---

① 钱穆:《国学概论》,商务印书馆1997年版,第65页。

② 陈寅恪:《冯友兰〈中国哲学史〉下册审查报告》,载陈寅恪:《金明馆丛稿二编》,生活·读书·新知三联书店2001年版,第283页。

荀子游历列国，讲求治道，立德立言之际，仍冀事功。然而荀子又具有哲人情怀，“迫于乱世，鰌于严刑，上无贤主，下遇暴秦，礼义不行，教化不成，仁者绌约，天下冥冥，行全刺之”（《荀子·尧问》），悲天悯人不能自已，他所探讨的不仅限于当世，更有对未来的擘画。孔孟看重道德教化而忽视权势兼并，申商注重君主乾纲独断而罔顾道德视听。荀子有鉴于此，以尊君隆礼相号召，希图兼而重之。然而，也正是由于其正名之两途难以协和，致使政有所阙，演成秦治，致使声名受累。但他开启了统一政治的道统，对其理论的调和与完善，成为日后的主要任务。因而，荀子与秦昭王的对话，也不应被湮没不彰，相较于孟子见梁惠王“定于一”而言，更应值得重视。虽然荀子生平持论不与孔孟尽同，但其主张于“重法”强国之际不忘以礼义之言易强暴诡诈之术，锲而不舍，贯彻如一，不失为先秦儒家之后劲。“正名”等主张则开启借国家政治之势，力臻达学术思想之统一的先河，弊亦随之。况且其身处兼并战争行将结束、集权统一隐隐而现的时代，所思所虑，不仅仅是当下的治平问题，更有对后世规一道统何以为国的忧虑。而有睹当世当国者，重道德而不重权势者宗庙覆亡，重君主之权势而罔顾道德者无法应对统一后的形势，他所提出的隆礼重法主张，韩非、李斯继之佐成秦治，片面重法，这一方面是其理论上的不自洽性，另一方面则成为专制主义的始作俑者。荀子声名深受其累，不能不说是不幸之所在。

> 今之学者，得孙卿之遗言余教，足以为天下法式表仪，所存者神，所过者化。观其善行，孔子弗过。世不详察，云非圣人，奈何！（《尧问》）

上述文字是《尧问》篇最后一段，也是今本《荀子》的终卷之语，或有可能为荀子后学序跋之语。杨倞编订《荀子》将《尧问》

篇置于全书结尾,极有可能是意识到该篇具有总结荀子生平所学的意义。《尧问》篇屡屡发出诘问与哀叹,荀子无视“知者不得虑,能者不得治,贤者不得使。故君上蔽而无睹,贤人距而不受”之外在逼仄,“怀将圣之心,蒙佯狂之色,视天下以愚”,而最终“名声不白,徒与不众,光辉不博”。但荀子欲以其言行证明芸芸碌碌的“途之人”可不受天命所限制,亦使儒家之学具有了时代意义,我们理应承认其所具有的历史地位。

结　论

人类社会自古至今，存在一系列困扰我们的基本问题，诸如人应该怎样生存，人的若干生理和心理的需求哪些应该得到满足，哪些必须加以限制，在此过程中个人和团体各该做什么，如何构建理想的社会秩序尤其是政治秩序等，乃其荦荦大端者。进而，更深层次的哲理问题的意见和争辩在于，人为什么需要规范，规范具有哪些种类和类型，规范的基础是什么，其目的何在，它是如何制定的，制定规范的权威来自何处，人与人特别是个人与社会权威者之间应该有怎样的关系，遵循规范是否意味着服从权威，对于无法接受的规范和权威，人们应如何处理，以及前述问题是否仅为人类所具有，人是否存在与生俱来的“本性”，它是否可以改变，人的存在有什么特别的意义，人与万物如何相处，宇宙的存在有何目的与意义，是否有其自然规律，是否可以转化为人间规范，人世生活、人间秩序与宇宙自然规律之间存在怎样的关系，等等。前述追问，或是具体的政法理论，或是玄远的哲学思考。政法理论所探究的主题是社会规范和权威的来源、功能、宗旨以及权威与个人之间的关系，哲学思考所探究的是宇宙的性质和人在宇宙中的位置等基本问题。然而，两者俱是一切法律问题背后不可避免地困扰着我们的哲理问题。对于如何提出一套政法理论，并落实为一种政法体系与制度安排，以涵容人世和平共存的可能性，进而缔结理想的意义世界，实现政治秩序、道德秩序与宇宙秩序的沟通，中国先人尤其是先秦诸子多有致意。春秋以降，面对急遽变动的社会现实与层出不穷的各种问题，诸子“务为治者也”（《史记·太史公自序》），均有志于设计秩序，主动、自觉地探讨人世生活与人间规则，将道、德、礼、法与人性等复杂现象各自陈述，试图建构出合理良善的“至治之道”，并由此延展至天下国家乃至全人类的治理规划，奠定了我国政法思想和学术关怀的基础。

诸子经历不同，立场各异，但都显示出一种寻求长治久安之道的努力。诸子之政法思想诞生于各自所生活的时代，是基于时代问题产生的思考。张伟仁先生将《论语》《老子》《庄子》《墨子》《孟子》《荀子》《商君书》《韩非子》等八部传世典籍称为“八典”，将孔子、老子、庄子、墨子、孟子、荀子、商鞅、韩非称为“八哲”。①“八哲”里出生最早的孔子，公元前 6 世纪中期出生，去世最晚的是韩非子，于时已在公元前 3 世纪末期。孔子之后的诸子，对自己之前时代的主张与问题意识，一方面进行批驳辩论，另一方面组织建构出自己的理论主张。换言之，诸子是按照既往的理论主张与问题意识进行持续思考，又立足于自己所处的时代与社会的实际状况有所回应，这两者的交集点，促发了新思想的产生。

人们在平常的状况，大多皆依照已有的规范如习俗、惯例等而生活，遇到异常的情势，就需另寻适当办法，以求合宜的变化。办法是否合宜，需所提出之人对大众用智加以说服，或用力加以强迫。前者如能将其办法妥善实施，人们便会认为其办法及实施为正当，因而给予其一种威望，可以说是“权威”；后者如果也能如

---

① 参见张伟仁：《寻道：先秦政法理论刍议》，生活·读书·新知三联书店 2023 年版，“序言”第 4 页。

此,也可以被人们接受而获得“权威”,否则其办法及实施便没有正当性,仅为“权势”或权力。① 亚里士多德曾指出,在万物之中,独有人类具备言语的能力。言语不同于声音,后者可以表达悲哀与欢乐,是一般动物都具有的机能,而言语则能表达利与害、义与不义,使理性沟通成为可能。人类因为具有理性言说的能力,所以才能扩大联系,组成复杂的社群。站在语言这个角度,如果我们考虑到秩序的建构与语言规则之间的密切关系,大致可以将权力视为改变或者维持既定社会现实的能力。权力以“行得通”为前提,但任何权力要“行得通”,不可能不受制于是否“说得通”,也就是必然隐含着正当性的特定理念。换言之,权力必然以权威为诉求。也正是在这个意义上,对一个社会而言,最重要的莫过于如何制定规范和建立权威。政法理论所要探究的主要课题是社会(或者共同体)规范与权威的来源、功能、宗旨,以及权威与个人之间的关系,更进一步的哲学层面的探讨则是围绕宇宙的性质、人在宇宙中的位置以及天人关系的定位等基本和普遍问题而展开。权威与规范是身处先秦乱世企图寻找一条出路的每个智者都必须面对与回答的问题。从终极意义上而言,一种政法理论对何为规范、谁是权威以及两者来源和相互关系的不同回答,决定了该理论的不同气质与学术品性。

一、从铸刑书之争审视春秋变局

鲁昭公六年(公元前 536 年)郑国执政子产铸刑书,晋国叔向痛心疾首。二十三年之后的鲁昭公二十九年,“(晋)以铸刑鼎,(赵鞅)著范宣子所为刑书焉”(《左传·昭公二十九年》),孔子严

① 参见张伟仁:《中国传统政治威势》,载王伟主编:《复旦大学法律评论》第 8 辑第 2 期,上海人民出版社 2022 年版。

辞谴责。依照彼时叔向之说,“昔先王议事以制,不为刑辟,惧民之有争心也”,设立了正当的政令加以纠察,制定了各种奖励和惩罚的办法加以诱导和吓阻,不但谆谆教诲,并且以身作则领先遵行,又寻求了聪明、正直、慈惠之人执行这些规范和政令,才能使当事人心顺意服而甘愿遵从判决行事,不再发生祸乱。倘若掌握权势之人废弃古代圣王的做法而行乱政,以强硬的手段推行一套制度和规范,人民就不遵从长上,国家就坠入衰乱,统治者不得不加强使用刑罚法则管制人民。孔子之说与叔向类似,晋国初封之君唐叔虞原有受自周王室的“法度”,其后历代贵族官员遵守此法治国,使人民都尊敬他们而循规蹈矩。抛弃法度而铸了刑鼎,人民只注意在鼎上的条文,怎么会再尊重贵族?贵族除了这些条文之外还有什么可以用来治理人民?贵贱之间没有了等级,社会秩序将如何维持?何况鼎上之法本来就不健全,国家当然就难以治理了。

孔子对于赵鞅的批评,尽管有其不同角度的诠释理解,不过,他与叔向对于颁布刑鼎的批评立场实无二致,咸认为铸刑鼎此一举动是不合传统礼法的。孔子和叔向的意见基本上是相同的,那就是政府制定的法令之上还应该有一套高层的规范。他们也都指出这套规范需要适当的人来施行,如果没有这样的人,社会便无法安宁。更进一步说,孔子与叔向在面对春秋时代的历史巨变,他们的共同抉择是维护礼治传统。尽管相对于颁布刑鼎,维护礼治传统稍显守旧,但是叔孔二人确实亦有其理想的寄托,因为春秋时期的根本问题并不在庶民身上,而是在贵族身上,是贵族集团不知如何衔接、遵守礼法传统,失去了礼义精神。不过,如果我们以历史的眼光来审视的话,铸刑鼎/书堪为中国社会治理方式的划时代变革,引发了足以影响后世的争论。

叔向和孔子心目中的高层规范，是以宗法和封建为基础的周礼。两者皆是通过对周礼的提倡，试图建构起理想世界的秩序蓝图。然而，究竟什么是周礼的内容，除了粗略的天子诸侯等级制度以外，其轮廓其实并不清楚。因此，重新整理、提倡、建构周礼，使周礼成为等级明白、礼仪清楚的伦理行为规范便成为一项时代任务。① 作为一种历史事实，礼源自战国时代或更早以前，可以被理解为西周早期的特定仪式和典礼。可以确信的是，周礼虽然名义上出自周公之手，实则是殷、周以及各方国习惯的综合体，殷周之际的损益关系乃是周人在殷礼的基础上，将后者以神为中心的宗教祭祀，转变成以人为中心的仪礼。

王国维先生有言：

> 欲观周之所以定天下，必自其制度始矣。周人制度之大异于商者，一曰“立子立嫡”之制，由是而生宗法及丧服之制，并由是而有封建子弟之制，君天子臣诸侯之制；二曰庙数之制；三曰同姓不婚之制。此数者，皆周之所以纲纪天下。其旨则在纳上下于道德，而合天子、诸侯、卿、大夫、士、庶民以成一道德之团体。②

周礼社会的封建关系从属于宗法关系，以此建立正统性的客观标准，嫡长子继承权构成宗法制度的核心。就宗法而言，天子

---

① 事实上，不仅仅是叔向与孔子二人，在名臣辈出的春秋时代，有见识的贵族领袖皆自觉地提倡具有稳定社会功能的礼乐文化。从叔向对子产的批评中可知，叔向强调以“义”“政”“礼”“信”“仁”“明察之官”“忠信之长”“慈惠之师”等来教化百姓，万不得已才动用刑罚，因此抽象的教化在先；具体的刑罚在后，“民于是乎可任使也，而不生祸乱”（《左传·昭公六年》）。不过，这也显示出春秋以前的周礼，仅是社会规范体系，缺乏形上学的论证，亦不涉及自身存在、宇宙秩序等问题。

② 王国维：《殷周制度论》，载王国维：《观堂集林（附别集）》上册，中华书局1959年版，第453－454页。

为大宗,诸姬为小宗;诸侯为大宗,世卿为小宗;世卿为大宗,大夫为小宗。王室的血缘呈阶梯状下降和扩展。同姓不婚,天子与诸侯、诸侯与世卿、世卿与大夫互为甥舅,各族群精英血缘呈网络状混合。就封建而言,可以视为一个动态展开的长时段运动,分封导致次级分封,这种扩展正是封建的目的之一。周礼本身蕴涵广义的习惯法因素,在其最上层具有普世性,在其最下层具有开放性,这就保障了诸夏共同体的多元性和共通性。宗法是各等级和各族群的衔接点,其与封建相结合,在数百年的互动和演进中自我强化,依靠血缘纽带的原始力量,成功地造就了一个超越血缘的文明共同体。周礼是共同体记忆的积累与一切规则的源泉;礼俗融为一体,在宗法共同体内部,周礼规范了出身、等级和继承权,保证了一个各得其所的而非公正平等的社会。

从比较历史的角度而言,古代希腊罗马的早期社会存在着强大的氏族组织,族长和家长在小共同体内部行使仲裁权。然而,城邦和各部族、部族之间以及公民之间的纠纷,不断衍生出更加复杂的习惯,迫使模糊的旧例习俗明确化。尤其需要指出的是,作为公共空间的城邦不是模拟和放大的私域意义上的家族,不能以族内仲裁的方式而必须以明确规定权利义务关系的契约处理该领域的问题。前已述及,周礼社会的封建关系从属于宗法关系,“大刑用甲兵”,“刑”是周礼共同体针对外邦人的政治措施,是礼法文明的必要补充。礼乐将仲裁权交给了周天子,周天子的仲裁权源于天命。“天命靡常,唯德是辅。”“明德”之道在于“保民”。周天子仲裁权的行使取决于当事各方在宗法血缘网络结构中的相对位置,这也决定了周礼社会的礼法规范鲜有私性契约色彩,自始便选择了实用政治学和伦理学的发展路径,即如陈寅恪先生所言,“中国之哲学、美术,远不如希腊,不特科学为逊泰西也。但中国古人，素擅长政治及实践伦理学，与罗马人最相似。其言道德，惟重实用，不究虚理，其长处短处均在此。”[①]其结果之一，便是诸子明显缺乏形而上学和自然哲学的内容。

“天子建国，诸侯立家，卿置侧室，大夫有贰宗，士有隶子弟”（《左传·桓公二年》），封建制度拉近并协调着周王室与诸侯之间的政治关系，使诸侯亲信于周王室，周天子“命于下国，封建厥福”，并且通过“授民疆土”，成为天下的共主。西周以宗法制度作为手段，成就了家天下的局面。不过，制度的成功经常构成制度解体的主因。动态展开的封建，大宗小宗的层层分封，使封地自上而下地枯竭，尤其以周天子直辖的王畿为甚，这深刻地改变了天子和诸侯的关系，将仲裁者变成了掠夺者。太原料民暴露了王室的虚弱和封建的瓦解。仲山父声称：

> 古者不料民而知其少多，司民协孤终，司商协民姓，司徒协旅，司寇协奸，牧协职，工协革，场协入，廪协出，是则少多、死生、出入、往来者，皆可知也。于是乎又审之以事，王治农于籍，蒐于农隙，狝于既烝，狩于毕时，耨获亦于籍，是皆习民数者也，又何料焉？（《国语·周语上·宣王既丧南国之师》）

宣王不予理睬，从反面证明这些旧制度早已名存实亡。人民寡少，当然不是人口减少的结果，而是王室直辖领地分封殆尽的结果。次级封建的展开，导致礼乐征伐自诸侯出、自大夫出而终至陪臣执国命。在政治意义上，礼崩乐坏意味着对习惯法的瓦解、侵蚀。事实上，早在宗周时代，宗法就已面临各种零星的攻

---

① 吴学昭整理注释：《吴宓日记：1917～1924》（第2册），生活·读书·新知三联书店1998年版，第102页。

击。宣王不得不两次武力干涉鲁国的继承权，之后的幽王废嫡立庶，更是对宗法的正面破坏。郑桓公贿虢、郐而寄地济、颖（《国语·郑语》），皇父筑向（《诗·小雅·十月之交》），礼崩渐成燎原之势。作为诸姬之长的晋国，曲沃小宗夷灭翼公室，更是宗法体制的逆伦剧变。晋文公“谲而不正”，联姻夷狄、任用异姓公卿，内政和外交相互锁定，削弱周礼的精神和制度。“封建天下崩溃过程中之种种社会政治事实”，预示着类似周礼的族内仲裁体系连极其次要的作用都消失了。

在子产的母国，自“郑伯克段”，开启了无止境的政变传统，“礼”失去了其约束人们行为的力量，急需一整套广泛有效的新规范，而当时并没有一个社会权威能够做到，子产只得尽速颁布一些可以使用政府权力施行的法令。孔颖达《春秋左传正义》评论道：

> 子产铸刑书，而叔向责之。赵鞅铸刑鼎，而仲尼讥之。如此传文，则刑之轻重，不可使民知也……古者分地建国，作邑命家，诸侯则奕世相承，大夫亦子孙不绝，皆知国为我土，众实我民，自有爱吝之心，不生残败之意。故得设法以待刑，临事而议罪，不须豫以告民，自今常怀怖惧，故仲尼、叔向所以讥其铸刑书也。……故得万民以察，天下以治。圣人制法，非不善也，古不可施于今。今人所作，非能圣也，足于周以用，所谓“观民设教，遭时制宜”，谓此道也。

孔颖达以为铸刑书是时代之趋势，是避无可避的，而子产只是预知了这种趋势。因此，站在子产的立场上，实有其不得不行法治的苦衷。郑国处齐、宋、晋、楚列强环伺之地，内政变成了外交的延伸，子产将平衡的艺术发展到无比精湛的境界，这也决定了其改革有限。

那么,站在孔子和叔向的立场上看待问题,又将如何呢?孔子自陈“好古,敏以求之者也”(《论语·述而》),我们对于孔子的主张理解得也比较多。至于叔向,季札许其为“吾子好直”(《左传·襄公二十九年》)。叔向认为,“礼,政之舆也;政,身之守也”(《左传·襄公二十一年》)。对他而言,要认识到礼无法涵盖现实当中人所遭遇到的全部问题是很困难的,他对子产背弃礼治的行为也是完全无法谅解的。在孔子与叔向的理解中,周礼作为共同体记忆的积累与一切规则的源泉,涵盖了经验主义的长期传统,其准确性与合理性远远超过世俗的政治统治者。因此,它是理想的神圣秩序的体现,是客观的、先在的规范。人类社会的治理须具有个人武断所不及的稳定规范,规范的稳定源于普遍性的传统,安定人民的规范依靠共同体习俗而非私人判断,如果用成文法取代,通过铸刑鼎/书的立法来规制社会和人民生活,就等于用少数统治者的抽象知识取代共同体全体成员的经验知识,用未经实验的危险创新取代久经考验的可靠传统。可以说,正是在将创制立法权视为无限的专制权力的意义上,我们才能够更加深刻地理解孔子对晋国铸刑书的严辞谴责。

不过,略显矛盾的是,周礼社会的纠纷解决即礼乐仲裁以德性—巫术思维为基础,高度依赖于仲裁者对当事人身份、性格和环境的综合认知,优先考虑的并非事务的具体后果,而是德教规训。周礼社会的治理需要优秀的仲裁者,但不利于社会阶层的分化,这对习惯和习惯法的保存是不利的,包括儒家在内的先秦诸子不约而同地走向了制定法之路——为了防止人们盲目摸索和放肆滥行,必须由他们建议一套比较具体的规范来指导并制约人们的行为。更具讽刺意味的是,战国儒家(尤其是孟子)比子产更加肯定乃至崇拜立法/成文规范的功能,当然这种“法”指的是先王之道所代表的普世伦理价值,仁政亦出自人为设计。之后的场景我们都比较熟悉,汉儒将周礼解释为立法蓝图,恰恰是刑书和刑鼎的继承者。礼崩乐坏意味着以周礼为代表的习惯法及其治理模式的瓦解,也意味着制定法对习惯法的替代。如果说周礼因其习惯法特征而具有超越性,孔子对铸刑书的严辞谴责,未始没有反对僭政的倾向,则相比之下,战国儒家更多地开发了孔子学说的启蒙主义因素,但对僭政或者理性的僭越似乎缺乏必要的警惕。

二、诸子社会权威理论的分析与批判

德国哲学家雅斯贝尔斯在20世纪40年代提出著名的轴心时代的命题,认为在公元前500年前后,即公元前800年至公元前200年,中国、印度和西方几乎同时出现了文化突破现象,一些先知式的哲学家开启了对人类自我及宇宙的精神性反思,并对人类文明之后的发展产生了决定性的影响。轴心时代说在一定程度上刺激了学界对于先秦思想的重新定位。然而,我们不能忽视另一种历史叙事的存在,这关系到轴心突破所对应的春秋战国这一历史阶段的政治形势——许倬云先生通过精密的数据分析指出,此时出现的重要现象是,原本占据政治权力核心地位的贵族阶层因自相残杀而消耗殆尽,由此权力的个人性集中早在秦统一之前就已成为诸国政治的常态,形成了新兴士人阶层(及一般民众)与集权化君主的两极结构。① 从春秋到战国,一个总的发展趋势是,通过强化原子化个人对君主的直接依附,瓦解封建地方和血缘共

① 参见许倬云:《求古编》,台北,台湾联经出版事业股份有限公司1982年版,第319-336、389-390页。

同体的横向纽带,从而巩固郡县制的垂直管理体系。这是一个从封建到郡县的过程。《国语》将“料民”视为践踏成例的暴政,却未能阻止三晋率先推行更加严密的“上计”制度。“编户齐民”更是将一切资源集中到国家手中。虽然君主集权自春秋战国之际已成为时代趋势,但战国早期国君的政治支配力并不稳固。在战国动荡、残酷的环境中,强化这种政治支配力以维持更稳固的政治秩序,就能更好地保障国民的生活,避免国家灭亡的危险,这在当时无疑具有一定的合理性。

先秦诸子之所以能够进行精神性的反思,自然与他们脱离了原有的等级结构的时代契机有关,然而不应忽视的是,他们同时面临着战国时期逐渐强化的君主集权趋势。[①] 我们可以看到,有一些从政治思想史的角度出发的学者,提出了较为尖锐的观点。例如,张舜徽先生便认为,先秦诸子思考的核心概念“道”,都是为君道而发,亦即都指涉着一种“君人南面之术”。[②] 以色列汉学家尤锐则提出,在经历了春秋时代的纷争之后,战国时代的思想家们决定性地与君主站在一起,几乎共同表现出将政治权力集中于君主,并以大一统来结束战争的要求。[③] 在这些学者的视野中,轴心突破所带来的多元精神成果,最终都与君主集权的政治要求合流,甚至积极予以推动。不过,我们需要追问的是,所谓轴心时代的精神突破真的在政治领域完全导向对集权化政治的支持吗?

---

① 有关从战国到秦汉的政治结构演变问题,西嶋定生提出,在氏族社会的等级结构中权力与支配还是分散的,然而从战国通向秦汉的历史进程中,人民与帝王之间却形成了直接性的一元支配结构。参见[日]西嶋定生:《中国古代帝国的形成与结构——二十等爵制研究》,武尚清译,中华书局 2004 年版,第 442 - 447 页。

② 张舜徽:《周秦道论发微》,中华书局 1982 年版,第 31 页。

③ 参见[以色列]尤锐:《展望永恒帝国:战国时代的中国政治思想》,孙英刚译,上海古籍出版社 2013 年版,第 34 - 39 页。

面对逐渐握有绝对权力的君主,思想家们是积极提供巩固权力的良方,还是对权力的过度集中有所警觉,进而提出批判呢?

周礼之下,“天下有道,则礼乐征伐自天子出”,天子被给予极大的威势。统治者“敬德”“恤民”,建立“礼”治秩序,因而收到“祈天永命”的效果,这一切都是遵循“天”的规定而行。但是,“天”并不可靠,《诗经》和《尚书》里已记载了人们的怀疑。先秦诸子除了墨子之外,指出政治威势与天及鬼神无关,而出于人们谋生之需。其间,儒家将规范的基础从鬼神的旨意移转到人的心愿和理性,尤其具有人文主义关怀。我们可以看到,孔子对于“天”和“天命”抱着深挚的信仰,但并不把“天”当作人格神来看待。孟子以“人伦”作为社会的基本规范,荀子认为一切规范皆是“圣人之伪”。依照儒家的理想,制定规范之人应该是像尧舜一样的圣贤,孔子主张统治者应该有“德”,孟子屡言“天与之”“人与之”“民之所欲,天必从之”(《尚书·泰誓上》),荀子强调人君应有“定分止争”之智。他们将先王之道解释为抽象的仁义,对普世伦理价值寄予充分的信任。不过,其失在于,在他们所设计的政治蓝图里,需要有一个圣君。儒家以尧舜为经典的天子形象。但一则尧舜之君难得,理想君主难遇;再则圣君如何产生,儒家从无致意,仅强调对储君的教育。

墨家和宋国有特殊关系,主张兼爱、非攻、天志、明鬼等学说,具有宗教性热忱。

> 子墨子言曰:古者民始生未有刑政之时,盖其语“人异义”。是以一人则一义,二人则二义,十人则十义,其人兹众,其所谓义者亦兹众。是以人是其义,以非人之义,故交相非也……夫明虖天下之所以乱者,生于无政长。

> 是故选天下之贤可者，立以为天子……正长既已具，天子发政于天下之百姓，言曰："闻善而不善，皆以告其上。……"则天下何说以乱哉？察天下之所以治者，何也？天子唯能壹同天下之义，是以天下治也。(《墨子·尚同上》)

墨子认为世间最大的问题就是没有共同、明确的是非，以至"一人一义"，"人是其义，以非人之义"，父子兄弟作怨仇，不能相合、相助、相教导，"天下之乱，若禽兽然"。解决方法在于建立一套共同的是非、善恶的标准——"义"。墨子认为，"义者，善政也"。"义"由谁来确立呢？墨子的答案很明确，也很大胆，"贵且知者"。这不禁使我们联想到古希腊的智者对法的质疑——据柏拉图的《理想国》中记载，智者色拉叙马霍斯(Thrasymachus)在与苏格拉底辩论时，主张法律所体现的所谓"正义"不过是强者的利益：城邦中的强者就是统治者，统治者依照自己的利益来制定法律，遵守统治者制定的法律就是正义的，相反违反的就是不正义的，那么，强者的利益等于法律，而遵守法律则被认为是正义，因而强者的利益就是正义。① 与智者的论证不同，在墨子看来，"贵者"作为掌握权威之人可以命令指挥比他地位低微的"贱者"遵循其制定的规范，但规范之内容不一定妥当，因此，"贵者"又必须为"智者"。鉴于贵者未必智，智者未必贵，在墨子看来，唯有"天"才能兼具。"是故选择天下贤良、圣知、辩慧之人，立为天子，使从事乎一同天下之义。"(《墨子·尚同中》)不过，墨子的这番论证存在严重的问题。现实当中似乎并不存在"一人一义"的情形，原

① 参见[古希腊]柏拉图：《理想国》，郭斌和、张竹明译，商务印书馆1986年版，第19－20页。

因在于人类具有相同或相近的生理、心理需求，也有同情、利他之心。至于天子的产生，墨子没有进行明确的说明。不过，我们不妨通过文本进行推论。墨子是推崇“天”的。“夫明乎天下之所以乱者，生于无政长。是故选天下之贤可者，立以为天子”（《墨子·尚同上》）的论述，应如何理解呢？这里的“选”，其主语似乎不可能是民，而应指向的是天。[①] “其为政乎天下也，兼而爱之，从而利之，又率天下之万民以尚尊天事鬼、爱利万民。是故天鬼赏之，立为天子，……其为政乎天下也，兼而憎之，从而贼之，又率天下之民以上诟天侮鬼，贼傲万民。是故天鬼罚之，使身死而为刑戮。”（《墨子·尚贤中》）在此，需要注意的是，天子的人选呈现出“天选”，而在天的原则筛选下，所谓的天子必须能够相信并且实践兼爱者，这也反向凸显墨子之天的特质。于此，墨子所认定的君主的产生方式，当非以世袭方式为之。但理想条件的君主究竟从何而来？“天、鬼赏之，立为天子”（《墨子·尚贤中》）之言，将国君的人选决定权交予天，但天究竟以何种方式来衡量评断国君之产生？即使有人选，那么其产生的过程，人们又是如何得知被指定的人选具体为谁？墨子对于国君实际产生的过程并未明言，此当为墨子政治思想体系中模糊未清的悬疑之处。

如果我们暂时撇开墨子思想中君主由来的模糊性，仍能明显

---

① 萧公权先生断言：“按墨子既无民选之明文，而其思想系统以及历史背景，均无发生民选观念之可能，吾人如强作解人，断其必有，恐不免厚诬墨子。盖当刑政未有之时，人各异义，相互争残，孰信此‘乱若禽兽’之民，能询谋佥同，选立贤者而共戴之乎？故曰：民选之说，与墨子思想不合也。吾国古代传说有传贤禅位之事，然民选君长则绝未闻。故以孟子之贵民，虽有得乎丘民为天子之论，而一究其实，亦不过承认人民于传贤传子人选既定之后，有表示归心与否之机会，非谓人民可以迳选贤可，更非谓人民于政长未立之初，能于万众之中慎选而推定一人为天下之元后也。故曰民选之说为历史背景所不许也。”萧公权：《中国政治思想史（一）》，辽宁教育出版社 1998 年版，第 131 页。

地看出墨子以“天”为人群行事之准则。但是,由于“天”之不可确切理解,无人能知晓“天”之特质;“天”之所欲为何,仅能从人事上的实际表现来推测其中可能性;考虑到人事表现的复杂性,并无一定规则可言,更何况,善恶有报的观念与现象,是否真的能在人事表现上显示效应,都无法形成绝对的规律。所以,“天”是否能构成法则并为众人所信服,实有待商榷。

墨子主张,“天志”爱人,天的欲恶与人相同,这就将规范的基础转移到比较可以测定的“民意”。墨子强调,天子以天志制定规范,以“尚同”统一是非。“尚同”建立在政治阶级之中,每个阶层的群体效法向上一阶层的群体,最后指向天子,意即全国上下均以天子为行事指标。不过,问题在于,“上之所是,必皆是之,所非,必皆非之”和“上有过则规谏之”这两句话是冲突的。既然绝对要和上级保持一致,怎么可以指出上级的过错呢?墨子将国家的建立原理建立在排除异义的危害性上,主张通过尚贤原则推举出最贤明的人作为天子,并认为天子必须推行“壹同天下之义”的政策,由此才能达到天下之治。然而让人感到讶异的是,墨子为了推行其兼爱之义的主张,最终居然选择了一种集权式的政府组织,提倡由天子来“壹同天下之义”,而这在很大程度上与战国时期的现实政治趋势是合拍的,无怪乎墨家在当时能够后起直追成为显学。① 不过,必须指出的是,即便墨子确实以为国君当是由天所选,并通过尚同使得人群因为层层效仿、服从而达到秩序统一,

① 增渊龙夫认为,在传统宗法之外形成新型主从、党友关系的时代需求,与墨子所提倡“兼爱”模式有相通之处,而为了确保普遍的实效性,墨家不得不通过赏罚来建立强制的“兼爱”,这就形成了“尚同”的天子专制的政治秩序世界。参见[日]增渊龙夫:《中国古代的社会与国家》,吕静译,上海古籍出版社 2017 年版,第 123 - 127 页。

最终效法的对象则会归于国君,进而上同于天。但在此过程中,国君的思维及性格,在凡事以天为则的规范下,是否会产生国君打着天授的名号,而行专制之实,不得不令人启疑窦。

法出三晋,在诸子中属于后起。晋国深入戎狄,戎风最盛。狄人与晋之公室、六卿盟誓、授土、受赂的记录与春秋相始终。“王灵不及,拜戎不暇”(《左传·昭公十五年》),晋人不大尊重宗法制度。公室寡弱、大臣独断,弃礼义尚首功,以军国为宗,以富强为辞,名法之学发源于这种异端的环境,并非偶然。李悝、商君、韩非一脉相传,“尧幽囚,舜野死”未必实有其事,而颇可折射三晋之政治功利主义。今天我们对法家的认知与界定,主要指在周礼之后形成的一种新兴势力,以新的治国方式行各种治国之“法”,使用控制臣民百姓之齐民要术治理国家,为求国家进入国富兵强的优势。法家处在“大争之世”,他们的理想国需要一个明君来统治,但是同样没有说明君是从何而来,如何而得。事实上,较之于儒家尚强调君主要受教育,提高其素质,法家则连此种主张也没有。儒、墨、法虽然有别,但是都认为人在宇宙间具有特殊的地位,人的生命具有特殊的意义,人的智慧和努力具有特殊的价值,对于发展过程中遇到的问题,人有能力自行解决,而且,对人类社会的发展具有信心,认为将来可以比过去和目前更美好。

先秦时代的思想家大多对建构形而上学的知识系统没有太大的兴趣,而是主要关怀政治制度的改革、社会风习的导正、人生常则的确立和伦理纲纪的反省等。老子则展现了不同的视野与旨趣。老子之学诞生于楚地。面对周文疲弊,老子另辟蹊径,放弃礼义的形式与虚文,从形而上的“道”开展生命的新价值,通过修养追求心灵的自由,对不同地域不同学派都产生了巨大的影响。老子创发道家思想以后,衍生出两条学说发展的脉络,一条是庄子学派，承继老子致虚守静的修养工夫，在“人间世”追求“逍遥游”的心灵境界，作为其学说的主要旨趣。庄子对政治的立场是不染指、不负责。另一条则是稷下道家黄老学派。楚地老子之学与黄帝之说结合，形成稷下黄老学派，大盛于齐地，其以老子的形上道论为基础，结合形名法术，使老子思想向法治倾斜；侧重政治及现实社会问题的解决。稷下先生“著书言治乱之事”，密切检视一个国家能建立秩序以及崩溃或混乱的原因，发展出政治哲学上辉煌的“君人南面之术”。老子虽然也重视世道人生，却企图从事物的根源入手，探寻使问题不再发生的根本之途。他在天与人、动与静、有与无、道与德之间不断地反省思考，最终以“道”来说明世界万物产生的根源和运动变化的规律，建构起以“道”为最高范畴也是天地万物始源的哲学思想，这也是中国最早的本体论和宇宙论，并对后世产生了极为深远重大的影响。他从“道”的思想出发，探究宇宙、天地以及社会、人生问题。以形上“道”为理论基础，以知常明道为人生目标，对社会乱象加以批判。与儒、墨、法三家极端相反，老子道家不但根本否定前述看法，而且主张将人为的标准全部去除。不仅如此，由于人世规范是由社会权威制定的，老庄更认为应将社会权威加以灭绝，即“绝圣”“弃智”。但是，无论“绝圣”还是“弃智”，均不可能以“无为”为之。如果智慧是人性的一部分，将来之人复生智慧，庄子只说“无撄人心”，老子则不然，其沾染兵家诡道，讲求机锋权变，因势利导，不用强制，以静制动，以柔克刚，以退为进，以反得正，处处示人以不争，处处占得先机；统治者能稳密地使用这些技巧，就可以使民“自化”。不仅如此，圣人以万物为刍狗，人们如果“化而欲作”，则将“镇之以无名之朴”。统治者不仅不可能“无为”，更不可能消失，而必须永久存在。不过，相对于重视礼乐教化、推崇仁义德行、讲求刑名法术、偏重政治社会改造的儒、墨、名、法各家而言,道家这种重道体轻治术的弱点就凸显出来。道家认为世间的一切都是相对的,万物各有其价值,并无高下之分;人并没有什么特殊之处,智慧极其微小,能力极不足道,愈想用其智慧去改善其生活,就会制造出愈多的问题,境遇愈加艰辛;人的智慧与努力的成果,在道家看来根本就不应存在;人为制定的标准、规范,应该“掊斗折衡”。老子指出,社会规范使人们“大伪”。庄子认为,将社会规范强加于人,如同伯乐驯马,使人失其本性。此外,老子指出,法之功能有限,要靠刑罚来推行,而刑罚至重的不过于死,如果在某种情况下“民不畏死”,法便没有任何用处。

三、规范一元主义与多元主义之比较与剖析

按照先秦儒家的主张,一个社会应该要有许多不同性质的规范协同运作来维持秩序,我们可以将之视为规范多元主义。大致而言,儒家认为规范可分为道德、礼仪、法律和政令四类。孔子根据规范目标的高低和适用的广窄,将规范分为“仁”“义”“直”“信”“勇”“忠”“孝”“弟”“友”“礼”“政”“刑”等。他将“仁”列为最高规范,重在推己及人;“义”则次之,是为大众所能接受的准则。孔子、孟子和荀子都强调,人有相近的甚至相同的“性”和“情”,经由“性”和“情”可以推展出“理”。

《说文》认为,“理,治玉也,从王里声”,此处之“王”为“玉”,“理”为形声字,以“玉”为形旁,用以表意;以“里”为声旁,用以表音。从“理”本身的文字结构来看,由于“玉”自身即有纹路,这些纹路是天然的、非人为的,每块玉皆有其纹理。“玉”这一自然之物,隐含了万物自身之意,玉之纹理则隐含万物各自有其规则性的意义。万物皆有其各自之纹理,皆有其各自运作的规则,规则

呈现出万物运作之规律甚至必然性。“理”具有中介性的意义,一方面呈现出万物运作规则的客观意义,另一方面也借助于“有德者”开展出人文世界运作的规则,这些规则逐渐固定化之后,便成为规范/法则。“理”最易见的便是“絜矩之道”,孔子云“己所不欲,勿施于人”,“己欲立而立人,己欲达而达人”,从这一个消极的和一个积极的原则出发便可导引出各种规范。

前已述及,儒家理想的君主为尧舜,但事实上制定规范之人并非圣贤,相反,世间君主贤愚善恶不等,所定之规范便有良劣之别、善恶之分。人有相同或相近的“性”和“情”,可以认识同一的“理”,规范之良、劣与善、恶便在于合乎还是违悖此情此理。申而言之,规范者,常识、常情、常理也。规范(不限于法)亦有位阶之分,道德最高,法令最低。其原因在于,道德最接近理性、人情,最容易被人接受,人为制定的法令并不必然合乎理性、人情——一方面,其制定者未必公正、明智;另一方面,私人利益掺杂其间,尤其是“政”和“刑”,完全是由掌握政权的人制定。这些人良莠不齐,所立之规范就没有先天的正当性,这也构成了法尤其是人为的制定法的一大缺点。更何况,法需要依靠强制手段施行;权威者用来强制人民的手段不外行赏、施罚,所诉诸者乃是人们的趋利避害之心。对此,荀子已然指出,“赏庆刑罚”乃“佣徒鬻卖之道”,“不足以合大众、美国家”(《荀子·议兵》)——正是因为看到了实行法家政策本质上的缺点,在法家如此严苛的控制下,国君不可能长期地统治下去,所以荀子才指出“兼并易能也,唯坚凝之难焉”,进而建议“凝士以礼,凝民以政;礼修而士服,政平而民安。士服民安,夫是之谓大凝。以守则固,以征则强,令行禁止,王者之事毕矣”(《荀子·议兵》)。

儒家所主张的这种规范多元主义体系,如同一个倒立的金字塔,道德是塔基,涵盖最广;礼在中间;法为塔顶,内涵与适用范围最窄。不过儒家并不轻视法,更没有说社会可以不需要法,而只是说,法有许多缺点,如果没有道德和礼的支持,就不能稳定存在。尤有可论之处在于,由儒家所阐释的规范多元主义与位阶理论,促使我们正视与思考“恶法”问题。作为立宪主义的核心理念,“法治”不仅要求国家作为必须有客观的法律规范为依据,还特别强调国家权力的运作,不得依凭主治者个人主观意志而为之。从法的制定层面而言,立法者的主观恶意当然是“恶法”产生的重要因素之一。不过,现实中以明显的、一般人以正常的理解能力便可以辨认的形式出现的“恶法”,我们对其认定或处理方面争议不大。例如,如果一项法律规定鼓励杀人、放火、盗窃等明显有违正常社会认知的内容,显系恶法无疑。具有争议且难以处理的往往是那些并非本质的而具有属性意义的、需要区分层次的法律;特别是当这些法律以合法性(而非正当性)的程序和整体性法律秩序的形式出现的时候,如何辨析恶法、如何面对恶法与如何克服恶法便成为我们不得不面对的课题。从理想的预设出发,正义尤其是社会正义往往被视为法治与制度的落实,正义与法治通常被等同对待,但这一预设忽略了法治本身之“法(权力)”的来源及其效力问题。我们知道,对正义本身的界定事实上是回答正义如何获致的问题,立法之正义仰赖于其公共品性,专制之(立)法的封闭性决定了其公共品性的阙失,立法之民主性、公开性与科学性便成为保障其正义性的关键。民主政治建立在某些核心价值和基本原则之上,这些价值和原则是文明社会的共同规范,法律违反这些核心价值即缺乏正当性。但民主政治下的实在法并不就此自然而然地符合“法的精神”,具有当然的正义性。程序正义的立法所体现的是立法者的统治,而非法的统治——如果考虑到立法者本身与共同体全体公民之间的委托—代理关系，以及前者自身的利益追求，那么，我们必然会得出下述结论——程序正义之立法与法的统治未必总是具有实质正义性，亦即，立法必然包含使所制定之法转变为恶法的倾向。在分析实证法学大行其道的时候，以纯粹形式来规定法，将法等同为法的形式（立法），实际上蕴含了恶法大规模上演的风险。或许，儒家的规范多元主义为我们克服恶法提供了一条可行之道，而道德高于法令位阶之主张，则隐含了人为法没有证实自身正当性的能力，有效地消解了（实证）法律万能论的谬误。

墨子认为，"圣人以治天下为事者也，必知乱之所自起，焉能治之；不知乱之所自起，则不能治"（《墨子·兼爱上》）。他罗列了三种类型的"不相爱"，即"臣子之不孝君父，所谓乱也""虽至天下之为盗贼者亦然""虽至大夫之相乱家，诸侯之相攻国者亦然"。事实上，这三种类型的问题，亦是儒家所面对的，但与儒家重建传统等级秩序的解决思路不同，墨子提出的方案是兼爱。历史上，儒家与墨家互相非议，墨家主张爱无差等，而儒家主张爱有差等。墨子主张：

> 我不能兼爱。我爱邹人于越人，爱鲁人于邹人，爱我乡人于鲁人，爱我家人于乡人，爱我亲于我家人，爱我身于吾亲。（《墨子·耕柱》）

孟子则认为：

> 人之有道也，饱食煖衣，逸居而无教，则近于禽兽。圣人有忧之，使契为司徒，教以人伦：父子有亲，君臣有义，夫妇有别，长幼有叙，朋友有信。（《孟子·滕文公上》）
>
> 墨氏兼爱，是无父也。（《孟子·滕文公下》）

司马谈在《论六家要旨》中论墨家:“使天下法若此,则尊卑无别也。”如果我们将墨子的“爱人若爱其身”这个逻辑推到极致,一切尊卑贵贱亲疏远近都不存在了,只能指向平等。从社会关系的角度看,墨家相信只有发展出平等的社会人格,才可能实现兼爱非攻的理想社会。如何让兼爱成为现实?墨子认为,“苟有上说之者,劝之以赏誉,威之以刑罚,我以为人之于就兼相爱、交相利也,譬之犹火之就上、水之就下也,不可防止于天下”(《墨子·兼爱下》)。兼爱的主张似乎体现着平等和无私,但如果要想实践,最终却离不开一个凌驾在所有人之上的绝对权力。正是在这个信念的基础上,墨子提出了自己的政治主张——“尚同”。

“尚同”何解?“尚同”既可作平等理解,也可作为上下一致解释。笔者认为,后者的可能性更大一些。在墨子看来,“夫明乎天下之所以乱者,生于无政长。是故选天下之贤可者,立以为天子”。“天子以其知力为未足独治天下”,所以在天子之下又设立了三公、诸侯、将军、大夫、乡里之长。天子和各级统治者选出来了,就要具有绝对的权威。这些权威者设立之后就由天子“为政”,即颁布命令于三公及以下各级官员,以至庶人,然后自乡里之长开始,逐级向上“一同”各地区之人之“义”,使之“上同”于上级权威者之“义”,以至天子之“义”。换言之,天下之人全都遵循天子的命令。可以说,相比兼爱、非攻,“尚同”这个主张,确实是全景式展示了墨家的政治构想。一方面,墨家强调集体行动,而在行动中必须有严明的组织纪律,必然会产生等级化的职权设置。强调所有人都不可以有自我,要抛弃自己不好的言行,向上级看齐。另一方面,墨子说要用赏罚,由各级权威者对于服从或违反其命令之人加以奖赏或惩罚。“古者圣王为五刑,请以治其民。譬若丝缕之有纪,罔罟之有纲,所以连收天下之百姓不尚同

其上者也。”(《墨子·尚同上》)

为了维护社会权威、施行社会规范,儒家一再强调统治者要循礼进德,以身作则,带领人民趋善避恶。相比儒家,大约墨家接近基层,对民众心理的弱点和阴暗面,比其余诸子尤其是儒家有更深的洞察,所以,墨子虽也要求统治者与民同苦,但他更强调统治者订立规范,用赏罚去诱引、迫使人们服从。站在“同”的角度,墨子把“下比之心”视为尚同的大敌,尤其严禁“下比而非其上”。或许是得益于军事经验,墨子强调政治实践“必以告其上”,要求人民告讦,使“举天下之人皆恐惧振动,惕栗不敢为淫暴”;与统治者不一致,“万民闻则非毁之”。墨子主张“告”的方式,也是一种“同”的实践;要想秩序平稳,就必须能够“同”,使得众人在达到国家“同”的思维下进行“同”的行为。能够实践兼爱者,以“告”而得赏;若有残害国家之举者,他人也必须“告”,使其得罚。这些手段,已经与后来法家的商鞅、韩非们没多大区别。

众所周知,法家“不别亲疏,不殊贵贱,一断于法”,使“明分职不得相踰越”。因此,我们可以将其视为规范一元主义。法家理论的重要前提是对人性自利的认知。商鞅和韩非都指出,人都想要满足自己基本的生理欲望;因为要图自利,人人皆以“计算之心”谋利;因为人性自利,指望人们以同情心推演出道德以及其他的行为规范是不可能的;而且像儒家称道的仁义、墨家所提倡的兼爱,不仅无用,甚至有害。商君目之为“六虱”,韩非则指出,它们都没有确切的内涵,使人无所适从;即使勉强去施行也没有实效。基于前述认知,法家强烈排斥当时社会流行的与他们主张不同的思想和由那些思想产生的规范,认为真正有用的规范只有君主所颁布的法律——“言不中法者不听也,行不中法者不高也,事不中法者不为也”(《商君书·君臣》);“明主之国,无书简之文,以法为教”(《韩非子·五蠹》)。那么,法家是如何论述应该仅存在“法”这一种规范的呢?我们先考察《商君书》的论述,其《更法》篇被认为是真实记录了商鞅在秦孝公面前陈述政见的御前辩难,具有很高的参考价值。

> 公孙鞅曰:“臣闻之,疑行无成,疑事无功。君亟定变法之虑,殆无顾天下之议之也……法者,所以爱民也;礼者,所以便事也。是以圣人苟可以强国,不法其故;苟可以利民,不循其礼……三代不同礼而王,五霸不同法而霸。故知者作法,而愚者制焉;贤者更礼,而不肖者拘焉。”

虽然该篇不是出自商鞅本人之手,历来也存在是否抄袭自《战国策》的争议,但基本可以反映商鞅时代的历史事实。从商鞅劝说秦孝公的坚定语气中可以看到,他有极为敏锐的时代洞察力,认为不同时代对应着不同的礼法制度,因此知者应该积极根据当前的实际情况变革礼法,而非因循守旧。如果我们暂时抛开对于法家严刑峻法的负面印象,则会发现,商鞅衡量利弊得失的标准居然是“爱民”“利民”。换言之,法家种种冷酷的主张实际上恐怕仍是以“民”之利为出发点的——尤锐便有一个颇具突破性乃至颠覆性的观察,即虽然商鞅向来被认为缺乏通常意义上的“民本”思想,但《商君书》中“利民”“爱民”词汇出现频率甚至比《孟子》还要高。或许,法家与儒家在某些根本出发点上的分歧没有我们印象中的那样大。[①] 问题在于,商鞅所说的“利民”究竟为何?其《农战》篇给出了较为充分的解答:

---

① 参见[以色列]尤锐:《展望永恒帝国:战国时代的中国政治思想》,孙英刚译,上海古籍出版社2013年版,第256-259页。

> 凡人主之所以劝民者，官爵也；国之所以兴者，农战也。今民求官爵皆不以农战，而以巧言虚道，此谓劳民。劳民者，其国必无力；无力，则其国必削。……国去言，则民朴；民朴则不淫。民见上利之从壹孔出也，则作壹；作壹，则民不偷营。民不偷营则多力，多力则国强。

据此可知，商鞅是将“利民”放在国的层次上实现的，其所谓之“利民”，决然不是让民本身强大，而是通过让国家强大来保障民的利益，因此，他提出以“农战”作为强国富民的基本策略。《说民》篇为我们更清晰地呈现出他对国与民之间的关系的看法——“八者有群，民胜其政；国无八者，政胜其民。民胜其政，国弱；政胜其民，兵强。”（《商君书·说民》）由此，发展出了极端的民与国之间此消彼长的关系，而这种思路在法家的思想确实不乏根据。依照商鞅的说法，法是为“爱民”而立。人民所爱者是“名”与“利”，因“民不可以与虑始”，才需要具有“独特之虑”的圣人认定名利，为他们制定寻求名利的办法。圣人必须对时俗、国本和民情有深切的了解，其中，时俗是自古以来的社会情势、生活方式、风俗习惯，国本是国家长治久安之道，民情是人民基本的好名利、恶辱苦的习性。“圣人之为国也”，看清时俗、国本和民情，便可“观俗立法则治”（《商君书·算地》）。韩非亦言，“民愚而不知乱”（《韩非子·南面》），所以“圣人之治民，度于本，不从其欲”（《韩非子·心度》），“圣人为治国者，必逆于世”（《韩非子·奸劫弑臣》），甚至在必要时可以“拂于民心”（《韩非子·南面》）。圣人立法需“严必行之”（《韩非子·南面》）。

韩非强调“治众之法”，认为法须成文公布，虽意较狭隘，实由墨家之法推衍而出。[①] 墨子所主张的“天下从事者,不可以无法仪”,即说明法具有规范、使人服从且遵循的效用,此思维毋庸置疑地为韩非所承袭。不同的是,墨子之法,向上溯及“莫若法天”,而韩非之法,则是“编著之图籍,设之于官府,而布之于百姓者”(《韩非子·难三》)的客观存在。当然,韩非之法绝对不是单独存在,必须通过国君所具有的权势,使得法具有不容置疑的力量;还要配合国君独有的权术。韩非指出:“明主之所导制其臣者,二柄而已矣。二柄者,刑德也。何谓刑德?曰:杀戮之谓刑,庆赏之谓德。为人臣者畏诛罚而利庆赏,故人主自用其刑德,则群臣畏其威而归其利矣。”(《韩非子·二柄》)“二柄”即“刑”与“德”。君主如何使用二柄呢?关键在于其拥有“权”。在韩非看来,“德”的重点不再是内在性的修养,而是具有上下位阶权力关系的奖赏。君主正是利用人们对诛与罚之“刑”的趋避,对奖励与赏赐之“德”的趋向,进行治理。因此,君主恩惠臣民之“德”是君权的展现。就此而言,“德”为君主对臣民单向的恩泽,虽然仍具有正面的意义,却与周文之下与天之相呼应之“德”大异其趣,更非内在“德性”的要求。《韩非子·备内》即指出君主行德政是为“利民”,利民之目的在于控制百姓——“徭役多则民苦,民苦则权势起,权势起则复除重,复除重则贵人富。苦民以富贵人,起势以藉人臣,非天下长利也。故曰:徭役少则民安,民安则下无重权,下无重权则权势灭;权势灭则德在上矣。”据此,“德”转化成君主集

---

① 事实上,早有研究者指出,“韩非常言商鞅用法,则其言法之论,近宗在商鞅。然若更溯其原于先秦他家之思想,则先秦思想中,首重法者为墨家。……法要在有客观性普遍性,与礼要在有种种主观性特殊性者不同。故重客观普遍之义或法,即正为墨家之精神。”参见唐君毅:《中国哲学原论·原道篇(卷一)》,台北,台湾学生书局1978年版,第516页。

权之用。君主利用臣民好利恶害的心理,将给予臣民之恩德明确掌握在自己手中,不使其旁落。

为何"权势"必须由君主一人独掌?因为"起势以藉人臣,非天下长利也","权势"若旁落于人,不利于治国,不利于公众利益。为何君主去其权势不利于公众利益?原因在于君主拥有权势是为了行"法",而此"法"必须独出一人。韩非更将"循名责实""审核形名"与二柄集合,"功当其事,事当其言,则赏;功不当其事,事不当其言,则罚"(《韩非子·主道》)。不仅如此,韩非将"势"论扩张,"君执柄以处势,故令行禁止。柄者,杀生之制也;势者,胜众之资也"(《韩非子·八经》)。通过法、术等配合,加强了人设之势的建立,壮大、稳固人君之势,而正利用人性趋利避害的心理,运用刑、德二柄,壮大自身的威势,造就人设之势。

法家企图建立一元价值,希望将人民生活所能碰触的诸如对知识的追求、正义的崇奉等简化为主观认定且绝对单一的范畴——农战。尤其是韩非,认定只有接受此绝对价值的人民方可生存,不认同或违反者乃成理应被铲除的国家"蠹虫"。为此,君主应诉诸特殊统治手段,把多元性的生活景观压缩成为一种"不同而勉强为之同"的生活秩序。"窃以为立法术,设度数,所以利民萌便众庶之道也。故不惮乱主闇上之患祸,而必思以齐民萌之资利者,仁智之行也。"(《韩非子·问田》)韩非认为治国亦当得人心,但人民是否心悦诚服,并不在他的思想体系涵摄范围之内。他以外在的约束力量,关注上下建立在为公利的目标上,主张利上等同于利己。可见,纵然韩非师承于荀子,但其对于儒家讲求的仁义并非全盘接受。儒家的仁义属于过程实践论,意味着在个人修身成圣成贤的过程中,以其作为修养指标与实践重点。而法家的仁义是一种结果表现论,其希望人民表现仁义之举,但所采取的方式并非内化,而是利用外来约束力,禁制人民行“私利”之事;凡以国家之最大利益为导向,此即为“仁义”的表现结果。两者孰优孰劣,如何取舍,难道还有疑问吗?

四、诸子关于规范施行及存在问题的对比研究

法令是由掌握政治权威的人以国家的强制力来施行的,人为制定之法本身无法控制作为生法者的君主是战国中晚期法政论述的核心议题。事实上,单一统治者即君主的地位不容置疑,也不可挑战,这是包括儒家和法家在内的先秦思想家的共识。但是,儒家认为法是一种较为低阶的规范,应该在不得已时才用;在此之前,应该先教化人民,使他们能自动地遵循道德和礼仪等高阶规范。在儒家看来,人有共同的人性,因而人与人之间会有认同感和同情心。如果能以教育来加强并发挥这种认同感和同情心,人们便会自其内心产生一种力量,使他能够推己及人,并进一步领悟各种高阶规范的意义。明白了这种意义,人们便会心悦诚服地接受这些规范。

孟子相信人“性善”,认为人们的过犯都是外来之恶势力所致。这种恶势力主要出自残暴的统治者,他们为了一己之私欲,苛政盘剥,人们被迫铤而走险,放辟邪侈,无所不为。在人们犯过之后,以法令加以惩处,乃是“罔民”。如果善人为政,“亦可以胜残去杀矣”,使人民安定诚实,依据其恻隐、羞恶、恭敬、是非之心谋生处世,反省改过,法令便不必用了。荀子主张“性恶”,但认为人性可塑;如果受到良好的礼的教育,加以自己的修养,人人都可以成为尧、舜、禹、汤一般。尤其是在面对生法者无法受制于法这一时代难题时,荀子主张以礼的教育作为统治者自我修身的方法,并预设在一个平庸的统治者无法以礼修身时,可以通过观察

对礼的实践而择相,并命其统揽国政。至于面对暴君,则应“崇其美、扬其善,违其恶”。不过,即便对人性抱有乐观的预期,儒家仍承认人有智愚之分。有些人因为没有受到好的教育,难以自动向善,却可能受了坏的影响而不自知地为恶。对于这种人,“元恶不待教而诛”。荀子所说的法,并非单纯的权威者的命令,而是一种合乎礼的规范;而礼又须合乎理。他又指出,在有法可用的情形当然应该遵循;但是人情万变,即使有明显可用之法,用得适当仍不容易,司法者必须议法之义理。考虑到法令不可能周详精到,在许多无法可用的情形,司法者必须考虑类似案件所用之法,加以类推适用。要这样做的人必须对法令所据的“义理”有深切的了解,而不是只熟记法条而已。这种深明法理之人,便是荀子所称的“君子”。荀子将天、地、君子三者即“三才”并列在一起论述,他秉持儒家的传统,根据道德素质划分“人伦”,即君子与小人,前者与治相对应,而后者则是乱的根由。治生乎君子,无君子则道不举。“械数者,治之流也,非治之原也;君子者,治之原也。官人守数,君子养原;原清则流清,原浊则流浊。”(《荀子·君道》)荀子虽然也承认作为实定规范或政府运作规则的法的重要性,但法似乎尚未成为一个国家社会秩序的大本大源之所在。毋宁说,在荀子看来,礼或礼仪才是将道与人类社会的治(秩序)连接起来的媒介。施行道或法的主体在于君子,只有负有伦理意涵的君子进行实际统治之时,治才会出现;统治者必须以礼仪修身才能成为君子,之后才能实现理想中的社会秩序。

前已述及,“尚同”全景式展示了墨家的政治构想。天子为政,颁布命令于三公及以下各级权威者,以至庶人,天下之人全都遵循天子的命令。不过,墨子似乎没有意识到,“上之所是,必皆是之,所非,必皆非之”和“上有过则规谏之”这两句话是冲突的,既然绝对要和上级保持一致，怎么可以指出上级的过错呢？但是，墨子固执地认为，根据这些原则来行使赏罚，就必然能明察秋毫，处置妥当。墨子主张由各级权威者对于服从或违反其命令之人加以奖赏或惩罚，而且，不能等到人做了善事或恶事之后才进行赏或罚，而要靠人们互相监察、随时告发。告发他人善行者可得到与为善之人同样之赏，不告发他人恶行者要受到与为恶之人同样之惩，其结果，“是以数千万里之外有为善者，其室人未遍知，乡里未遍闻，天子得而赏之；数千万里之外有为不善者，其室人未遍知，乡里未遍闻，天子得而罚之”（《墨子·尚同中》）。所有人都处于严密监控之下，一举一动稍有不慎，都可能招致严厉的刑罚；统治者制定任何荒谬的政策，民众都只能绝对服从。显然，这并不是一种理想的社会治理模式。

在先秦思想中，“道”是一个非常重要的概念，它关乎当时的人对宇宙、秩序的想象，具有丰富的内涵。庄子相信“道”存在于万物，万物各有其道，并无高下之分，所以万物都该受尊重。他主张，“君子不得已而莅临天下”，则“莫若无为”，权威者如“标枝”在上，民众如“野鹿”在下，互不干涉。老子着眼于对“道”的本体推衍与虚静、柔弱、雌后等的应用，认为能够把握“道”者是能理解天道秩序与万物运行规律的圣人；圣人掌握根源性的“道”，就代表能掌握万物之度，天地万物、自然人事也就藉能为其所验。“圣人以百姓为刍狗”，为了使将来的社会返于“大道”这一至高目标，可以不必顾虑人们的意愿。但人毕竟不是草木，老子才说要实其腹而虚其心，强其骨而弱其志，昏昏闷闷地听由圣人摆布。在终极的理想境界里，即老子所说的“大道”未废之前的天下，庄子所说的“至德之世”，既然没有规范，当然也无须权威；如老子所说人人皆已“自化”，庄子所说人人自给自足、自得其乐，“无有相害之心”(《庄子·盗跖》)。

至于法家,则主张人人皆以“计算之心”相待,“大争之世”要集中全国的权威于君主一人,由其运用法、术和势压制甚至消灭其他可能与他争权、窃威、乱国的“重人”以及妨害增加国力的“五蠹”。前已述及,法家视赏和罚为“国之二柄”;二者相比,赏是比较差的办法,因为奖励人们不做坏事犹如“赏人不盗”,人人都不去做强盗,人人都要赏,国家没有这么多资源去赏,所以赏不宜多用。较好的办法是用罚——人们做好事,君主不赏;人们做坏事,君主就罚。此外,因为罚使人受苦,所以比赏有更多的强制人们行为的力量。人们畏惧重罚,就不敢去犯所禁之事;对于设有轻罚的事,人们就容易去犯。所以法家强调行刑“重其轻者”“以刑去刑”。为了达到这个目的,他们又主张举发他人的罪行。商君说至治之国的人们即使是夫妻,也不能相为容隐。为了防止人们容隐,他规定告奸者与斩敌同赏、匿奸者与降敌同罚。即使没有故意隐匿,事发之后相关之人也要连坐,甚至邻居也受集体处罚。可以想见,这是一个肃杀而毫无安全感的社会。

五、理想社会图景之对照与取舍

在《礼记·礼运》中,儒家描绘了一个充满人本主义的理想社会。在那里,“选贤与能,讲信修睦,故人不独亲其亲,不独子其子,使老有所终,壮有所用,幼有所长,鳏寡孤独废疾者皆有所养,男有分,女有归。货恶其弃于地也,不必藏于己;力恶其不出于身也,不必为己”。这段反映儒家的政治思想和历史观点的论述,至今仍令人心潮澎湃。那么,儒家的理想社会是否合乎公平正义?讨论公平正义有两点应该注意,一是公平正义并没有一个固定、僵化、放诸四海皆准、行诸百世不变的内容,这是由其时代性决定的;二是公平正义尤其是表面或形式上的公正未必是一个社会所应追求的绝对目标,这是由其价值性决定的。正是基于这种认识,儒家才不以简单的“正直”作为他们的规范体系的终极目标,他们也没有在待人处事上将平等看得太重,相对应地,他们重视的是“分”。

对于“分”的探讨,荀子有较多的论述。事实上,“分”的概念在荀子思想中具有相当的重要性。荀子认为,人生而有欲,欲望本身不应被否定,但是,如果放任欲望扩张,则必然导致争夺与混乱,因此,必须“度量分界”,使所欲之物与欲望之间得到调和。问题在于,用什么以及如何调和呢?在荀子看来,应对之道在于“制礼义以分之”,唯有如此,才能“使欲必不穷于物,物必不屈于欲”。在物资不够满足欲望之时,仰赖“知者为之分”才能应对。他一再说人有君子、小人之别,各人应有之“分”应该不同。君子、小人有什么分别呢?在他看来,只愿顺从自己的性情、顾念自己的欲望的是“小人”,像工商农夫那样做一些简单之事去满足其基本的需求;能够不为个人欲望所束缚而思考人情事理、了解立身处世之“道”的是“君子”“大人”“成人”。这种人可以为“人师”,教人如何为人,如何解决社会问题,甚至“制天命而用之”。由于君子和小人对社会的贡献不同,社会对他们的回报也应该有高低大小之别,所以我们可以推断荀子所说的“分”是因人而异的,即夫妇、智愚、贵贱和亲疏等有别。待人不可一律平等,而要合乎其“分”。“分”因人而异,所关注的是社会成员角色之划分。孔子认为,人有君子、小人之别,君臣父子并非单纯的与生俱来的身份,而是各种有条件的由社会所赋予的地位;无充分条件之人而强据某一个地位,是不正当的,因此需要“正名”。孟子也说,“从其小体”者是小人,“从其大体”者是君子,君子、小人在社会里享有的地位与资源应该不同。儒家认为人是不平等的,不过这种不平等并非天生,而决定于后天的自我修养和对社会的贡献。社会对于不同的人可以给予不同的待遇,在适用规范之时也应该考虑各人的社会地位,使适用的结果合乎其人之“分”。换句话说,儒家不赞成机械性地给予所有的人以“平等”,而是强调尽量使各人能够相同地、以其所能取得所需的机会。在规范的适用上,儒家并不反对“同案同判”,但应严格审核适用的条件,尤其是适用人为制定的规范,更是如此,不可僵化,以免造成“平等的不平等”。从而,这就保障了社会的开放性,有利于使社会形成进取向上的氛围,使得人们各得其所,有序流动。

相较于儒家的“大同”社会希望每一个人都能发展其潜能成为一个有品德、有成就、能促进社会安宁、文化进步的人,墨子的理想比较消极,他只希望人们衣食无匮,免于战乱。“强不执弱,众不劫寡,富不侮贫,贵不敖贱,诈不欺愚。”(《墨子·兼爱中》)除此之外,他没有为个人和社会揭示什么崇高的目标。令人费解的是,墨子一方面同情平民生活的困窘,另一方面完全鄙视他们的判断力——“义不从愚且贱者出,必自贵且智者出。”(《墨子·天志中》)墨子将天下治乱系于天子一人,由天选天子,人们只能绝对服从。虽然墨子鼓吹禅让,但实践中,多半是权威者的递代指定,墨家组织的首领“巨子”便是如此。墨子强调统治者的主要工作是订立规范,以赏罚去诱引、迫使人们服从。所有人都处于严密监控之下,一举一动稍有不慎,都可能招致严厉的刑罚。墨子基于领导被压迫的孤弱无援的人们起来抵制统治者的暴政的考虑,认为必须将他们组织起来,成为一个坚强的战斗团体。而为了维持它内部的稳固,必须对其成员加以严密的控制。即以“巨子”而言,便对弟子有生杀之权,其支持者变成愿意为其赴汤蹈火、死不旋踵的信徒。究其原因，大致在于其希图近功，未能顾及完整的人生意义和理想以及切实的乱因，提出了缺乏事理依据的前提假设和偏颇的解决方法。让我们重温哥尼斯堡老人的教诲，手段与目的之间应具有一致性，不得以非道德之手段达成道德之目的。信哉斯言！

那法家所追寻的终极目标又是什么呢？通过《商君书》和《韩非子》可以发现，两者俱以“富强”二字为诉求，且仅限于国家的富强——人口众多，仓廪充实，军队强大。在此之外，法家没有提出任何更高的目标。法家对君、臣、民三者的角色期待是，君任法、处势、用术，以统御臣民；臣对君出卖智力，为君做事，以换取利禄；而民只是君用来富国强兵的工具与资产。可以说，他们的理想国家的形态就像一部设计得很精密的机器，每个人只是机器的一个零件，机器一发动，各个零件便发挥其功能，使得机器高速运转。但是，如果个人仅仅为了国家而存在，没有独立的目的和价值，自然不会谈及自我改进，亦不可能贡献于社会的发展。更何况，法家鄙视一般民众——商鞅视民众为“奸民”，务求“愚民”“弱民”“辱民”“贫民”“胜民”“制民”，“抟”其力然后“杀”其力。韩非主张君主掌生杀之权，以国君所颁布的法令为标准，不得有个人是非之评断原则，一切均以“公”为目标而行事，其所谓“有道之国”，乃“明君无为于上，群臣竦惧乎下”（《韩非子·主道》），进而强调“臣事君、子事父、妻事夫三者顺，则天下治”（《韩非子·忠孝》）。可见，在法家所建构的国家里，君主与臣民之间绝对没有对等和双向的关系。

至于道家所主张的“绝圣弃智”的社会，又是怎样的呢？老子和庄子都认为，这个社会先进入一个“小国寡民”的状态，“什佰人之器”甚至文字都搁置不用，人们离群索居，鸡犬相闻而老死不相往来,过着简朴的生活。之后,这个社会才进入一个终极的理想境界。在庄子那里,这个理想境界被称为“至德之世”。其间,人与禽兽共游,与万物并存居,不知所行,不知所至,随性适情,自得其乐,“无有相害之心”。至于如何“绝圣弃智”,庄子并无所措意,仅说“无撄人心”,即人们还处在与万物一样随遇而安地生活的自然状态,既不要去扰乱他们的本性,也不要去诱发他们的欲望。老子则将理想境界说成是“大道”未废之前的天下,一切规范特别是最原始的仁义、道德都不存在,万物都能自然而然地生活。老子认为通达“绝圣弃智”,圣人需要“镇之以无名之朴”,智慧既然可能随时重现,圣人就必须战战兢兢永无休止地随时动用这无名之朴。所以在老子的理想社会里,统治者不仅不可能“无为”,更不可能消失,而必须永久存在,强力且巧妙地使用其权威来控制人民。于此可见,老子之说与世无争之表与圣人不仁之里,进而导致静虚无为暗操独治,看似与申韩一流所主张的强力进取、以刑去刑势同水火,却殊途同归。道家所言之治道,机锋权变,处处示人以不争,处处占得先机,较之法家的惨苛寡恩,尤令人不寒而栗。这也恰好解释了老子与韩非在《史记》中处于同一列传之原因。

诸子生逢乱世,社会失去了共同的是非标准。八哲俱思拨乱反正,但因情势轻重、问题大小前后有所不同,所提出的对策主张,各有所“蔽”。儒、墨、法、道各自宣扬自己,批评别人,在相互攻讦的过程中,留下了一大堆有趣而且极富意义的问题。儒家指法为下层规范,不能独立、不能自行;不知法背后的精义只知死守法条的人,“虽博,临事必乱”(《荀子·君道》)。法家讥讽儒家的道德皆是虚言高唱仁义。道家指陈道、德、法令都是致乱之物,应该废除。儒家批评道家废长幼之节、君臣之义,“欲洁其身而乱大伦”(《论语·微子》)。相较于各家理论之所得所是,我们更应该看到各家主张之所失所非。

儒家将规范的基础从鬼神的旨意移转到人的心愿和理性,主张法应该与人的需求和因时因地而生的关于公平正义的认识配合,并与时俱进地发展。通过厘定各种规范的层次与适用方法,儒家强调多种规范应该结合起来协同运作,以建立一个安宁和谐的“大同”社会。前述主张固然合情合理,但一方面,儒家的政治体系里需要有一个圣君,祸莫大于不能得君行道;另一方面,道德作为最高规范,自身过于抽象,言人人殊,无论“大德”“小德”、“大忠”“小忠”、“大节”“小节”、“大行”“小行”等都没给予明确的定义。可以说,儒家思想的缺点可能是引发墨家和法家思想发展的一个主要原因。

墨子没有自己的人性论主张,①又将鬼神和天作为权威和规范的本源,没有为社会权威和社会规范建立起一个合乎情理的基础,导致许多混淆的观念。尤其是,其所主张的社会权威应该由贵且智之人掌握,至贵至智者被选为“天子”,率全民上同于“天志”,统治者无论是否颟顸残暴,都强调“有命在天”,又在实际施行其政令时采用全民互相告讦的办法。墨子前述思想被断章取义后,为后世权力的集中和法制的专横提供了理论依据,实在令人为之扼腕。

法家虽然对儒家规范理论的不明确性作出了批评,但其理想之治仍需要一个“明君”,且较之儒家强调君主接受教育,更有不堪,不但没有说明君是从何而来的,更一力主张王言为令,对所立之法良窳不问,且恶法酷律居多。以往我们多会注意到从战国到

① 参见[日]谷中信一:《先秦秦汉思想史研究》,孙佩霞译,上海古籍出版社2015年版,第31-43页。

秦汉的国家形成过程中,法家思想对于国家体制建设方面的重要贡献,然而日本学者增渊龙夫通过考察任侠现象,注意到另一种新型民间秩序的存在,并认为这两方面的秩序相互结合,共同构成集权国家的秩序基础,而后一种民间秩序的产生正与墨家思想息息相关。① 从结果来看,墨家和法家最终都走向了一种冷酷的集权式国家体制,以君主为中心来统一所有人的行为和思想,进而达到政治目的的最大化实现,但两者的实现进路有很大的差别。法家否定了墨家的尚贤原则,确切地说,是抛弃了儒墨共守的贤人政治原则,直接将政治效果的实现寄托在明确而严苛的赏罚制度之上。

如果我们进一步以儒家作为参照,则墨家是通过强化儒家本有的某些因素来进行的——它一方面将儒家思想中已变得微弱的鬼神和天奉为高于人间秩序的尊崇对象,从而以某种宗教性的力量确立了共同体的凝聚力;另一方面,它通过将共同体的所有成员全部上“同”于最“贤”者,将儒家原本期望的君贤臣明的上行下效理想改造成一种高度同一化的统治形式。至于法家,则同时否定了超越性的力量与贤人政治的因素,从而展现出极其敏锐的现实感:它一方面通过推出法作为规范共同体的统一形式制度,以实现高效的治理;另一方面则积极顺应战国时代的国家竞争形势,决然扫除了礼乐诗书等文化社会因素,将人们的所有力量都单一地集中在国家整体实力的提升上。

道家则认为,世间的一切都是相对的,万物各有其价值,并无高下之分,人并没有什么特殊之处。这种观点本是较为可取的,但老子否定传统的道德,“掊斗折衡”,“绝圣弃智”,为了使将来

---

① 参见[日]增渊龙夫:《中国古代的社会与国家》,吕静译,上海古籍出版社2017年版,第65-73、118-127页。

的社会返于“大道”这个至高的目标,“圣人以百姓为刍狗”,“镇之以无名之朴”,则容易导致极端。事实上,老子理论里有许多矛盾之处,无为而治的统治者不仅不可能“无为”,更不可能消失而必须永久地存在并且强暴(但巧妙)地使用其权威来控制人民。庄子的理论比较圆通,但其前提是人凭其本能可以独立生存,不需要智能,不需要器具、机械,不需要任何规范,更不需要有社会权威来领导,而这一前提恰恰是不成立的——孟子即言“一人之身,而百工之所为备”(《孟子·滕文公上》),荀子亦论“百技所成,所以养一人也。而能不能兼技,人不能兼官”(《荀子·富国》),韩非更指出“人无毛羽,不衣则不犯寒;上不属天,而下不著地,以肠胃为根本,不食则不能活”(《韩非子·解老》),相形之下,庄子的这个前提是非常不切实际的。

六、轴心突破与君主集权悖论

在人类社会中,如何能兼顾个体和群体的利益和理想,协调各阶层(尤其是统治者与人民)之间的关系,是最重要的问题。“八哲”中除了商鞅之外,其余诸子都未能将其理论付诸实践。包括商、韩在内的诸子也没有想出切实可行的办法,使统治者与人民之间的利益合理调适。自战国中后期以降,政治威势逐步集中,其滥用逐渐加剧。越是百家争鸣,越使君主集权得到了强化。轴心突破所带来的多元精神成果,最终都与君主集权的政治要求合流,甚至积极予以推动。我们应如何理解这一现象呢?

众所周知,春秋战国之际产生了巨大的转变,其中我们可以首先观察到两个相互关联的现象:一方面,在春秋时期,政治权力往往由贵族阶层所分有,而到了战国时期,政治权力逐渐集中到君主一人手中;另一方面,战国时期的思想家们大多数支持将权力集中于一人的政治结构,并希望出现理想的圣王,重新为天下带来和谐的秩序。不过更为重要的是,我们不应忽略在这种集权化结构出现前夕的政治现象。在一般印象中,春秋时期是个极度混乱的时代,各个国家内部政权高度不稳定,国君屡屡因政治斗争而下台乃至被杀。但春秋乱象的另一面,是政治空间的多元性的一种表现。平心而论,周礼所对应的封建宗法制度与春秋战国逐渐形成的郡县集权制度,在规范人与人关系的方式上实各有利弊。前者还保留着浓厚的氏族共同体色彩,每个成员皆依血缘关系结合,并承担相应的责任义务,虽然由此呈现为等级分明的社会结构,但尚未分化出权力高度集中的支配结构;而到了春秋战国之际,随着氏族结构的崩解与领土国家的形成,一方面,人从传统的血缘关系、等级制度中脱离出来,成为具有流动性与自由性的个人;另一方面,国家内部也开始形成以君主为中心的集权结构,并将个人重新纳入其中。换言之,人在氏族共同体结构中更具相互对等的关系性,而进入封建社会后,虽然脱离了严密的等级制度,却也同时被纳入一元支配的政治结构之中。此外,推动这种倾向的,是战国时期各大国之间激烈竞争的形势;战争状态强烈要求国家内部秩序稳定,而军事实力也需要通过一个强有力的权力来提升。于是,在这一持续兼并战争的状态下,“治乱”逐渐上升为主导性的议题,实现天下之治最理想的途径就是将政治秩序的决定权集中在一个绝对性的终极原理,以及握有这一原理的圣王身上。

揆诸历史,战国以降,国家分裂是从君权旁落开始的。为防止分裂,必须赋予并确保君主独治的绝对权力,形成君主的绝对权威。君主掌握并确保绝对的权力,既是维护内部统一的需要,又是进行外部兼并图存的必然选择。即以秦国变法为例,甘龙、杜挚虽不能称作儒家,但是他们一再强调守礼,认为治国应守既定的成规,使民安顺,不可轻易变法。商鞅则再三陈述“三代不同礼而王,五伯不同法而霸”,强调“治世不一道,便国不必法古”,鼓励孝公“高人之行”“独知之虑”,为了“成大功”,不必和于俗、谋于众,而应因时变法以求富强,突出君主在变法与法的发展中的主导地位。自此之后,许多君主都明显地直接干预法律的制定和执行。

其间,尤其值得注意的是荀子对秦国政制的观察。商君之法,“行之十年,秦民大说,道不拾遗,山无盗贼,家给人足,民勇于公战,怯于私斗,乡邑大治”(《史记·商君列传》)。荀子入秦,见其人民淳朴,“甚畏有司而顺”;百吏肃然,“忠信而不楛”;士大夫“出于其门,入于公门,出于公门,入于其家,无有私事”;朝廷“听决百事不留,恬然如无治者”(《荀子·强国》)。在称赞秦国法家治效之后,荀子又说,秦国虽然内治而外强,但是以王者之功名为标准来说,秦国的成就还远远不及。针对秦昭王“儒无益于人之国”之说,他强调小儒在野可以“美俗”,中儒在朝则可以“美政”,大儒“在人上”可以使“四海之内如一家”“通达之属莫不从服”。秦国仅用法家,是不足与论至治之道的。荀子虽然承认诉诸法家理论实践的秦国的社会秩序和国力具备压倒其他国家的可能性,但秦国即便做到了“四世有胜”,还是处于“諰諰然常恐天下之一合而轧己也”的困境,充其量只是“末世之兵”。何为“末世”?亦即秦国的整个国势只是代表它面对的是混乱时期的尾声,在这种优势当中,荀子并没有看出统一天下的前景。总之,如果没有实现道德力量的统治者,就不具有统一天下的资格与能力。《史记》也引用了商君同时人赵良的话批评他恃力不恃德,酷刑伤民,积怨蓄祸,其功名远逊于以德治秦的五羖大夫百里奚。司马迁同意此一看法,说商君是“天资刻薄人”。无论是称赞还是批评,他们均指出了法家的优缺点。要切实施行他们的理论,必须有像商君这样的“法术之士”,且这样的人需有“独知”之主的全力支持。他们的理论和主张如果能切实施行,的确可以建立社会的安宁秩序,但是,彻底实行法家的理论,“行刑重其轻者”“以杀去杀”,必定流于残暴。更何况,以法治国,法未必正;依法治事,法未必全,即使立法者、司法者全无私心,也难免偏失。而且,如果将法视为械数,严格遵守条文不顾人情、事理,结果往往难以令人心悦诚服,甚至会使人积怨蓄愤,使社会动荡骚乱,难保长治久安。荀子、韩非去世后不久,秦国以压倒性的军事力量完成了兼并战争,实现了天下一统,但秦帝国二世而亡。

荀子还在世的时候,另一个学术中心就已在西方兴起,并结集成规模宏大的《吕氏春秋》。应该说,《吕氏春秋》在某种程度上,乃是荀子与稷下思想形态的延伸,只是地点已经从衰颓的齐国稷下,转移到国力正强势上升的秦国。不过接下来的历史呈现出曲折的发展;吕不韦为秦所设计的宏大治国纲领并没有直接为始皇帝所采纳,秦国更多延续自商鞅变法以来形成的法家逻辑来统一天下。然而,缺乏意识形态支撑的秦王朝短命夭折的事实告诉我们,或许《吕氏春秋》、荀子乃至稷下所代表的思想形态才更符合时代的要求。当然,汉武帝独尊儒术的政策或许会使我们产生儒家思想最终取得了胜利的印象,但被承认为国家意识形态的儒家无疑已经跟先秦儒家有了很大的差异,这尤其反映在前者对其余诸子思想中的某些因素的吸纳上,而其逐步取得政治话语权的过程则是另一个漫长的故事了。

由于乱世力争的社会现实既是对宗周宗法秩序的颠覆,又是向新的社会秩序的过渡,因此,诸子所指向的目标便不再是简单的一时一地的策略考虑,更是对未来社会趋向的设计。自秦统一中国,废封建为郡县,政治权威逐步集中。权力集中的效果普及于社会各方面,而在法制的运作上特别明显。先秦诸子在此基础上,提出了若干比较合乎情理的改变政治威势兴替趋向的主张。除了庄子之外,诸子并不否定社会权威的必要性。如孔子说“天下有道,则礼乐征伐自天子出”,孟子“定于一”之论,可见他们不仅确认权威的必要,并且也不反对政治权威的集中。但是,必须看到,掌握威势之人要求他人屈从,恣意而行,必然专横。事实上,先秦诸子无不明白政治威势必须加以约制,但没有一种主张产生了确切、长久的效果。究其原因,张伟仁先生认为,儒家假设人性可变,欲以礼义教化使人人循分,但是上智与下愚者不为之移,乃有滥权及盲从之人、不平及争夺之事。

笔者认为尚需补充的是,儒家政治思维打破了天人之间的界线,在政治体系中,君犹如天;又因儒家政治思想中以民为本,能成君王者多为君子圣人,所以当无过度专制滥权之可能。老、庄假设的上古盛世皆人口少、资源多。后来人口增多,资源减少,要回到无忧无虑的“小国”及“至德之世”便无可能。墨子诉诸“天”之力量,一国上下,都当以“天”之意志为依归,于是,唯有“天”才能对国君的行为进行约束与赏罚。然而,问题在于,墨子假设“天”爱万民,并能用鬼神及时惩恶奖善,然而对于此说,古人已经存疑,他勉强举例为证,殊难令人信服;其兼爱之说有悖人情,更难实践。至于法家,当然,我们可以基于为其辩护而作出一种较为乐观的推论,即韩非虽然强调国君是国家唯一秩序的产生者,但仍然认为国家当有法,纵使法之实践与拓展掌握在国君手中,法本身具有的规范性亦将全国上下的行为举措和政治施为收摄于法这一客观的外在规范的范畴。但现实似乎不容许我们这样乐观。盖商、韩假设人皆自利,利不足则不得不以力相争。以此付诸实践,必致国内君臣上下,国际诸侯之间,钩心斗角,一日百战,弱肉强食,不夺不厌。事实上,法家早为统治者所御用,黄老权术之士亦复如此,墨子之徒也支持集权,只有儒家很清楚权威可能会被滥用,所以孔子强调权威者要循礼,强调"从道不从君"。

笔者认为,由于诸子背景不同,观察到的各自时代所面临的问题有异,其认为首要且必须处理的问题便有所差别,这也是思想家之间相互论战的原因。在思想家的脉流上,墨家脱胎于儒家,对于儒家思想有所承袭与反动;韩非受教于荀子,思想层面依然有儒家的元素。两者均与儒家有一定关联性,但也有反对儒家思想的主张。而就儒家观点看来,道家、墨家、法家三者对待时代问题均有偏执之处。儒家之所以反对道家,只为其重视个人而忽视社会与政府;儒家之所以反对墨家,只因其重视社会而忽视个人与政府;儒家之所以反对法家,只因其重视政府而忽视社会与个人。儒家之精神,从其平易切实方面说,即在保持个人、社会、政府三者之平衡。不过,儒、道求治皆自个人着手,墨家较重团体,法家则几乎完全忽视个人的价值,认为个人应为团体而存在。但儒家只指出了目标,没有提出如何实现的具体步骤,徒然重复仁义礼法的道理,没有切实可行的办法,使人觉得空泛渺茫,难以适从。法家忙于应急,没有时间深思远虑,遑论对人世生活、精神领域和宇宙世界的目的、意义、规律与天人之际关系的追问。客观言之,儒、墨二家的确没有因为自己的学说宣扬,而终结乱世;相反言之,商鞅尤其是韩非着重的仅是当下的实效,却忽略了思想的渗透性需要时间,才能发挥其影响力。那么,作为两千余年之后的读者,我们面临时代问题时,或许只有适宜与否之论,而无最好之方。各家之间的思想都有交流、相互影响的元素存在,在研究之中,只有将较为相关的各家思想形成联结,并明确地呈现其中的关系之处,才可凸显时代特质与思想家之间的交互影响。

经过详尽比较与仔细斟酌之后,我们至少可以总结出先秦诸子的政法理论对深化今天所面临问题之处理的启发。儒家秉持规范多元主义,认为社会需要许多不同类别的规范。它将(人为)法的正当性自鬼神的意志移置于人的“情”“性”和人际相对的关系,强调“己所不欲,勿施于人”和“己立立人,己达达人”的“絜矩之道”,具有可贵的人文主义色彩,据此可以生发出现代意义上的以人的尊严为核心的人权观念。儒家主张“正名”,使“名”与“实”之间具有合理的关系,从这一主张可以推断他们相信社会可以有一种确切妥当的“正义”。这种“正义”将事实、法律、道理和人情结合起来,平衡考虑,追求允协之治。墨家之信鬼神,只是用来支持其天志之说,这在科学主义盛行的今天自然是没有说服力的,但天志爱民,其要求统治者尽力为民谋福,并未给予他们绝对的威势,则是应予肯定的。道家特别是庄子强调一切事物和价值的相对性,于此可以生发出价值多元主义的硕果。法家展现了更积极、更富有进取心的政治目的性,旨在藉由国家整体上的强大而达到人民生活的安定与富足,这在很大程度上也更符合战国时代的实际政治需求,但必须直面其法思想本身的局限性,因为仅将法奉为最高原理,即便可以期待秩序的建构完成,也难以实现理想的人世生活与人间秩序。

我们必须承认的是,现代世界的复杂程度远超古代文明。现代世界的问题,即使我们现在没有明确的答案,但可以明确的是,只有现代的办法可以解决。诸子对有些我们今天还要面对的问题发表过看法,如果我们不强行赋予其深刻的内涵,就会发现,在很多事情上,他们的解释过分简单,甚至荒诞无稽。但在人心、人性和人的感情方面的一些问题,古代和现代相比变化是比较小的,甚至没有本质区别。古老的感情,可以唤起共鸣;古老的智慧,值得汲取吸收。

参考文献

一、中文文献

(一)古籍类

1.《史记》
2.《汉书》
3.《国语》
4.《尚书》
5.《左传》
6.《战国策》
7.《荀子》
8.《管子》
9.《慎子》
10.《商君书》
11.《韩非子》
12.《礼记》
13.《庄子》
14.《孟子》
15.《尹文子》
16.《吕氏春秋》
17.《盐铁论》

18.《说文解字》

19.《淮南子》

(二)中文著作类

1. 杨向奎:《宗周社会与礼乐文明》,人民出版社1992年版。

2. 王叔岷:《先秦道法思想讲稿》,中华书局2007年版。

3. 杜正胜:《编户齐民》,台北,台湾联经出版事业股份有限公司1990年版。

4. 张舜徽:《周秦道论发微》,中华书局1982年版。

5. 郭沫若:《中国古代社会研究》,河北教育出版社2000年版。

6. 许倬云:《求古编》,台北,台湾联经出版事业股份有限公司1982年版。

7. 许倬云:《西周史》(增补本),生活·读书·新知三联书店2001年版。

8. 任继愈主编:《中国哲学发展史(先秦)》,人民出版社1983年版。

9. 王晓波:《儒法思想论集》,台北,时报文化出版事业有限公司1983年版。

10. 王晓波:《先秦法家思想史论》,台北,台湾联经出版事业股份有限公司1991年版。

11. 张纯、王晓波:《韩非思想的历史研究》,商务印书馆2024年版。

12. 王晓波:《道与法:法家思想和黄老哲学解析》,台北,台湾大学出版中心2007年版。

13. 熊铁基:《秦汉新道家略论稿》,上海人民出版社1984年版。

14. 杨伯峻编著:《春秋左传注》,中华书局 1990 年版。

15. 吕思勉:《先秦学术概论》,中国大百科全书出版社 1985 年版。

16. 吕思勉:《先秦史》,上海古籍出版社 2005 年版。

17. 陈启天:《中国法家概论》,台北,台湾中华书局 1985 年版。

18. 蒋礼鸿撰:《商君书锥指》,中华书局 1986 年版。

19. 梁启超:《先秦政治思想史》,天津古籍出版社 2004 年版。

20. 余明光:《黄帝四经与黄老思想》,黑龙江人民出版社 1989 年版。

21. 萨孟武:《中国政治思想史》,台北,三民书局 1989 年版。

22. 萨孟武:《中国社会政治史》,台北,三民书局 2007 年版。

23. 张秉楠辑注:《稷下钩沉》,上海古籍出版社 1991 年版。

24. 陈丽桂:《战国时期的黄老思想》,台北,台湾联经出版事业股份有限公司 1991 年版。

25. 陈丽桂:《近四十年出土简帛文献思想研究》,台北,五南图书出版股份有限公司 2013 年版。

26. 林丽娥:《先秦齐学考》,台北,台湾商务印书馆 1992 年版。

27. 王博:《老子思想的史官特色》,台北,文津出版社 1993 年版。

28. 武树臣等:《中国传统法律文化》,北京大学出版社 1994 年版。

29. 武树臣、李力:《法家思想与法家精神》(第 2 版),中国广播电视出版社 2007 年版。

30. 武树臣:《法家法律文化通论》,商务印书馆 2017 年版。

31. 丁原明:《黄老学论纲》,山东大学出版社 1997 年版。

32. 冯友兰:《中国哲学史新编》,人民出版社 1998 年版。

33. 萧公权:《中国政治思想史》,辽宁教育出版社 1998 年版。

34. 胡家聪:《稷下争鸣与黄老新学》,中国社会科学出版社 1998 年版。

35. 胡家聪:《管子新探》,中国社会科学出版社 2003 年版。

36. 白奚:《稷下学研究:中国古代的思想自由与百家争鸣》,生活·读书·新知三联书店 1998 年版。

37. 张光直:《中国青铜时代》,生活·读书·新知三联书店 1999 年版。

38. 马积高:《荀学源流》,上海古籍出版社 2000 年版。

39. 徐复观:《中国人性论史·先秦篇》,上海三联书店 2001 年版。

40. 钱穆:《先秦诸子系年》,商务印书馆 2001 年版。

41. 钱穆:《国史大纲》,商务印书馆 2013 年版。

42. 葛兆光:《中国思想史》(第 1 卷),复旦大学出版社 2001 年版。

43. (清)孙诒让撰:《墨子闲诂》,孙启治点校,中华书局 2001 年版。

44. 陈寅恪:《金明馆丛稿二编》,生活·读书·新知三联书店 2001 年版。

45. 张岱年:《中国古典哲学概念范畴要论》,上海古籍出版社 2001 年版。

46. 陈来:《古代宗教与伦理:儒家思想的根源》,生活·读书·新知三联书店 2002 年版。

47. 瞿同祖:《中国法律与中国社会》,中华书局 2003 年版。

48. 瞿同祖:《中国封建社会》,上海人民出版社 2005 年版。

49. 王国维:《观堂集林(附别集)》,中华书局 1959 年版。

50. 魏启鹏:《马王堆汉墓帛书〈黄帝书〉笺证》,中华书局 2004 年版。

51. 黄怀信撰:《鹖冠子汇校集注》,中华书局 2004 年版。

52. 顾颉刚、刘起釪:《尚书校释译论》,中华书局 2005 年版。

53. 牟宗三撰:《中国哲学十九讲》,上海古籍出版社 2005 年版。

54. 张伟仁辑:《先秦政法理论》,陈金全注,人民出版社 2006 年版。

55. 张伟仁:《寻道:先秦政法理论刍议》,生活·读书·新知三联书店 2023 年版。

56. 赵鼎新:《东周战争与儒法国家的诞生》,夏江旗译,华东师范大学出版社、上海三联书店 2006 年版。

57. 张觉撰:《韩非子校疏》,上海古籍出版社 2010 年版。

58. 陈鼓应:《管子四篇诠释——稷下道家代表作解析》,商务印书馆 2006 年版。

59. 陈鼓应注译:《黄帝四经今注今译——马王堆汉墓出土帛书》,商务印书馆 2007 年版。

60. 杨伯峻编著:《春秋左传注》(第 3 版)(修订本),中华书局 2009 年版。

61. 杨伯峻撰:《列子集释》(第 2 版),中华书局 2013 年版。

62. 甘怀真:《皇权、礼仪与经典诠释:中国古代政治史研究》,华东师范大学出版社 2008 年版。

63. 郑开:《德礼之间——前诸子时期的思想史》,生活·读书·新知三联书店 2009 年版。

64. 王沛:《黄老“法”理论源流考》,上海人民出版社2009年版。

65. 牟宗三:《名家与荀子》,吉林出版集团有限责任公司2010年版。

66. 郭静云:《亲仁与天命:从〈缁衣〉看先秦儒学转化成“经”》,台北,万卷楼图书股份有限公司2010年版。

67. 路德斌:《荀子与儒家哲学》,齐鲁书社2010年版。

68. 罗根泽:《管子探源》,岳麓书社2010年版。

69. 黎翔凤:《管子校注》,中华书局2004年版。

70. [美]顾史考:《郭店楚简先秦儒书宏微观》,上海古籍出版社2012年版。

71. 邓骏捷:《刘向校书考论》,人民出版社2012年版。

72. 许建良:《先秦法家的道德世界》,人民出版社2012年版。

73. 许富宏撰:《慎子集校集注》,中华书局2013年版。

74. (清)王先谦撰:《荀子集解》,沈啸寰、王星贤点校,中华书局2013年版。

75. 何炳棣:《何炳棣思想制度史论》,范毅军、何汉威整理,台北,联经出版事业股份有限公司2013年版。

76. 余英时:《论天人之际:中国古代思想起源试探》,中华书局2014年版。

77. 黄怀信撰:《鹖冠子校注》,中华书局2014年版。

78. 黄源盛:《中国法史导论》,广西师范大学出版社2014年版。

79. 廖名春:《〈荀子〉新探》,中国人民大学出版社2014年版。

80. 曹峰:《近年出土黄老思想文献研究》,中国社会科学出版社2015年版。

81. 曹峰:《中国古代“名”的政治思想研究》,上海古籍出版社2017年版。

82. 曹峰:《文本与思想:出土文献所见黄老道家》,中国人民大学出版社2018年版。

83. 杨宽:《战国史》,上海人民出版社2016年版。

84. 杨宽:《中国上古史导论》,上海人民出版社2016年版。

85. 杨一凡、[日]寺田浩明主编:《日本学者中国法制史论著选(先秦秦汉卷)》,中华书局2016年版。

86. 东方朔:《差等秩序与公道世界:荀子思想研究》,上海人民出版社2016年版。

87. 东方朔:《合理性之寻求:荀子思想研究论集》,人民出版社2017年版。

88. 许倬云:《西周史》(第2版),生活·读书·新知三联书店2018年版。

89. [日]佐藤将之:《荀子礼治思想的渊源与战国诸子之研究》,台北,台湾大学出版中心2013年版。

90. [日]佐藤将之:《荀学与荀子思想研究:评析·前景·构想》,台北,万卷楼图书股份有限公司2015年版。

91. [日]佐藤将之:《参于天地之治:荀子礼治政治思想的起源与构造》,台北,台湾大学出版中心2016年版。

92. [日]佐藤将之:《后周鲁时代的天下秩序》,台北,台湾大学出版中心2021年版。

(三)译著类

1. [日]伊藤道治:《中国古代王朝的形成——以出土资料为主的殷周史研究》,江蓝生译,中华书局2002年版。

2. [英]李约瑟:《中国古代科学思想史》,陈立夫等译,江西人民出版社1999年版。

3. [比利时]戴卡琳:《解读〈鹖冠子〉——从论辩学的角度》,杨民译,辽宁教育出版社2000年版。

4. [英]葛瑞汉:《论道者:中国古代哲学论辩》,张海晏译,中国社会科学出版社2003年版。

5. [日]西嶋定生:《中国古代帝国的形成与结构——二十等爵制研究》,武尚清译,中华书局2004年版。

6. [日]浅野裕一:《战国楚简研究》,[日]佐藤将之监译,台北,万卷楼图书股份有限公司2004年版。

7. [美]安乐哲、郝大维:《道不远人——比较哲学视域中的〈老子〉》,何金俐译,学苑出版社2004年版。

8. [美]本杰明·史华兹:《古代中国的思想世界》,程钢译,江苏人民出版社2004年版。

9. [美]本杰明·史华兹著,王中江编:《思想的跨度与张力——中国思想史论集》,中州古籍出版社2009年版。

10. [日]小野泽精一、福永光司、山井涌编:《气的思想:中国自然观与人的观念的发展》,李庆译,上海人民出版社2007年版。

11. [日]藤田胜久:《〈史记〉战国史料研究》,曹峰、[日]广濑薰雄译,上海古籍出版社2008年版。

12. 王爱和:《中国古代宇宙观与政治文化》,[美]金蕾、徐峰译,徐峰校,上海古籍出版社2011年版。

13. [日]高木智见:《先秦社会与思想:试论中国文化的核心》,何晓毅译,上海古籍出版社2011年版。

14. [日]白川静:《孔子》,韩文译,台北,台湾联经出版事业股份有限公司2013年版。

15. [以色列]尤锐:《展望永恒帝国:战国时代的中国政治思

想》,孙英刚译,上海古籍出版社 2013 年版。

16. [日]谷中信一:《先秦秦汉思想史研究》,孙佩霞译,上海古籍出版社 2015 年版。

17. [加拿大]卜正民主编、[美]陆威仪:《哈佛中国史 · 早期中华帝国:秦与汉》,王兴亮译,中信出版社 2016 年版。

18. [日]增渊龙夫:《中国古代的社会与国家》,吕静译,上海古籍出版社 2017 年版。

19. [美]顾立雅:《申不害:公元前四世纪中国的政治哲学家》,马腾译,江苏人民出版社 2019 年版。

20. [日]池田知久:《问道:〈老子〉思想细读》,王启发、曹峰译,广西师范大学出版社 2019 年版。

21. [日]浅野裕一:《古代中国的宇宙论》,吴昊阳译,江苏人民出版社 2020 年版。

22. [日]浅野裕一:《黄老道的形成与发展》,韩文译,凤凰出版社 2021 年版。

(四)中文期刊类

1. 胡家聪:《稷下道家从老子哲学继承并推衍了什么?——〈心术上〉和〈内业〉的研究》,载《社会科学战线》1983 年第 4 期。

2. 丁原植:《老子思想中“圣人”观念的提出》,载《哲学与文化》1991 年第 2 期。

3. 熊铁基:《从“稷下黄老”到“家人之言”——黄老道家的形成问题》,载《中国哲学史》1993 年第 1 期。

4. 陈鼓应:《先秦道家研究的新方向:从马王堆汉墓帛书〈黄帝四经〉说起》,载《道家文化研究》1995 年第 6 辑。

5. 白奚:《先秦黄老之学源流述要》,载《中州学刊》2003 年第 1 期。

6. 艾畦:《〈黄帝四经〉对老子思想的吸收和继承》,载《中国哲学史》1997 年第 1 期。

7. 崔永东:《帛书〈黄帝四经〉中的阴阳刑德思想初探》,载《中国哲学史》1998 年第 4 期。

8. 李增:《帛书〈黄帝四经〉道生法思想之研究》,载《哲学与文化》第 5 期(1999 年)。

9. 王晓波:《"道生法":〈黄帝四经〉的道法思想和哲学》,载《台湾大学哲学论评》第 32 期(2006 年)。

10. 王晓波:《先秦法家思想研究的若干问题》,载《国学学刊》2013 年第 3 期。

11. 詹康:《韩非的道、天命、圣人论及其缺口》,载《汉学研究》第 22 卷第 2 期(2004 年)。

12. 林素英:《从"修六礼明七教"之角度论荀子礼教思想之限制》,载《汉学研究》2006 年第 3 期。

13. 郑开:《黄老的帝道:王霸之外的新思维》,载陈鼓应主编:《道家文化研究》第 30 辑,中华书局 2016 年版。

14. 曹峰:《〈黄帝四经〉法思想的人性论基础——兼论〈经法·道法〉的逻辑结构》,载陈鼓应主编:《道家文化研究》第 30 辑,中华书局 2016 年版。

15. 宋洪兵:《论司马谈之"道家"概念与司马迁之"黄老"概念》,载《国学学刊》2016 年第 2 期。

16. 梁涛:《荀子人性论的历时性发展——论〈富国〉〈荣辱〉的情性 - 知性说》,载《哲学研究》2016 年第 11 期。

17. 梁涛:《荀子人性论的历时性发展——论〈修身〉、〈解蔽〉、〈不苟〉的治心、养心说》,载《哲学动态》2017 年第 1 期。

18. 梁涛:《荀子人性论的中期发展——论〈礼论〉〈正名〉〈性

恶〉的性－伪说》，载《学术月刊》2017 年第 4 期。

19. 李松骏：《从天人关系考察〈荀子〉的“法”思想：以出土黄老思想文献的对比分析为中心》，载《台大中文学报》第 70 期(2020 年)。

20. 叶树勋：《“德”与“得天命”的关系：西周“德”观念的一个问题》，载《现代哲学》2021 年第 4 期。

21. 黄源盛：《儒法之间：荀子的礼法思想方法再探》，载《东吴法律学报》第 33 卷第 3 期(2021 年)。

22. [以色列]尤锐：《新旧的融合：荀子对于春秋思想传统的重新诠释》，载《政治大学学报》第 11 期(2003 年)。

23. [日]赤冢忠：《荀子研究的若干问题》，[日]佐藤将之、林明照译，载《台湾政治大学哲学学报》总第 11 期(2003 年)。

24. [日]菅本大二：《荀子对法家思想的接纳：由“礼”的结构来考察》，[日]佐藤将之、张哲挺、卢彦男合译，载《台湾政治大学哲学学报》第 11 期(2003 年)。

25. [日]菅本大二：《先秦时期“天”概念之形成与展开——以主宰的“天”为中心》，载《东亚观念史集刊》2016 年第 11 期。

26. [日]佐藤将之：《战国时代“诚”概念的形成与意义：以〈孟子〉、〈庄子〉、〈吕氏春秋〉为中心》，载《清华学报》新 35 卷第 2 期(2005 年)。

27. [加拿大]叶山：《秦的法律与社会：关于张家山〈二年律令〉等新出土文献的思考》，林凡译，载《儒家文化研究》2007 年第 1 辑。

28. [日]青山大介：《早期儒墨两家“圣人”观念新探：以“圣人之身分”为中心》，载《汉学研究集刊》2015 年 6 月第 20 期。

29. [日]青山大介：《中国先秦“圣人”与“贤者”概念探析：以“预先性”和“创造性”的能力为线索》，载《经学研究集刊》2015 年第 18 期。

30. [日]青山大介:《战国时代“明主”观念探析:以“圣人”的对比为切入点》,载《东亚观念史集刊》2016 年 12 月第 11 期。

二、外文文献

1. Sarah Allan, *The Heir and the Sage :Dynastic Legend in Early China*, Chinese Materials Center, 1981.

2. Jacques Gernet, *A History of Chinese Civilization*, translated by. J. R. Foster, Cambridge University Press, 1982.

3. R. P. Peerenboom, *From Classical Taoism to Religious Taoism: Transcendent Structuralism as a Common Thread?*, University of Hawaii, 1987.

4. R. P. Peerenboom, *Law and Morality in Ancient China*, State University of New York Press, 1993.

5. Robin D. S. Yates, *Five Lost Classtics: Tao, Huang - Lao, and Yin - yang in Han China*, Ballantine Books, 1997.

6. Mark Edward Lewis, *Writing and Authority in Early China*, State University of New York Press, 1999.

7. Michael Puett, *The Ambivalence of Creation : Debates Concerning Innovation and Artifice in Early China*, Stanford University Press, 2002.

8. Aaron Stalnaker, *Aspects of Xunzi's Engagement with Early Daoism*, Philosophy East & West , Vol. 53:1, p. 87 - 129(2003).

9. David Elstein, *Beyond the Five Relationships: Teachers and Worthies in Early Chinese Thought*, Philosophy East & West, Vol. 62:3, p. 375 - 391(2012).

后　记

拙作杀青，聊为续貂。

摆在读者诸君面前的这本书，是个人学术规划中正在从事的多卷本先秦法思想史与学术史研究面世的第一本专著。

做学问的因缘际遇真是奇妙！大概是2006年的时候，当时笔者正在清华大学法学院读研究生，张伟仁先生开设了先秦政法理论的课程。张先生的课内容很好，但是讲得不是很精彩，节奏很慢，语速也慢，一学期好像没有讲完儒家部分，选课人数也从开始的一百多剩下不到十个人。我工作于中南大学期间，在法学院承担了“法学名著导读”的课程。这门课程的中国古典部分所使用的教科书便是张伟仁先生的《先秦政法理论》，每一次读这本书，都会有新的感想——这是后话了。张先生的课程考核貌似很简单，题目自拟，字数不限。我提交的结课题目是“荀子见秦昭王”，围绕荀子与应侯、秦昭王之间的对话，分析其各自主张之理据以及对立之所在，万把字左右的篇幅，自认为写得还行，张先生首肯，老师也颇为认可。那个时候就发下愿心，要写一个“先秦政法九论”的系列著作。我曾把这个想法告诉老师，老师不置可否，只说说慢慢做吧。博士毕业之后，读书工作，养家糊口，为了完成必要的考核，东一锄头西一榔头，做过比较法学的研究，写过宪法学的论文，参加过人权法学的会议，貌似成果丰富，实则有分量有意义的不多。急功近利的氛围，学术焦虑与中年焦虑叠加，很难使人静下心来。记得阳明先生有诗云："须怜绝学经千载，莫负男儿过一生。"到了2017年，没有了非升即走的考核压力，觉得实在不能这样下去了，应该做一点具有"学术增量"的事情，便毅然回归思想史与学术史的本行。

我把这个想法写信汇报给张伟仁先生，先生回复："人生有许多歧途，如能有定见，就可免于傍惶。""决定从事法史研究，又完成了二部书稿（指先秦'齐法家'研究与奏谳书研究），就继续在此途上努力向前，不要让过去阻碍了将来。"受此鼓励，我决定把先秦九论付诸实施。每天写个五六百字一千来字，宽着程限，紧着工夫，绝不间断，一年下来就有了二三十万字的稿子。其间，先秦"齐法家"研究获得国家社科基金立项，《奏谳书》研究获得教育部资助，韩非法家之学归本黄老问题的研究尚待付梓，还有一本书稿，初稿完成了七八成，另有一本已有腹稿，有待下笔，再有一本尚在构思之中。如此看来，当年立下的愿心竟然有实现的可能！由当年的一篇不足一万字的课程作业扩充到二十万字的专论，越过前面几本书稿先行交到出版社。至于拙作的结论部分，其实就是对张伟仁先生《寻道》一书的评论，或可称为笔者的"非十二子"。就把它献给所有教过我的老师和我所教过的学生吧。

众所周知，法律史学尤其是法律思想史学虽然是法学的基础学科，但在今天的学术与学科布局中是一个边缘学科。套用张文定公之言，"法律史学门淡薄，收拾不住，皆归部门法学"——由于历史与现实具有天然的隔阂，前者研究的门槛极高，而向现实转化的可能性极低，实难望作为"显学"的后者项背。不过，从事这个领域研究的人既少，与现实也保持一定的距离，更可以避免世俗的纷争，对我再合适不过。这本以荀子法哲学命名的著作，是我在中南大学工作期间完成的。在数字法学、人工智能大行其道的当下,埋首古典文献,总令我不自觉地想起鲁迅先生在《呐喊》的自序里所写的“我便寓在这屋里钞古碑”的情景。

感谢带领我走上学术研究之路的老师,立雪自乙酉,师恩无日或忘——“择福之道,莫大乎与君子同祸。”古人诚不我欺也!毕业之时,老师耳提面命,屡屡告诫,“不要辜负了自己的年华与才华。”而今老大那堪说,落叶别树,飘零随风,壮心偏感,年华将暮,谁信被晨鸡轻唤回。感谢我们这个规模不大但包容多元团结活泼的师门,我得以从各位同门身上学习政治学、社会学、历史学、文献学等知识。感谢我曾经供职的中南大学法学院与中南大学人权研究中心,过往点滴常记心间。感谢北京冠领律师事务所周旭亮主任给予的不菲的经费支持,这个当年在我宿舍里借住了三年准备考研的湖南北漂,最终选择了律师实务,自己开律师事务所,竟做成了大事业,令人欣喜。感谢目前身为自由译者的前出版社同仁岳清老师,他总能在第一时间为我提供文献资料;感谢法律出版社暨责编朱颖超玉成拙作出版。当然,限于学(经)力(费),拙作篇幅有所收敛,若干议题未及处理,不足之处,有待将来修订完善。

在此,谨亦自题陋诗以记之。

涛青云苍翔沙鸥,十年辞却仲宣楼。
群科邃尽成孤诣,太平有策忍束手。
绝学纵言需千径,草木经春止一秋。
坐拥天壤间孤本,自诩陋室管城侯。
笔补坠简残编处,不语天公亦堪酬。

王进文

2025 年 2 月 21 日